Edward Dusinberre

Beethoven für eine spätere Zeit

EDWARD DUSINBERRE

Beethoven für eine spätere Zeit

Unterwegs mit einem Streichquartett

Aus dem Englischen
von Astrid von dem Borne

OKTAVEN

Die Originalausgabe mit dem Titel *Beethoven for a later Age* erschien 2016 bei Faber & Faber, London, und bei The University of Chicago Press, Chicago.

1. Auflage 2018

Oktaven

Ein Imprint des Verlags Freies Geistesleben
Landhausstraße 82, 70190 Stuttgart
www.geistesleben.com

ISBN 978-3-7725-3009-8

ⓔ auch als eBook erhältlich

Gestaltungskonzept: Maria A. Kafitz
Umschlagfoto: Emir Memedovski (© Svemir / Getty Images)
Fachlektorat: Martin Lintz
Satz: Thomas Neuerer
Druck: GGP Media GmbH, Pößneck
Printed in Germany

Für Beth und Sam

«Die Kunst will es von uns, dass wir nicht stehen bleiben.»

Ludwig van Beethoven
über seine späten Quartette

«Sie sind auch nicht für Sie, sondern für eine spätere Zeit.»

Beethoven gegenüber dem
Geiger Felix Radicati bezüglich
der Quartette Opus 59

Inhalt

Prolog
Opus 131

Kaum habe ich meine ersten Töne von Beethovens spätem Streichquartett gespielt, hustet ein Mann in der ersten Reihe der Wigmore Hall in London; das verheißt nichts Gutes. Ein Lehrer sagte mir einmal, Husten im Auditorium während eines Konzertes komme immer von einer langweiligen Interpretation. Wenn das zutrifft, hat sich diese Feststellung jetzt schon bewahrheitet. Ich frage mich, warum der Mann nicht aufsteht und geht. Vielleicht weiß er, dass es zwischen den sieben Sätzen von Opus 131 keine Pause gibt – wenn er hinausginge, würden ihn die Platzanweiser möglicherweise nicht mehr einlassen. Ich hoffe also, dass Langeweile und Gleichgültigkeit bald verfliegen werden.

Die Eröffnungsphrase von Opus 131 sollte nicht allzu schwierig sein. Als Erster Geiger des Takács-Quartetts spiele ich Beethovens vierzehntes Streichquartett[1] nunmehr seit fast zwanzig Jahren.

Die ersten zwölf Töne spiele ich allein:

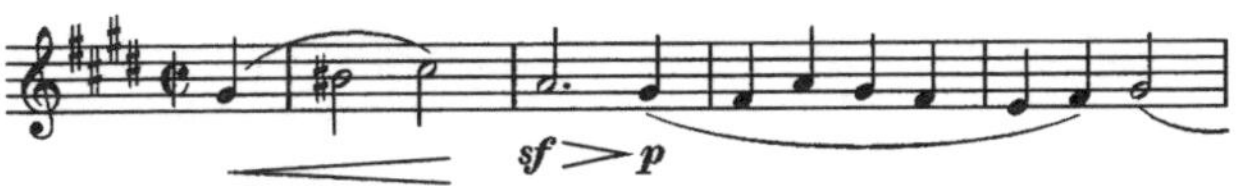

Der Rhythmus ist unkompliziert, das Tempo angenehm langsam, aber selbst der am einfachsten scheinende Melodiebogen ist eine Herausforderung;

es gibt so viele verschiedene Möglichkeiten, ihn zu spielen. Von meinen lieben Quartettkollegen habe ich während der vergangenen zwanzig Jahre zahlreiche Vorschläge bekommen. Wie vor allem sollte das Sforzando (im Beispiel auf S. 11 mit *sf* markiert) umgesetzt werden? Heißt die Anweisung, dass eine bestimmte Note mit Nachdruck gespielt oder dass sie scharf akzentuiert werden soll?

«Das klingt zu aggressiv. Könntest du es mit mehr Ausdruck versuchen?»

«Jetzt hört es sich zu leichtfertig an. Es ist nicht empfindsam genug.»

Und was für ein Tempo wähle ich?

«Wenn es zu langsam ist, fehlt ein wenig die Linienführung. Es ist ja erst der Anfang einer langen Geschichte.»

«Aber nicht so fließend, dass es lässig scheint.»

Oder wie gestalte ich die Dynamik und die Klangfarbe?

«Versuche ein bisschen leiser zu spielen: Es ist ein innerer, kein ausdrücklicher Kummer.»

«Nicht zaghaft – und auch nicht so, dass es dünn klingt.»

Bei Beethoven kann eine Melodie oder eine Phrase scheinbar widersprüchliche musikalische Anforderungen stellen. Dramatisch und doch dezent. Langsam, aber mit einer gewissen Zielgerichtetheit. Ein persönlicher Schmerz, der in einem Saal vor fünfhundert Menschen ausgedrückt wird. Kein Wunder, dass diese Eingangsmelodie zu Diskussionen führt: Meine Entscheidung wirkt sich auf die Möglichkeiten aus, die meine Kollegen haben, wenn sie mit der gleichen Phrase an der Reihe sind.

Einer nach dem anderen schließt sich mir an: der Zweite Geiger, Károly Schranz («Karcsi»), der eines der beiden ursprünglichen Mitglieder des Quartetts ist; Geraldine Walther, seit zehn Jahren unsere Bratschistin; und schließlich András Fejér, der Cellist des Quartetts seit seiner Gründung 1975 in Budapest. Wenn es nicht eine gewisse Übereinstimmung in unserer Herangehensweise an diese Melodie gibt, werden die Zuhörer unsicher sein, welchen Gesamteindruck wir vermitteln wollen. Und doch wünscht Beethoven nicht, dass die vier Präsentationen des Themas identisch klingen. Bei jedem Einsatz geht die Melodie in der Stimmlage nach unten. Sie beginnt im mittleren Tonspektrum der ersten Geige, dann bewegt sie sich bis zur tiefsten Saite in der zweiten Geige, darauf folgen der dunklere Klang der Bratsche und schließlich der volltönende Bass des Cellos: eine Intensivierung von Stimmengeflecht und Emotion, die sich aus dem Solo der ersten Geige entwickelt.

Auch wenn wir die Melodie grundsätzlich mit der gleichen Dynamik und im gleichen Tempo spielen, gestaltet sie jeder Einzelne leicht unterschiedlich, mit einer anderen Färbung: In Karcsis Sforzando schwingt der höchste Schmerz mit; Geris warmer Ton enthält beides: Trauer und Trost; András' Version ist zurückhaltender, er spielt mit einem schlankeren Ton, der der Melodie eine introvertierte Note verleiht. Was ich für das Ganze beitrage, kann ich nicht beurteilen – vielleicht sollte ich das den bronchialen Herrn in der ersten Reihe fragen. Auch wenn es mir leid tut, dass das Konzert für ihn nicht vielversprechend beginnt, muss ich sagen, dass ständiges Husten mehr ablenkt als ein kurzer Zwischenfall, über den man auf der Bühne leicht hinweggehen kann – etwa ein Programm, das herunterfällt, oder ein Gesprächsfetzen, der lauter zu hören ist, als der Redner es ahnt, beispielsweise: «Feine Plätze haben wir heute Abend.»

Die Kombination von Miteinander und individuellem Ausdruck, wie die Eingangsphrase von Opus 131 sie verlangt, ist entscheidend für die Herausforderungen und den Erfolg beim Quartettspiel. Zu viele Köche mögen den Brei verderben, aber in einem Streichquartett kann nur dann eine zufriedenstellende Übereinstimmung erreicht werden, wenn alle vier Spieler dem Gericht ihre würzigen Zutaten beimischen. Während der letzten zehn Jahre habe ich das Glück, dieses Bestreben mit Karcsi, Geri und András zu teilen, die unentwegt Fragen stellen und sich immer bemühen, Wege zu finden, durch die wir unser Spiel verbessern können.

Während der morgendlichen Probe auf der Bühne der Wigmore Hall konzentrierte sich die unvermeidliche Diskussion über die Eingangsmelodie auf die Frage nach dem Tempo und darauf, wie es den Charakter der Musik beeinflusst. Geri und ich waren besorgt, dass wir immer langsamer wurden und deshalb zu «notig» klangen. Das war kein schmeichelhafter Begriff in unserem Probenvokabular. Er besagt, dass jede einzelne Note zu viel Gewicht hat

– wie bei einem Satz, in dem jedes Wort ohne ersichtlichen Grund mit derselben Betonung gesprochen wird. Wir wollten die Aufmerksamkeit der Zuhörer nicht gleich zu Beginn des Stückes verlieren. Doch für András galt es als größte Sünde, zu flüssig zu spielen und unbedeutend oder oberflächlich zu klingen: Oft beginnt Beethoven mit einer kurzen, langsamen Einführung, aber sein kühner Entschluss, diese Idee auf einen ganzen Satz auszudehnen, sollte uneingeschränkt wahrgenommen werden.

Karcsi hielt sich aus der Diskussion heraus. Er bot sich stattdessen an, vom Saal aus zuzuhören. Wenn er die Bühne verließ, konnte er unser Spiel aus der Zuhörerperspektive beurteilen. Wir probierten eine langsamere und eine schnellere Version und bemühten uns, jede so überzeugend wie möglich zu präsentieren – schließlich könnte Karcsi die beiden Möglichkeiten nicht objektiv beurteilen, wenn ich während der langsameren Version, die András vorzog, wie ein Kind spielen würde, das sich auf einem unerwünschten Familienausflug nur widerwillig mitziehen lässt.

Die vorangegangene Diskussion hatte unser Spiel schon beeinflusst. Jetzt wollten Geri und ich unbedingt zeigen, dass wir ein rascheres Tempo durchaus mit genügend Tiefe kombinieren konnten. András hingegen konzentrierte sich darauf, so fließend wie möglich von einem Ton zum nächsten zu gehen. Damit wollte er demonstrieren, dass man durchaus langsam spielen kann, auch wenn man in zwei Schlägen pro Takt denkt.

«Der Unterschied ist nicht groß», verkündete Karcsi. «Es ist gut, wenn unser Bogenstrich gleich schnell bleibt. Wenn einer plötzlich mehr Bogen nimmt, klingen wir zu unruhig.» In diesem Fall hatte die Tatsache, dass wir uns gegenseitig die verschiedenen Anforderungen der Eingangsmusik bewusst machten, uns geholfen, unsere Herangehensweise zu vereinheitlichen.

Wenn wir uns wieder einmal ein Beethoven-Quartett vornehmen und erneut über so fundamentale Fragen wie das Tempo und den Charakter diskutieren, mag es so aussehen, als seien wir eine Gruppe, die diese Musik zum ersten Mal entdeckt. Ein Freund und Mitglied im Komitee der Kammermusikreihe der Corcoran Gallery, die in Washington D. C. stattfindet, lud uns einmal zu einer Probe in seinem Wohnzimmer ein. Bis dahin hatte er uns lediglich im Konzert gehört. Am Ende unserer Probe sagte er überrascht: «Leute, ihr hört euch manchmal an, als wüsstet ihr gar nicht, was ihr tut.»

Aber selbst wenn wir uns am Tag eines Konzerts auf eine nervenaufreibende nochmalige Diskussion einlassen, koste ich den Prozess aus, der uns dabei hilft, für eine Musik, die wir seit vielen Jahren aufführen, ein Gefühl von Unmittelbarkeit zu bewahren. Viele Stunden Vorbereitung mögen für ein Konzert förderlich sein, aber die spannendste Verbindung entsteht dann, wenn sowohl Zuhörer als auch Interpreten alle Zweifel beiseitelassen können und die Musik ganz neu entdecken. Das Erscheinen des Geistes zu Beginn von *Hamlet* wäre weniger eindrucksvoll, wenn der Schauspieler dem Publikum nebenbei zuflüsterte, dass diese Begegnung auch in einer früheren Matineevorstellung schon stattgefunden hat.

An diesem Abend profitiert unser Spiel des ersten Satzes von Opus 131 von der morgendlichen Diskussion. Geri genießt es, durch einen besonderen Bratschenton Aufmerksamkeit zu wecken. András drängt mit mehr Nachdruck vorwärts als während der Probe. Karcsi experimentiert mit einem transparenteren Klang; er weiß, dass die hervorragende Akustik der Wigmore Hall auch die kleinste Änderung der Klangfarbe oder der Tonqualität bis in die hinterste Ecke des Saales projiziert. Ich versuche, mich ihm anzupassen. Der arme Mann in der ersten Reihe hustet dagegen immer wieder jäh auf – er ist sich der Eigenheiten des Saales wohl weniger bewusst.

Es ist immer ein Abenteuer, Opus 131 aufzuführen. Im Laufe der sieben Sätze, die ohne Pause gespielt werden, umfasst Beethoven eine außerordentliche Bandbreite an Emotionen und wechselt dabei mit der geringsten Vorbereitung von einer Stimmung zur anderen. Sooft wir auch proben, frage ich mich immer, was ich empfinden werde, wenn ich nach dem ätherischen langsamen Satz das flüchtige, hektische Scherzo spiele, oder ob es uns gelingt, in dem heftigen Finalsatz einen ausreichend mächtigen Klang zustande zu bringen.

Einem Freund gegenüber äußerte sich Beethoven zu der erstaunlichen Eigenwilligkeit seiner späten Quartette und erklärte: «Die Kunst will es von uns, dass wir nicht stehen bleiben.»[2] Er komponierte seine sechzehn Streichquartette – oder sogar siebzehn, wenn man die «Große Fuge» separat zählt, die ursprünglich als letzter Satz von Opus 130 entstand, später jedoch getrennt davon als Opus 133 herausgegeben wurde – in verschiedenen Phasen seines Lebens. Sie stellen das unterschiedlichste und vielfältigste Werk in dieser Gattung dar, das von einem einzigen Komponisten stammt. Das Bedürfnis, unsere Interpretationen immer von Neuem zu hinterfragen, ist zum Teil von dem Forschergeist inspiriert, der auch die Quartette selbst beflügelt.

Seine ersten sechs Streichquartette vollendete Beethoven im Oktober 1800, im Alter von neunundzwanzig Jahren, und fast neun Jahre, nachdem er von seiner Geburtsstadt Bonn nach Wien gezogen war. Diese ersten Quartette, Opus 18, stehen noch in der Tradition der Streichquartette Haydns und Mozarts, entwickeln sich aber in eine erstaunlich neue Richtung. Seine nächsten drei Quartette schrieb Beethoven zwischen 1804 und 1806: Opus 59, die sogenannten «Rasumowski»-Quartette, die nach dem russischen Grafen benannt wurden, der sie in Auftrag gegeben hatte. Die formalen Neuerungen und die außerordentliche Ausdrucksvielfalt dieser späteren Werke schockierten die ersten Musiker und Zuhörer, die sie erlebten. Als Beethoven sich mit scharfer Kritik konfrontiert sah, entgegnete er, das sei eben Musik «für eine spätere Zeit».[3] Es folgten zwei weitere Quartette, Opus 74 und Opus 95, die er 1809 bzw. 1810 komponierte. Viel später, drei Jahre vor seinem Tod im Jahre 1827, wandte Beethoven seine Aufmerksamkeit dann vor allem der Gattung des Streichquartetts zu. Er stellte die Grundform der Quartettkomposition infrage, er erfand und definierte die Art, wie sich die vier Stimmen aufeinander beziehen, auf neue Weise und schuf fünf Meisterwerke, die kühn höchst verfeinerte und sublime Passagen neben Musik von kindlicher Einfachheit stellen. Niemals hat jemand Werke geschrieben, die so viele Fragen über Form und emotionalen Gehalt eines Streichquartetts stellen, und niemand sonst hat darauf so viele unterschiedliche Antworten gegeben. 1812 beschrieb Beethoven die Faszination und den Fluch seiner Berufung: «Der wahre Künstler hat keinen Stolz; leider sieht er, daß die Kunst keine Gränzen hat, er fühlt dunkel, wie weit er vom Ziele entfernt ist ...»[4]

Die Auseinandersetzung mit Beethovens Streichquartetten ist auch ein Reifeprozess, der seit mehr als vierzig Jahren die Arbeit des Takács-Quartetts geprägt hat. Von Beginn an waren diese anspruchsvollen Stücke mit unserer Entwicklung verbunden. Das Quartett wurde 1975 in Ungarn gegründet, als Gábor Takács-Nagy, Károly Schranz, Gábor Ormai und András Fejér Studenten an der Franz-Liszt-Musikakademie in Budapest waren. 1979 reisten sie zum ersten Internationalen Streichquartettwettbewerb in Portsmouth, den sie mit der Aufführung von Beethovens Opus 59, Nr. 2 gewannen; dadurch wurden sie international bekannt. Vier Jahre später wurden sie in die USA eingeladen, um bei Dénes

Koromzay, dem Gründungsbratschisten des berühmten Hungarian Quartet, der nach seinem Rückzug vom Quartettspiel an der University of Colorado lehrte, Beethovens Quartette zu studieren. Dieser Besuch war der Beginn einer Zusammenarbeit mit der Universität von Colorado, die das Leben der Musiker auf den Kopf stellte: 1986 setzten sich alle vier Mitglieder des Takács-Quartetts mit ihren Familien aus Ungarn ab und ließen sich in Boulder nieder.

Im Sommer 1993 wurde ich der erste nicht-ungarische Musiker der Gruppe, nachdem ihr außergewöhnlicher Erster Geiger und Gründungsmitglied, Gábor Takács-Nagy, das Quartett verlassen hatte – ein aufregender und aufgeschlossener Musiker, der inzwischen eine vielseitige Karriere als Dirigent, Geiger und Lehrer eingeschlagen hat. 1993 spielte ich für mein Probespiel den letzten Satz aus einem der mittleren Quartette, Opus 59, Nr. 3.

Nach meinem Beitritt kam es noch zu mehreren Veränderungen. Der englische Bratschist Roger Tapping ersetzte den ursprünglichen Bratscher Gábor Ormai, der 1995 an Krebs starb. Das letzte Musikstück, das wir mit Gábor spielten, war der langsame Satz aus Opus 59, Nr. 2. Es war dasselbe Stück, das die Takács' in der Finalrunde des Streichquartettwettbewerbs von Portsmouth aufgeführt hatten, als der neunzehnjährige Roger Tapping unter den Zuhörern war. Mit Roger spielten wir zuerst alle Beethoven-Quartette in sechs Konzerten im Middlebury College, Vermont, bevor wir uns während der folgenden Zyklen in London, Paris und Sydney weiter gründlich mit der Musik vertraut machten. Zwischen 2001 und 2004 nahmen wir sämtliche Quartette Beethovens mit der Plattenfirma Decca auf und gaben in dieser Zeit zusätzliche Konzerte in New York, Aspen, Napa und Berkley.

Nachdem Roger das Quartett verlassen hatte, um in Boston zu musizieren und zu unterrichten und mit seiner Familie mehr Zeit verbringen zu können,* kam 2005 die in den USA geborene Bratschistin Geraldine Walther zu uns, die 29 Jahre lang Erste Bratschistin des San Francisco Symphony Orchestra gewesen war. Sie begegnete Beethovens Quartetten zum ersten Mal als siebzehnjährige Studentin an der Marlboro School of Music und beim Vermont Festival. Hier wurde jedem Studenten-Ensemble ein erfahrener Kammermusiker zugeteilt, der unterrichtete und gleichzeitig in der Gruppe mitspielte. Geri spielte ihr erstes spätes Beethoven-Quartett unter der einschüchternden Begleitung von Sándor Vegh, dem Ersten Geiger und Gründer des Hungarian Quartet und später des Végh-Quartetts. In unserer neuen Gruppierung überarbeiteten wir unsere Interpretationen der Beethoven-Quartette und führten einen weiteren Zyklus im South Bank Centre in London auf. Im Frühjahr 2014 wandten wir unsere Aufmerksamkeit Beethovens transzendentalem Opus 132 zu, das der Komponist nach der Genesung von einer lebensbedrohlichen Krankheit vollendet hatte.

* Es fällt schwer, den Quartett-Bazillus loszuwerden, und nach acht Jahren Unterbrechung ist Roger jetzt Bratschist des Juilliard String Quartet.

Wir spielten es an verschiedenen Orten, unter anderen beim Aspen Music Festival und dem Edinburgh Festival.

Wie Beethoven es vorausgesagt hatte, erfahren seine sechzehn Streichquartette in einem späteren Zeitalter Wertschätzung, und ihre Existenz ist mittlerweile tröstlich für solche Kammermusikabonnenten, die sich an weniger bekannten oder eher zeitgenössischen Werken stören. Doch ich kann mir vorstellen, dass Beethoven amüsiert auf jene Konzertbesucherin reagiert hätte, die neulich hinter die Bühne kam und sich über den munteren Marsch in einem der späten Quartette beschwerte, der die himmlische Stimmung des vorhergehenden langsamen Satzes jäh zertrümmert. «Warum musste er dieses schreckliche kurze Stück schreiben? Es macht alles kaputt!» Ihre Reaktion verknüpft die Erfahrung heutiger Hörer mit derjenigen der ersten Musiker und Zuhörer, die mit den Streichquartetten Probleme hatten, und unterstreicht, dass auch vertraute Musik uns immer noch stark befremden kann.

Während meiner ersten Jahre als Quartettmusiker konnte ich die Irritation der Interpreten und der Hörer, die als Erste mit diesen Quartetten konfrontiert wurden, gut verstehen. Heute frage ich mich, ob eine Haltung von Betroffenheit und Verwirrung – und damit meine ich nicht die leicht spöttische Attitüde eines Hörers, dem klassische Musik ganz fremd ist – tatsächlich dazugehört, um das Wesentliche dieser Musik zu erkennen und zu würdigen. Indem ich mich mit den Umständen befasste, die mit der Komposition der Beethovenschen Quartette zusammenhingen, und mich vertraut machte mit den Motiven der Gönner, die die Musik in Auftrag gaben, sowie den Reaktionen der ersten Zuhörer, konnte ich vermeiden, dass diese Streichquartette für mich zur bequemen Gewohnheit werden, und sicherstellen, dass die geistige Herausforderung bei jeder Aufführung gegeben ist.

Inzwischen hat der Mann in der ersten Reihe aufgehört zu husten, und ich wage einen dankbaren Blick in seine Richtung. Ich sollte mich nicht ablenken lassen, aber das Podium ist klein, und die erste Sitzreihe befindet sich direkt darunter. Sobald der Bühnenmeister uns die Tür geöffnet hat, haben wir das Gefühl, direkt ins Publikum zu laufen.

Heute Abend sind viele Menschen im Saal, die das Takács-Quartett seit seinem Auftreten in den frühen Achtzigerjahren gehört haben: Freunde, Verwandte und Förderer. Sie haben das Ensemble auf unterschiedliche Weise im Laufe der Jahre unterstützt, und sie zeigen an unserem Wohlergehen ebenso viel Interesse wie an unserem Spiel. Bei jedem Konzert in der Wigmore Hall kämpfe ich während der ersten Minuten gegen die Sorge an, ich könnte sie enttäuschen. Wenn wir uns nach dem Konzert im Green Room, dem Künstlerzimmer hinter der Bühne, über ihre enthusiastischen Reaktionen freuen, ist uns klar, dass sie jedwede Kritik für später aufheben. Im Gegensatz übrigens zu einer unbekannten Zuhörerin, die vor einigen Jahren in meinen Umkleideraum in

Aspen, Colorado, kam und mich überschüttete: «Sie sind ein bisschen zu laut für den Zweiten Geiger, wenn er die zweite Melodie im ersten Satz hat. Das Scherzo schien mir zu schnell, und ganz allgemein könnte die Phrasierung mehr Atem haben. Der Beethoven war heute Abend nicht Ihr stärkstes Stück. Aber ich habe das Konzert genossen – kommen Sie bald wieder!» Als ich meinte, ich sei solche Offenheit und detaillierte Aufmerksamkeit hinter der Bühne nicht gewohnt, blickte sie erleichtert und sagte: «Ich bin so froh, dass Sie nicht böse sind. Die meisten Künstler ärgern sich ziemlich über mich.»

Auch wenn ich bei unserem nächsten Besuch in Aspen das Schloss an der Tür meiner Garderobe überprüfte, finde ich, es sollte das Ziel eines jeden Musikers sein, solch interessierte Zuhörer zu haben. Es ist immer unsere Aufgabe, die Aufmerksamkeit des Publikums zu gewinnen und aufrechtzuerhalten. Die Art des Zuhörens während einer Aufführung kann wiederum die Musiker sehr stark beeinflussen: Wir werden eher einen wunderbaren Harmoniewechsel oder den letzten Hauch der Töne am Ende eines langsamen Satzes nachklingen lassen, wenn im Saal Stille herrscht, als wenn jemand seinen Pullover in einer raschelnden Plastiktüte verstaut oder – was in einem anderen unserer Konzerte passierte – eine Dame aus der ersten Reihe ihren linken Schuh auszieht und ihn intensiv im Scheinwerferlicht der Bühne betrachtet.

Als wir uns dem Ende des ersten Satzes von Opus 131 näherten, schienen meine Kollegen vollkommen von der Musik vor ihnen absorbiert zu sein. Geri schaute zu Karcsi und passte ihren Bogenstrich genau seinem Tempo an, um den gleichen Klang zu erreichen, András neigte sich etwas nach rechts, als er von Karcsi die Melodie übernahm. Glücklicherweise haben wir eine meiner Lieblingsstellen erreicht. Die letzten beiden Töne dieses Eingangssatzes haben die gleiche Tonhöhe, aber mit einer Oktave Unterschied. Das Pausenzeichen über der zweiten Note erlaubt es uns, sie so lange zu spielen, wie wir es für angemessen halten. Dann wiederholt Beethoven im nahtlos sich anschließenden Satz das gleiche Oktavintervall, aber einen Halbton höher, und gestaltet so den Beginn einer zarten, schwebenden Melodie. Fast übergangslos wird der musikalische Charakter verändert.

Sollte der letzte Ton des vorangegangenen Satzes im Nichts verklingen, sodass die ersten Töne der neuen Melodie mit neuer Klangfarbe einsetzen – also mit einem überraschenden Richtungswechsel? Oder sollen wir beim Klang der letzten langsamen Note bleiben, damit der Übergang so weich und zusammenhängend wie möglich vonstattengeht und wir die neue Melodie mit der gleichen Stimmung beginnen, mit der wir den vorhergehenden Satz beendet haben? Es wäre ideal, wenn wir scheinbar widersprüchliche Vorstellungen kombinieren könnten: Wir wollen den überraschenden Effekt des plötzlichen Wechsels vermitteln und gleichzeitig das Gefühl aufrechterhalten, dass es eine logische Weiterführung gibt.

Während der Probe am Vormittag diskutierten wir vor allem darüber, ob wir die neue Melodie von Anfang an mit einem lebendigeren Klang und etwas lebhafterem Tempo spielen sollten. Aber an diesem Abend halten wir – vielleicht wegen der aufmerksamen Stille im Saal – die vorhergehende Note länger als sonst und dehnen unser «Diminuendo» aus. Die nächste Melodie taucht mit demselben zerbrechlichen Klang auf und braucht noch ein paar Töne, um das neue, raschere Tempo einzuführen. Heute Abend ist der Wechsel des musikalischen Charakters zwischen dem Ende des ersten Satzes und dem Beginn des zweiten nicht so abrupt wie sonst gelegentlich.

Im vierten Satz von Opus 131 ist die Balance zwischen Einheit und Kontrast wieder ein Diskussionspunkt für unsere Interpretation. Dieser langsame Satz beginnt mit einer schlichten, heiteren Melodie, die von Grundakkorden gestützt wird; sie erlauben alle Möglichkeiten der Entwicklung. In den folgenden Variationen verwandelt Beethoven das Thema und bringt dabei eine solch schwindelerregende Vielfalt von Rhythmen, Stimmungen und Strukturen hervor, dass es manchmal genauso schwierig ist, der musikalischen Handlung zu folgen, wie bei der kühnsten Jazzimprovisation. Die erstaunlichste Neuerung kommt am Ende des Satzes. Nachdem jedes Instrument allein kurze Kadenzen zu spielen hat, die das Thema weiter erkunden, vergeht die Musik fast im Nichts und findet dann wieder zum Eingangsthema zurück. Es wird diesmal von der zweiten Violine und der Bratsche gespielt, ist aber in eine völlig andere Begleitung eingebettet: Erste

Geige und Cello imitieren die Piccoloflöte und die Trommel einer Marschkapelle und stellen dadurch die ätherische Atmosphäre infrage, die in der vorangegangenen Musik immer wieder gegenwärtig war – wie bei Volksmusikanten, die eine feierliche Versammlung unterbrechen. Wie sollte die Melodie auf diese respektlose Begleitung reagieren? Heute Abend gefällt es mir, wie Geri und Karcsi in ihrem Spiel meiner und András' Begleitung widerstehen. Sie rufen eine sehnsuchtsvolle Erinnerung hervor, trotz des vorwärtstreibenden Rhythmus des Cellos. Veränderung und Kontinuität stehen nebeneinander.

Das Wilde, Ausgelassene des siebten und letzten Satzes von Opus 131 steht in keinerlei Zusammenhang mit allem, was vorausgegangen ist. Nach so viel zartem Spiel in den Sätzen zuvor verlangt das Finale mit seinen treibenden Rhythmen und angriffslustigen Fortissimi nach der Wucht eines ganzen Streichorchesters. Werden wir genügend Energie aufbringen können, um dieses mächtige Musikstück zu einem mitreißenden Schluss zu führen? Heute Abend empfinde ich die Extreme als anregend: Endlich kann ich mich ganz und gar in das Drama hineinstürzen, ohne Rücksicht auf irgendeinen Vorfall im Publikum oder ein Büschel abgerissener Bogenhaare, das mich an der Stirn kitzelt – bis sich ein Haar in meiner linken Hand verwickelt und mir kurz den Bogen von der Saite zieht. Doch selbst ein solches Missgeschick fügt dieser letzten glühenden Verwandlung, die für die Struktur des Stücks und die Gesundheit der Interpreten eine Bedrohung zu sein scheint, ein Gefühl berauschender Gefahr hinzu. Das Risiko, die Kontrolle zu verlieren, birgt im Grunde genommen jede intensive Begegnung mit einem der späteren Beethoven-Quartette in sich. Es ist eine Musik, die zuweilen Hörer und Musiker tröstet, die sie aber auch destabilisieren kann.

Opus 131 endet überraschend. Erste Geige und Bratsche spielen eine absteigende Melodie, eine erschöpfte Antwort auf meine Eröffnungsgeste des ganzen Stückes, während zweite Violine und Cello im schnelleren Rhythmus weiter erregt unter der Melodie spielen. Dem Klagelied scheint es zu gelingen, den unterlegten Rhythmus zu befrieden, bis András plötzlich aus der Tiefe des Ensembleklanges wieder das schnellere Anfangstempo und den Anfangsrhythmus aufleben lässt und durch ein Cis-Dur-Arpeggio nach oben drängt. Wir stimmen alle mit ein und beenden das Stück mit drei Dur-Akkorden im Fortissimo – eine jähe, überstürzte Auflösung.[5]

Wie viel Kraft wir für die Akkorde auch aufwenden, sie können dennoch dieses ungeheure Musikstück nicht ganz zum Abschluss bringen, und sie werden heute Abend, wie schon so oft, mit kurzem, sprachlosem Schweigen entgegengenommen. Die Reaktion der Hörer auf diesen Schluss unterscheidet sich von der Art, wie Beethovens mittlere Werke aufgenommen werden, zum Beispiel die Fünfte Sinfonie, bei der die Wiederholung der Schlussakkorde so eindringlich ist, dass man absolut nicht daran zweifelt, dass dies das Ende ist. Die Frage ist dort nur, welcher der vielen Akkorde der endgültige Schlussakkord sein wird – ein typisches Merkmal, das in Dudley Moores köstlicher Beethoven-Parodie des «Colonel Bogey-Marsches» aufgegriffen wird.[6]

Aber wir werden am Ende von Opus 131 kaum einen Zuhörer begeistert ausrufen hören – wie das einmal jemand unmittelbar nach dem letzten Ton eines anderen Stückes tat, das wir in der Wigmore Hall spielten: «Das ist's!» Es ist vielleicht unmöglich, in einem so vielschichtigen Werk, das ohne Unterbrechung durch seine sieben Sätze fortschreitet, einen überzeugenden Schluss zu gestalten. Wenn ich von dem kleinen praktischen Problem der physischen Erschöpfung einmal absehe, so möchte ich bei den letzten drei Akkorden gleich zurück zu meinen Anfangstönen und die Reise von Neuem beginnen.

Von allen Beethoven-Quartetten ist Opus 131 das anspruchvollste: Wie ist es möglich, dass sieben derart kontrastreiche Sätze sich gegenseitig so sehr ergänzen und so überzeugend miteinander verbunden sind? Das ist ein Wunder, das keine musikalische Analyse erklären kann. Und dennoch beruht mein Urteil über das Werk als einer zufriedenstellenden Einheit auf jahrelanger praktischer Erfahrung, die ich im Leben mit dieser Musik erworben habe; als ich es zum ersten Mal mit Opus 131 zu tun bekam, hatten mich die ungeheuren Gegensätze noch entmutigt, sie schienen mir unüberbrückbar.

Aber die Streichquartette von Beethoven haben das Takács-Quartett in glücklichen wie in schweren

Zeiten begleitet. Kein Wunder, dass diese Musik, die selbst um die Balance zwischen Einheit und Kontrast, Kontinuität und Verwandlung ringt, immer ein treuer Wegbegleiter war. Sie hat uns geholfen, die Veränderungen anzunehmen und ihnen gleichzeitig standzuhalten. Als ich vor fünfundzwanzig Jahren Student an der Juilliard School in New York war, vermochte ich mir nicht vorzustellen, wie diese Werke das Leben von Musikern und Hörern verbinden können – eine Musik, die selbst aus einem komplexen Gewebe von Handlungen und Beziehungen zwischen Beethoven, seinen Förderern und den Streichern, die seine Werke als Erste einstudierten, entstanden ist.

Wir verbeugen uns am Ende unseres Konzerts, und ich habe gerade noch Zeit, meine Geige in den Kasten zu legen, bevor wir es an der Tür unseres Green Rooms klopfen hören …

1
Vorspiel: Opus 59, Nr. 3

Durch Üben wird man nicht unbedingt perfekt. Immer wieder mogelte ich mich durch schwierige Passagen, aber ich bekam den Part der ersten Geige in Beethovens Streichquartett Opus 59, Nr. 3 einfach nicht besser hin. Ich lief schon Gefahr, in eine zwiespältige Beziehung zum letzten Satz zu geraten, da hörte ich innerlich Beethovens spöttische Bemerkung, als sich Ignaz Schuppanzigh – der Wiener Geiger, der am engsten mit Beethovens Quartetten verbunden war – über die Schwierigkeiten dieser letzten Quartette beklagte: «Glaubt er, dass ich an seine elende Geige denke, wenn der Geist zu mir spricht?»[1]

Dieses Allegro molto war einer von mehreren Sätzen, die das Takács-Quartett für mein Probespiel im Januar 1993 ausgewählt hatte. Ich wunderte mich, warum eine Gruppe, die seit achtzehn Jahren weltweit Konzerte gab, in Betracht zog, einen vierundzwanzigjährigen Graduierten von der Juilliard School ohne jede professionelle Erfahrung im Quartettspiel aufzunehmen. Meine Lehrerin, Dorothy DeLay, war von Fay Shwayder, einer Freundin des Takács-Quartetts, gebeten worden, einen ihrer Studenten zu empfehlen. Sie hatte dazu erklärt, manchmal sei es für ein Quartett leichter, einen noch formbaren Spieler auszuwählen, der frisch vom College kommt, als einen etablierten Künstler, der sich vielleicht nicht so einfach der ausgeprägten musikalischen Persönlichkeit eines Ensembles anpassen kann, die sich über die Jahre entwickelt hat.

Mein erstes Probespiel beim Takács sollte in Boulder, Colorado, stattfinden, wo das Quartett seit 1986 einen dauerhaften Lehrauftrag an der Universität innehatte. Ich nahm an, die Takács' hatten diesen bestimmten Beethoven-Satz wegen seiner technischen Schwierigkeiten ausgewählt. Die Viola beginnt mit einem schnellen Solothema, das dann nacheinander von der zweiten Violine und dem Cello aufgegriffen wird; die erste Violine schließt sich als Letzte der Raserei an. Noch nie war mir ein so unverhohlen prunkvoller und sprühender Beethoven-Satz begegnet, ein virtuoses Schaustück, bei dem die Herausforderung, die richtigen Töne zu treffen, dringlicher schien als irgendwelche Fragen nach der musikalischen Interpretation. Ich konnte zwar die Finger der linken Hand und den Bogen schnell genug bewegen, aber eben nicht exakt zur selben Zeit. Es blieb zu hoffen, dass mit wachsender Vertrautheit auch die Schnelligkeit zunahm und sich eine geschicktere Koordination einstellte. Unterdessen schien sich Beethoven über mein langsames Übungstempo zu amüsieren, er schien über meine limitierten Geigenkünste zu lachen und meine Eignung für das Vorspiel bei den Takács' infrage zu stellen.

Für die ersten Streicher, die mit diesen Werken in Berührung kamen, waren solche Stellen ebenfalls eine Herausforderung. Ignaz Schuppanzigh war sechs Jahre jünger als Beethoven. Er begann seine musikalische Ausbildung als Bratschist und wechselte erst 1793, als Sechzehnjähriger, zur Violine. Etliche Jahre später bezeichnete Beethoven Schuppanzigh einmal als elenden Egoisten und hätte wohl auch an dem nachfolgenden Witz seinen Spaß gehabt: «Warum sieht eine Violine kleiner aus als eine Viola? Sie sind gleich groß, aber der Geiger hat einen dickeren Schädel.»

Die ganze Zeit während ihrer beruflichen Verbindung, die über dreißig Jahre anhielt, machte Beethoven sein Späße über Schuppanzigh. Er belegte ihn – nach Shakespeares Drama – mit den Spitznamen «Falstaff», «Mylord Falstaff» oder einfach «Mylord», nicht wegen der Größe seines Schädels, sondern wegen seines Bauchumfangs. «Er könnte mir Dank wissen, wenn ihn meine Kränkungen Mägerer machten», schrieb er an Ferdinand Ries.[2]

Aber seine Haltung war nicht immer so jovial. In einem Brief an einen engen Freund, Carl Amenda, beschrieb Beethoven Schuppanzigh und den Amateurcellisten Nikolaus Zmeskall als «bloße Instrumente, worauf ich, wenn's mir gefällt, spiele». Diese Musiker aber können nie «volle Werkzeuge meiner innern und äußern Thätigkeit, eben so wenig als wahre theilnehmer Von mir werden, ich taxire sie nur nach dem, was sie mir leisten.»[3]

Während ich weiter an den Musikstücken für mein Probespiel arbeitete, gaben mir Beethovens Vorbehalte seinen Musikern gegenüber einen nützlichen Denkanstoß. Während der letzten drei Jahre, als ich viele Stunden im Übungsraum verbracht und mich mit dem Gedanken gequält hatte, wie ich in meinem Beruf als Musiker Fortschritte erreichen könnte, hatte ich erkannt, dass es nicht ganz falsch war, erst einmal auf sich selbst zu achten. Doch mich mit Beethovens Brief an Amenda zu beschäftigen war für mich jetzt interessanter als die müßige Frage, ob ich wohl ein geeigneter Kandidat für das Takács-Quartett wäre. Denn das Schreiben lieferte eine faszinierende Momentaufnahme von Beethovens seelischer Verfassung fast zehn Jahre, nachdem er nach Wien übergesiedelt war. Da es nicht möglich war, ganz in die «innere und äußere Thätigkeit» seines Lebens einzudringen, vermochte eine zusätzliche Information auch einen neuen Blickwinkel zu liefern, von dem aus ich an die Musikstücke für mein Probespiel herangehen konnte.

Beethoven zog im November 1792, mit einundzwanzig Jahren, von Bonn nach Wien, um bei Europas meistgefeiertem Komponisten, Joseph Haydn, zu studieren. Fünf Jahre zuvor war seine Mutter gestorben, und er hatte seine letzten Jugendjahre als Ernährer für seinen alkoholabhängigen Vater und seine beiden jüngeren Brüder zugebracht. Den Großteil seines Einkommens bezog er aus seiner Anstellung als Hofmusiker des Kurfürstentums Köln. Das sogenannte «Kurköln» war einer von etwa dreihundert deutschsprachigen Staaten, die zum losen Verbund des Heiligen Römischen Reiches gehörten. Der Habsburger Kaiser, der eine Oberherrschaftsfunktion über das Reich innehatte, residierte derweil in Wien. Doch vor dem Hintergrund der wachsenden Instabilität in Europa verblassten für Beethoven auch die schwierigen Familienverhältnisse: Im April 1792 erklärte Frankreich der Habsburgermonarchie den Krieg; der Machtaufstieg Napoleon Bonapartes 1799 und die Napoleonischen Kriege sollten das europäische Leben in den nächsten fünfzehn Jahren dominieren.

Während der ersten zehn Jahre in Wien etablierte sich Beethoven vor allem als Pianist, der für seine ausdrucksvollen Improvisationen berühmt war, doch er entwickelte sich auch als junger Komponist weiter, dem Graf Ferdinand von Waldstein, sein Bonner Förderer, prophezeit hatte: «Durch ununterbrochenen Fleiß erhalten Sie: Mozart's Geist aus Haydens Händen.»[4] (Dazu muss man wissen, dass Mozart ein Jahr zuvor, im Dezember 1791, gestorben war.) Ein Brief von Waldstein führte Beethoven in ein ganzes Netz aristokratischer Mäzene ein, die einen Anteil an seinem Aufstieg zur Berühmtheit hatten. Aber spätestens 1801 fühlte Beethoven, dass seine frühen Erfolge durch die Verschlechterung seines Gehörs bedroht waren, wie er Amenda anvertraute:

> «O wie glücklich wäre ich jezt, wenn ich mein vollkommnes Gehör hätte, dann eilte ich zu dir, aber so von alles muß ich zurückbleiben, meine schönsten Jahre werden dahin fliegen, ohne alles das zu wirken, was mir mein Talent und meine Kraft geheißen hätten – traurige resignation zu der ich meine Zuflucht nehmen muß (…).»[5]

Beethovens Gefühl der Isolation wurde vielleicht noch durch den Entschluss verstärkt, sein öffentliches Ansehen zu wahren, indem er seinen Zustand Musikern gegenüber, wie etwa Schuppanzigh, geheim hielt. Im «Heiligenstädter Testament» von 1802 – ein Dokument, das an seine Brüder adressiert, aber nie abgeschickt worden war und erst nach seinem Tod entdeckt wurde – äußerte Beethoven ebenfalls seine Besorgnis, dass seine Glaubwürdigkeit als Komponist ruiniert sei, wenn seine Taubheit bekannt würde. Im Zuge dessen hatte er das Gefühl, als Einsiedler leben zu müssen, auch wenn er manchmal seinem Wunsch nach Gesellschaft nachgab.

> «(...) aber welche Demüthigung wenn jemand neben mir stund und von weitem eine Flöte hörte und ich nichts hörte, oder jemand den Hirten Singen hörte, und ich auch nichts hörte. Solche Ereignisse brachten mich nahe an Verzweiflung, es fehlte wenig, und ich endigte selbst mein Leben – nur sie, die Kunst, sie hielt mich zurück, ach es dünkte mir unmöglich, die Welt eher zu verlassen, bis ich das alles hervorgebracht, wozu ich mich aufgelegt fühlte (...).»[6]

In den vier Jahren nach der Krise, die zum «Heiligenstädter Testament» geführt hatte, komponierte Beethoven unter anderem die Dritte Sinfonie (die «Eroica»), die Kreutzer-Sonate für Violine und Klavier, die Waldstein- und die Appassionata-Sonate für Klavier, das Vierte Klavierkonzert und das Violinkonzert. Die Streichquartette Opus 59, die Graf

Rasumowski, der russische Gesandte in Wien, in Auftrag gegeben hatte, gehören ebenfalls zu dem außergewöhnlichen Werkkomplex, der aus Beethovens Verzweiflung heraus entstand. Als er an dem Quartett arbeitete, das ich für die Takács' vorbereiten sollte, hatte Beethoven in sein Skizzenbuch einen erstaunlichen Satz notiert, der eine bedeutende Veränderung seiner inneren Einstellung zum Ausdruck brachte: «Kein Geheimniß sei dein Nichthören mehr – auch bey der Kunst.»[7] Vielleicht zelebrierte er mit dem Finale von Opus 59, Nr. 3 vor allem seine Trotzhaltung gegenüber seinem Zustand, und es war nicht so sehr das virtuose Schaustück, für das ich es gehalten hatte.

Als ich in einem Übungsraum meine Fleißarbeit fortsetzte und die Noten einstudierte, fragte ich mich, wie wohl im Zusammenspiel mit den Takács' der Charakter dieser trügerisch-vielschichtigen Musik erhellt würde.

Ich konnte niemanden sehen, der dem weltmännischen Bratschisten des Takács-Quartetts glich, wie er auf dem CD-Cover abgebildet war: In einem Sessel zurückgelehnt, die Viola auf dem Schoß, strahlte Gábor Ormais Foto Ruhe und Selbstvertrauen aus. Im Bereich der Gepäckausgabe des Denver Stapleton Airport lief ein blasser Mann mit wildem, rötlich-gelbem Haarschopf in einem formlosen braunen Anorak mehrfach an mir vorbei, bis ich schließlich auf die Idee kam, meinen Geigenkasten in seine Richtung zu schwenken. Er schaute mich an und dann wieder weg, als suche er nach einer passenderen Alternative.

«Sind Sie Gábor?»

Mit einem kurzen Grinsen versuchte er seine Überraschung zu überspielen. «Sie sind Ed! Tut mir leid, dass ich Sie übersehen habe. Wir haben jemand Älteren erwartet.»

Ich war auf den gelassenen, selbstbewussten Gesichtsausdruck des CD-Covers vorbereitet, nicht auf diesen ruhelosen, scharfen Blick, der schwer zu fixieren war.

«Willkommen! Es ist nicht weit bis Boulder. Sind Sie müde vom Flug?»

Die Takács' reisen sechs Monate im Jahr – da wollte ich doch nicht schon nach einem dreistündigen Flug Müdigkeit eingestehen. Als wir zu Gábors Auto liefen, deutete er auf die Rocky Mountains am Horizont. Er sprach mit sanfter Stimme und beugte den Kopf vor, sodass er kleiner wirkte, als er es von Natur aus war. Für jemanden, der gewöhnt ist, vor großem Publikum aufzutreten, war der Bratschist erstaunlich bescheiden.

Auf dem Weg nach Boulder erklärte mir Gábor, wir würden zuerst gemeinsam essen und uns die Musikstücke des Probespiels erst am nächsten Morgen vornehmen. Wäre ich Mitglied im Takács-Quartett gewesen, dann hätte ich gleich mit dem Spielen angefangen; falls sich der Kandidat durch eine schlechte Fingerkoordination in einem Beethoven-Satz selbst ausbootete, hätte die obligatorische gesellige Aktivität dann auf ein schnelles Sandwich und ein Rundgang über den Campus zum Andenken verkürzt werden können.

«Warum magst du Streichquartette?», fragte Gábor, als wir den Flughafen verließen.

«Ich habe nie an Quartettspielen als Beruf gedacht, aber ich mache immer gern Kammermusik. Und du?»

«Quartette sind nicht so glamourös wie ein Solokonzert, und manchmal fühlt man sich in die Enge getrieben. Wir hocken so dicht aufeinander: Wenn einer leidet, leiden wir alle. Aber zusammen können wir etwas Besonderes schaffen – viel mehr, als man das allein kann.»

Das war eine bessere Antwort als meine. Ich hätte es mir denken können, dass meine Persönlichkeit genauso wie mein musikalisches Können einer genauen Prüfung unterzogen würde – schließlich verbringen die Mitglieder eines Streichquartetts mehr Zeit miteinander als mit ihren Familien. Eifrig wollte ich meine Eignung für Gruppenarbeit hervorheben und erwähnte meine erfolgreiche kurze Zeit im Schulschachteam. Gábor versprach, mir das Schachprogramm auf seinem neuen Computer zu zeigen, und ich fragte mich währenddessen, warum ich ein Spiel erwähnt hatte, das nicht gerade dafür bekannt ist, dass man Wert auf Teamwork legt.

«Warum hast du an der Juilliard studiert?»

«Ich hatte eine Zeit lang Probleme mit meinem Spiel, vor allem mit dem Bogenarm.» Vielleicht konnte ich meine kläglichen Konversationsbemühungen mit mehr Offenheit aufwerten. «Ich muss noch daran arbeiten, dass der Bogenwechsel glatter vor sich geht, und darauf achten, dass mein Arm entspannt bleibt. Aber DeLay war da sehr hilfreich.»

Gábor blickte besorgt. In der Schule in England war es eine wichtige Überlebensstrategie, sich klein zu machen («Schau dir den eingebildeten Schwachkopf mit dem Geigenkasten an: was bildet er sich nur ein, wer er ist?»), doch hier schien es kein guter Trick zu sein, sich selbst abzuwerten.

«Nun, es gibt immer etwas, woran man arbeiten muss. Darf ich fragen, wie alt du bist?»

«Vierundzwanzig.»

«Das ist jung. Dorothy hat uns das nicht gesagt.»

Mir fiel keine Antwort ein. Als wir über den Kamm eines Hügels fuhren, deutete Gábor auf Boulder, das sich an die Ausläufer der Rocky Mountains schmiegte. Rosig schimmerten die Dächer des Universitätscampus in der späten Nachmittagssonne. Als Robert Fink, Dekan des College of Music, die Tákacs' zum ersten Mal nach Boulder fuhr, hielt er bei diesem malerischen Anblick am Straßenrand an und sagte: «Genießt die Aussicht, sie ist ein Teil eures Gehalts.»

Gábors Bericht über Dekan Fink hatte meine Neugier über die Entwicklung des Quartetts geweckt: Vielleicht konnte ich beim Essen den Schaden begrenzen, den ich mit meinem ungeschickten Vorgehen im Gespräch angerichtet hatte, indem ich die Tákacs' fragte, warum sie hier gelandet waren – dieser Umgebungswechsel von ihrer ungarischen Heimat nach Boulder war doch bestimmt dramatischer, als es für irgendeinen neuen Ersten Geiger der mögliche Eintritt in ein Quartett war.

«Du musst Ed sein!» Als ich das Restaurant betrat, sprang ein Mann in Jeansjacke und passender Hose, auf dem Kopf eine Pelzkappe, vom Tisch auf. Auch wenn er unmittelbar als der Zweite Geiger zu erkennen war, sah er gewitzter aus als auf seinem Foto. «Schranz, Károly. Nenn mich Kárcsi oder Charlie, wie du willst. Was möchtest du trinken?»

«Ein Ginger Ale, bitte.»

«Bist du sicher? Egal, wir werden sowieso alles über dich herausfinden.»

András, der Cellist, stellte ähnliche Fragen, die ich schon früher am Nachmittag abgeblockt hatte. Sein wild gelocktes braunes Haar und die rötliche Gesichtsfarbe deuteten auf eine entspannte Haltung, was in gewisser Weise im Widerspruch zu seinem formellen Englisch stand. Er hörte sich meine Antworten an, und seine wachen Augen zeigten Neugier, gemischt mit Skepsis.

«Gábor sagt, du bist jung.»

«Ich werde in wenigen Monaten fünfundzwanzig.»

«Das hat Dorothy uns nicht gesagt.»

«Aber ich bin ein ältestes Kind – wir müssen schneller erwachsen werden.»

«Károly ist auch ein ältestes Kind.» András zog zweifelnd die Augenbrauen hoch.

«Jünger ist gut», sagte Károly. «Mehr Energie!»

Ich erwähnte, dass der Erste Geiger des Tokyo String Quartet, Peter Oundjian, auch ein Student von Dorothy DeLay, in meinem Alter war, als er in das Ensemble eintrat. Als András nach meiner beruflichen Kammermusikerfahrung fragte, erwähnte ich die Handvoll bezahlter Konzerte mit meinem Studentenquartett, die wir gegeben hatten, während ich am Royal College of Music in London war, bevor ich an die Juilliard wechselte. Ein Höhepunkt war unser Auftritt bei einer Weihnachtsfeier in Downing Street, veranstaltet von der damaligen britischen Premierministerin Margaret Thatcher. Bei meinem Bericht über dieses grandiose Engagement verschwieg ich die Gage von fünfzehn Pfund und den Punkt, dass Thatcher das von uns gewählte Tempo in dem Weihnachtslied «Ding Dong Merrily On High» als zu langsam und zu schwermütig kritisierte.

Das Thema meiner beruflichen Qualifikationen war rasch erschöpft, also fragte ich die Mitglieder des Takács-Quartetts, wie es dazu gekommen war, dass sie sich in Boulder niedergelassen hatten. 1982 hatten die Takács' an einer Meisterklasse für das ungarische Fernsehen teilgenommen, die von dem Bratschisten Dénes Koromzay geleitet wurde; er war der einzige Streicher des Hungarian Quartet, der vom Anfang bis zum Ende seiner siebenunddreißigjährigen Quartettgeschichte in der Gruppe gespielt hatte. Von 1962 bis 1970 war das Ensemble ständiger Gast an der University of Colorado gewesen. Nachdem Koromzay das Quartettspiel aufgegeben hatte, kehrte er 1980 nach Boulder zurück, um dort zu unterrichten. Und als er die Takács' bat, ihnen ein Studentenquartett für einen Meisterkurs bei ihm zu empfehlen, boten sie sich stattdessen selbst an. Obwohl sie schon auf dem Weg zu einer internationalen Konzertkarriere waren, wollten sie unbedingt ihr Repertoire erweitern – und besonders die Beethoven-Quartette spielen, von denen sie einige noch nicht einstudiert hatten. Nach mehreren kürzeren Studienbesuchen bei Koromzay beantragte das Quartett einen langfristigen Gastaufenthalt an der Universität und bekam ihn auch bewilligt. 1986 zogen die Mitglieder des Takács' und ihre Familien von Budapest nach Boulder.

Die Veränderung brachte Anregung und Verunsicherung zugleich mit sich. Täglich waren die Musiker und ihre Familien mit den sprachlichen und kulturellen Unterschieden konfrontiert. Bei einem der ersten Konzerte in Boulder hinkte Karcsi mit einem bandagierten Fuß auf die Bühne. Er hatte bei einer Fahrradfahrt ein Verkehrsschild mit dem Hinweis «Absteigen» nicht verstanden – die Tour endete in einer kurzen, aber schmerzhaften Begegnung mit einem Steinhaufen.

Als die Gruppe zu einer sechswöchigen Konzerttournee aufbrach, mussten sich ihre zurückbleibenden Familien in dem verwirrenden Dschungel von Vorschriften zurechtfinden. András' Frau Kati wusste, dass für die Anmeldung ihres Autos irgendwelche zusätzlichen Papiere benötigt wurden. Sie betrat (in Begleitung von Karcsis Frau Mari und allen Kindern) eine benachbarte Feuerwehrstation und fragte ein paar erstaunte Feuerwehrmänner, wo man denn einen «Persönlichkeitstest» bekomme.

Während des Essens legten die Musiker Wert darauf zu betonen, dass ihre Integration ins Gemeindeleben – obwohl Boulder von ihren Wurzeln so weit entfernt war – durch die Großzügigkeit einer Anzahl von europäischen Immigranten, unter ihnen auch einiger Ungarn, sehr erleichtert wurde; diese Bewohner bezogen die Takács' in ihre Gastfreundschaft mit ein, wie sie es auch mit dem Hungarian Quartet während dessen früherem Aufenthalt in Boulder schon getan hatten. Zusätzlich wurden sie von Mitgliedern der Streicherfakultät in die Gemeinschaft der Universität aufgenommen, und man war ihnen bei der Organisation ihrer Gastaktivitäten behilflich. Die Freundin meiner Lehrerin, Fay Shwayder, hatte zu einem großen Teil – mit der Unterstützung von Dekan Fink – ihren Anfangsaufenthalt finanziert.

Aber die drei Ungarn sprachen dennoch über ihre gemischten Gefühle, was ihren Weggang aus Ungarn betraf, sie hatten Heimweh nach Freunden, nach ihren Familien, die sie zurückgelassen hatten, und waren sich durchaus ihres besonderen Status bewusst, den sie in Budapest genossen hatten. Die Gründungsmitglieder hatten an der Franz-Liszt-Musikakademie eine strenge musikalische Ausbildung erfahren. Zwei Stunden Einzelunterricht auf ihrem Instrument pro Woche wurden durch Kammermusikstunden und einen zusätzlichen Kurs im Sonatenrepertoire ergänzt. Die wöchentlichen musikalischen Aktivitäten wurden mit Musikgeschichte und -theorie und mit Orchesterproben vervollständigt.

Die obligatorischen Kurse in politischer Philosophie und Russisch, die vom kommunistischen Regime verlangt wurden, nahm man dagegen nicht ganz so ernst. Als András bei einem mündlichen Examen die Ursprünge des Kommunismus erläutern sollte, hatte er die lakonische Antwort parat, Feuerbach sei durch Säugen an Hegels Brust großgezogen worden. Ludwig Feuerbach war in der Tat, so wie Marx, ein großer Bewunderer von Hegel gewesen, und obwohl András' respektlose Still-These von einem Prüfer mit versteinertem Gesicht nicht gerade geschätzt wurde, bekam er das Prädikat «Bestanden».

Auch wenn der Dekan der Franz-Liszt-Musikakademie ihnen einen flexibleren Stundenplan ermöglichte und ein Manager aus Budapest den Takács' im frühen Stadium ihrer Karriere behilflich war, so waren andere Aspekte des Lebens hinter dem Eisernen Vorhang schwierig. Ungarn war nachsichtiger als andere sozialistische Länder, aber Reisevisa wurden oft erst in letzter Minute ausgegeben, und der Grenzübertritt war manchmal anstrengend; einmal wollte ein Soldat einen Stempel auf den Boden von Karcsis Violine drücken.

Vom üblichen zweijährigen Pflichtmilitärdienst waren Musikstudenten im Allgemeinen ausgenommen, aber Karcsi hatte nicht das Glück und war gezwungen, an einem neuen, versuchsweise durchgeführten einmonatigen Militärtraining für Musiker teilzunehmen. Täglich drehten die Rekruten Runden, stolperten über schlammige Hindernisstrecken und nahmen am Unterricht über Kommunismus teil. Die Erleichterung kam für Karcsi schließlich in Form eines eingewachsenen Zehennagels, der im weiteren Verlauf des Trainings seltsamerweise mehr Beschwerden machte. Ein verständnisvoller und womöglich gelangweilter Armeearzt bot an, den Nagel zu entfernen. Karcsis anschließende Genesungszeit bestand hauptsächlich aus Tischfußballspielen im Lazarett, sie wurde nur unterbrochen, wenn ein Armeekrankenwagen kam, um ihn zu jenen Tätigkeiten zu bringen, die die Heilung seines Fußes nicht übermäßig beeinträchtigten. Während ein genervter Prüfer versuchte, dreißig Studenten zu beurteilen, tat Karcsi nur so, als nehme er ein Gewehr auseinander, und hob dann die «wieder zusammengesetzte» Waffe triumphierend rechtzeitig zusammen mit jenen der pflichtbewussten Studenten hoch, die die Aufgabe schon erfüllt hatten. Der Test seiner Treffsicherheit wurde umgangen, weil der beaufsichtigende Offizier es nicht ertragen konnte, wie ungeschickt und bedrohlich Karcsi das Gewehr hielt, und es ihm abnahm und die Schüsse selbst absolvierte.

«Das sind gute Geschichten», sagte András müde und fixierte mich mit einem scharfen Blick. «Eigentlich sollten *wir* die meisten Fragen stellen. Wie stellst du dir die Balance zwischen deinem beruflichen und deinem persönlichen Leben vor?»

Während alle mich anblickten und ernst auf meine Antwort warteten, stopfte ich mir eine Frühlingsrolle in den Mund.

«Darüber habe ich nie wirklich nachgedacht.» Da war wieder der rote Faden meiner Antworten. «Ich bin überzeugt, im Quartett gibt es so viel zu tun, dass es an erster Stelle stehen muss, wenigstens bis ich mehr Repertoire habe. Es wird nicht viel Zeit für ein Privatleben bleiben.»

«Du brauchst jemanden, mit dem du reden kannst», sagte Gábor. «Wir können ganz schön grob sein.»

«Mach ihm doch keine Angst», sagte Karcsi. «Wir sind Engel. Aber manchmal müssen wir streiten.»

«Wie geht ihr mit unterschiedlichen Auffassungen in der Musik um?», fragte ich.

«Wir spielen die gleichen Stücke mehrmals, da können wir viele verschiedene Ideen ausprobieren», sagte Gábor.

«Die Hauptsache ist, wir einigen uns auf etwas und tun anschließend das Gleiche; dann ist die Wirkung viel stärker», sagte András. «Wir können ja immer wieder an den Punkt zurückgehen und es am nächsten Tag anders machen.»

«Es kann schwer sein, einig zu werden», sagte Gábor.

«Manchmal bringen wir uns fast um.» Karcsi lachte. «So sind Streichquartette.»

«Wir sollten ihn nicht einschüchtern», sagte András. Zum ersten Mal sprachen sie Ungarisch.

«Entschuldige», sagte Gábor, «Englisch fällt uns schwer; manchmal ist es zu höflich.»

Für die anderen bedeutete es eine große Veränderung, die Proben auf Englisch abzuhalten, aber damit schienen sie sich abzufinden. András' Frau war Sprachlehrerin, und er hoffte, der neue Geiger werde seinerseits ein paar Ungarischstunden nehmen.

Schon nach so kurzer Zeit merkte ich, wie die anderen sich gegenseitig ergänzten: Karcsi charismatisch; András verantwortungsbewusst und wohlüberlegt; Gábor sensibel, vielleicht ein Vermittler. Wie würde ein neuer Mitspieler diese Balance ändern? Obwohl ich beim Essen mit Fragen gelöchert wurde, war ich dankbar, dass sich der erste Teil meines Probespiels auf der sozialen Ebene abgespielt hatte und dadurch betont wurde, wie wichtig die Beziehung unter Quartettkollegen und in der erweiterten Gemeinschaft für das Leben eines Quartettspielers ist.

Die Wände im Studio des Takács-Quartetts im College of Music waren mit Postern aus der Instrumentensammlung der Corcoran Gallery of Arts dekoriert; einige Instrumente daraus hatten die Takács-Musiker als Leihgabe. Zu meiner Überraschung saß Gábor beim Spielen mir gegenüber, und seine dreihundert Jahre alte Bratsche von Nicolò Amati hielt er weit nach links. Ich war daran gewöhnt, dass die Bratsche zwischen Zweiter Geige und Cello platziert ist, aber die anderen erklärten, dass der Ton besser trägt, wenn das Cello in der Mitte ist, und dass sich der Ton der Bratsche klarer hervorhebt, wenn sie von den Violinen getrennt ist. Gábor schien mit der Bratsche unterm Kinn an Statur zu gewinnen; das erinnerte mich an sein Foto voller Selbstvertrauen auf dem CD-Cover. Er schaute seine Kollegen reihum an und lächelte ermutigend, ehe er in flottem Tempo mit seinem Solo den Quartettsatz von Beethoven eröffnete. Während er eine regelrechte Kaskade von leisen, aber sehr lebhaften Achtelnoten spielte, behielt er die gelassene Haltung bei, und seine effizienten Armbewegungen ließen die technischen Anforderungen mühelos erscheinen.

Einen Satz mit zehn Takten Viola-Solo zu beginnen war eine kühne Novität – vielleicht hatte Schuppanzigh kurz seinen Wechsel zur Violine bereut. Hat der Bratschist, der als Erster das Stück kennenlernte, diese exponierte Stelle genossen, oder hat er ungläubig reagiert? So wie mein Vetter vor einigen Wochen, als ich meine Probestücke mit ihm und zwei Freunden durchspielte. Er sagte nur: «Du machst wohl Witze. Fangen wir da an, wo alle anderen einsetzen.»

Wie es mir mit Gábor ging, so sah ich auch Karcsi und András in einem anderen Licht, als sie zu spielen anfingen. Karcsis leicht schelmische Haltung während des Essens hatte sich jetzt in geschäftige Energie verwandelt, als er mit dem gleichen Thema begann und sich zu Gábor neigte und sie das Perpetuum mobile dann zusammen fortsetzten. Jetzt kam András dazu; seine Achtelnoten trieben die anderen vom Bass her voran. Was beim Essen gelegentlich eine zurückhaltende, autarke Haltung zu sein schien, war jetzt zu beharrlicher Zielstrebigkeit geworden – ein pulsierender, rhythmischer Celloduktus, der die drei Ungarn zusammenhielt.

Als ich allein in einem Übungsraum spielte, hätte ich mir die Erregung nicht vorstellen können, die die anderen mit dem langsam stärker werdenden Crescendo hervorbrachten, das meinem Beginn vorausging: eine vollendete Umsetzung der dynamischen Steigerung, die Beethoven mit Rotstift in seiner Partitur vermerkt hat. Als das Crescendo im Forte kulminierte, setzte ich ein, vom Schwung mitgerissen.

Der Einsatz der ersten Violine schien alle möglichen Anforderungen an den künftigen Takács-Spieler in sich zu vereinen, er verlangte, sich unmittelbar einem lebendigen Organismus anzupassen.

Die sich rasch ändernde Aufgabe, die der Part der ersten Geige erfüllen musste, nahm mich jetzt mehr in Anspruch als alle technischen Herausforderungen. Zunächst trieben die drei unteren Stimmen mein schnelleres Spiel mit pochenden, eindringlichen Akkorden voran, dann übernahmen Kárcsi und Gábor meinen Rhythmus – wie eine freudige, wetteifernde Antwort. Die Auseinandersetzung steigerte sich zwei Takte lang, der Rhythmus jagte zwischen uns hin und her, bevor ich allein fortfuhr. Für einen Moment war ich von begleitenden Akkorden unterstützt, bevor ich mich mit einer kurzen Solokadenz in einer Spirale abwärts bewegte – eine Mischung aus Dialog und solistischem Feuerwerk.

Die Passagen der ersten Geige, die mir in meinem Übungszimmer einen ernsten Charakter zu haben schienen, änderten sich durch die Musik um mich herum. Über einem Lauf gab Beethoven der ersten Geige die Anweisung «sul una corda» – auf einer Saite zu spielen. Würde man diese Stelle auf drei Saiten spielen, dann würde sie leichtgewichtig, ja alltäglich klingen, so aber musste ich, während ich mich auf der G-Saite, der tiefsten Saite, höher und höher hangelte, dem Bogen viel mehr Druck verleihen, um die Töne herauszuarbeiten. Der Klang war erdhafter, und die zusätzliche technische Erschwernis steigerte den dramatischen Effekt. Jetzt spürte ich das spöttische Element der Begleitung. Károly und Gábor ließen András' rhythmisches Klopfen abprallen und zogen die Aufmerksamkeit auf ihre frivole Begleitung, indem sie den Bogen nach jeder Note höher hoben, als es notwendig war, und schienen in ihrer komödiantischen, sich wiederholenden Bewegung die Intensität meines Parts zu narren.

Dann wechselten die Rollen. Jetzt spielte Károly den «Sul una corda»-Effekt, während ich mich dem fortlaufenden «Umta-umta» der Begleiter anschloss. Anschließend war Gábor an der Reihe, auf einer einzigen Saite immer höher zu spielen. Károly und Gábor schienen an der ungewohnten Aufgabe Gefallen zu finden, ihre linke Hand auf dem Griffbrett höher und höher steigen zu lassen – wie Zirkusartisten, die sich einer akrobatischen Herausforderung stellen. Als András auf seinem Cello den gleichen Effekt ausführte, glitt seine linke Hand von ihm weg in Richtung Fußboden, und sein Kopf war so weit über das Instrument gebeugt, dass es aussah, als könnte er umkippen. Die körperlichen Herausforderungen der Musik trugen zum dramatischen Geschehen bei.

In der Mitte des Satzes tauchte das Eingangssolo der Bratsche wieder auf, dieses Mal aber von der ersten Geige begleitet. Da ich den einfacheren Part mit den längeren Noten hatte, war ich bemüht, nicht zu schnell zu spielen. Gábor unterbrach und sagte, er fühle sich durch meinen Rhythmus zurückgehalten – für seinen musikalischen Ausdruck sei es hilfreich, wenn ich exakt beim Beginn jedes Schlages spielen könnte. Als ich spielte, wie Gábor es vorgeschlagen hatte, verhalf der Rhythmus der ersten Geige dem Bratschensolo zu mehr Schwung. Wieder stand der musikalische Charakter des Satzes im Vordergrund – und ich hatte gedacht, er wäre nur ausgesucht worden, um meine technische Fertigkeit zu prüfen.

Während des ganzen Satzes war ich beeindruckt, wie Körpersprache und Mimik der Ungarn dazu beitrugen, die Stimmung der Musik zu übertragen. In ihrem Herangehen an den musikalischen Ausdruck erinnerten mich die Takács' an meinen ukrainischen Geigenlehrer am Royal College of Music. Felix Andrievsky ermutigte seine Studenten, den emotionalen Gehalt der Musik mit jeder Faser ihres Herzens mitzuteilen. «Ihr macht das nur, weil ich es euch sage, aber ihr müsst es von innen her tun», war sein Kommentar. Er war eine opernhafte Persönlichkeit, er tanzte und sang und arbeitete mit extremer Mimik, um seine Vorstellungen zu vermitteln.

An einem Hochsommerabend begann ich in einer Unterrichtsstunde Fritz Kreislers «Liebesleid» zu spielen. «Aber Edwaaard», unterbrach mich Andrievsky mit seinem starken Akzent – er zog immer meinen Namen in die Länge, wenn er mich zu mehr Gefühl drängen wollte. «Wo ist dein Kummer?» Er löschte die Lampen in seinem Unterrichtsstudio. Vom Fenster aus konnte ich gegenüber die erleuchteten, ziegelroten und majestätischen Fensterbögen der Royal Albert Hall sehen und verschwommene Gestalten erkennen, die die Stufen darunter hinabstiegen und in der Dämmerung verschwanden. «Jetzt spiele noch einmal für jemanden, den du verloren hast.»

Andrievsky konnte die manchmal hinderliche Tatsache, dass man ganz von der Geigentechnik in Anspruch genommen wird, durchbrechen, damit man das Wesentliche einer Stimmung erreicht. Und hier, im Studio des Takács-Quartetts, fühlte ich wieder, dass Noten, die ich in einem Übungsraum vorbereitet hatte, inmitten dieser inspirierten Musiker lebendig wurden.

Am Ende des Beethoven-Satzes fragte ich, ob das Tempo schnell genug gewesen sei. Gábor gab die wenig beruhigende Antwort, im Konzert werde es wahrscheinlich noch schneller gehen. Wie ein Ehepaar, das sich verschiedene Versionen derselben Geschichte erzählt, fühlten sich die Ungarn nicht dazu veranlasst, eine einheitliche Linie zu vertreten: András sagte, er möge es nicht, wenn das Tempo durch Konzertadrenalin gesteigert werde. Karcsi dagegen grinste und sagte, manchmal mache es Spaß, am Rande dessen zu spielen, was noch angemessen ist. Gábor nahm, was oft der Fall zu sein schien, eine diplomatische Position ein und betonte die Bedeutung der Spontaneität, aber in Maßen.

Als ich die anderen nach Beethovens trotziger Bemerkung bezüglich seiner Taubheit fragte, die er unter eine Skizze zu diesem Satz geschrieben hatte, meinte Karcsi, das Finale mache im Zusammenhang mit dem ganzen Stück mehr Sinn, vor allem als eine Fluchtbewegung nach einem melancholischen langsamen Satz. Zum ersten Mal dachte ich über die Frage nach dem emotionalen Gleichgewicht in diesem Stück nach: Ich wünschte, ich hätte die Zeit gehabt, die anderen Sätze für mein Probespiel einzustudieren, um die Rolle dieses Finales besser zu verstehen.

Am Ende der Sitzung sagte ich den anderen, wie sehr ich ihre Diskussion über den musikalischen Charakter geschätzt hätte, selbst in dieser gestellten Probespiel-Situation.

«Worüber sollten wir denn sonst reden?» Gábor lachte. «Wenn Dorothy dich geschickt hat, wissen wir doch, dass du Geige spielen kannst, aber in dieser kurzen Zeit sollten wir versuchen, uns auf musikalischer Ebene zu finden. Es ist gut, dass es dir gefällt, darüber nachzudenken.»

«Warum schauen wir uns das Video nicht vor dem Abendessen an?», schlug András vor. Nach dem Mittagessen hatte András auf der Bühne im Musiksaal eine Kamera aufgebaut, bevor wir mehrere Sätze für den Mentor der Takács', Dénes Koromzay, durchspielten. Wenn sie Kandidaten verglichen, würde es ihnen helfen, für unsere gemeinsame Zeit ein wenig Anschauungsmaterial zu haben. Karcsi hatte erklärt, dass sie drei Finalisten für Konzerte später im Frühjahr noch einmal einladen wollten. Dann würde er mich mit den anderen vergleichen, sagte er, aber bislang sei ich der Erste auf seiner Liste. Dankbar für seine Indiskretion, ließ ich mich in ein Sofa in András' Keller sinken und nippte dabei an einem zweiten Glas ungarischem Stierblutwein.

Beim Betrachten des Videos fiel mir auf, wie wenig mein Aussehen zu den anderen passte, als wir zur

Bühne liefen. Die Ungarn trugen die gleiche Kombination von bunten Hemden und Jeans wie am Morgen. Meine etwas zu kurzen schwarzen Hosen lenkten den Blick auf weiße Socken und abgetragene blaue Wildlederschuhe. Vervollständigt wurde mein Outfit von einem verwaschenen kastanienbraunen Hemd und einer überlangen Krawatte, die zwischen meinen Beinen baumelte. Ich sah aus wie ein unbeholfener Schulbub, der von seinen erfahreneren, älteren Brüdern geduldet wird.

Von den ersten Tönen an beherrschten die Ungarn das Drama. Als sich die Musik dem Höhepunkt näherte, beugte sich Gabor über seine Noten, während András' Kopf heftig schwankte. Karcsis Augen schossen hin und her, er beobachtete mich, um einen Bogenstrich anzupassen, und schon im nächsten Moment fing er Gábors Blick auf, als sie begannen, im gleichen Rhythmus zu spielen. Sie bildeten eine dynamische Einheit und waren ganz wachsam gegenüber meinen musikalischen Absichten und denjenigen der ganzen Gruppe.

Ich saß auf der linken Seite des Ensembles und brachte nichts von dem Hochgefühl zum Ausdruck, das ich beim Spielen gespürt hatte; starr blickte ich auf meine Noten, als könnten sie jeden Moment verschwinden. Ich drückte die Brust nach oben und presste das Kinn nach unten auf die Violine wie ein schiffbrüchiger Matrose, der sich an ein Stück Treibholz klammert.

Das erinnerte mich verblüffend deutlich daran, dass es einen Unterschied macht, ob man auf dem

Podium die Emotionen nur empfindet oder sie auch mitzuteilen versucht. Meine Unerfahrenheit ließ sich nicht in die angenehme Geschmeidigkeit übertragen, die Dorothy DeLay von mir erwartet hatte, und ich konnte Andrievskys ratlose Bemerkung hören: «Aber Edwaaard, waaaas tuuust du?»

Nach ein paar Minuten hielt ich es nicht mehr aus, noch länger hinzuschauen.

«Können wir damit aufhören? Das ist Mist.»

«Was heißt das? Mist? Quatsch?»

«Mist, nutzlos, Zeitverschwendung.»

«Mist», wiederholte András überzeugt. «Das gefällt mir, es ist nicht so höflich. Vielleicht sollten wir mehr auf Englisch proben.» András drehte den Videoplayer aus. «Was magst du an dem Spiel nicht?»

«Ihr wirkt alle so natürlich. Ich scheine in einem kleinen Kasten zu sitzen – ich sehe nicht aus wie ein Teil der Gruppe. Und der Charakter der Musik kommt nicht durch.»

«Großartig, dass du etwas siehst, woran wir arbeiten können. Oft sind wir entmutigt, wenn wir uns etwas hinterher anhören. Was könntest du anders machen?»

«Eigentlich alles. Eine flexiblere Haltung. Mehr Blickkontakt mit euch. Ab und zu könnte ich auch lächeln.»

«Das kommt alles mit der Übung. Es ist gut, dass du es merkst. Außerdem ist es nicht so schlecht, wie du denkst: Wir spielen seit achtzehn Jahren zusammen, aber wir hören uns auf dem Video schon jetzt gut mit dir zusammen an!»

Beim anschließenden Abendessen mit seiner Familie schien András vergnügt und entspannter als während meines ganzen Probespiels. Ich war entmutigt: Dem Video nach zu urteilen hatte ich den «Emotionstest» als Teil des Vorspiels sicher nicht bestanden. Der kurze Zeitraum, in dem ich mit den drei Ungarn musizierte, hatte mir ein Gefühl dafür gegeben, wie reich und vielseitig ihr Zusammenspiel war, sowohl als Persönlichkeiten wie auch als Musiker. Während ich mich in den letzten Jahren ganz darauf konzentriert hatte, mein eigenes Spiel zu verbessern, würde ich jetzt eine ganze Reihe von sozialen Fähigkeiten entwickeln müssen, um zu den Takács' zu passen. Und doch hatte ich beim ersten Durchspielen musikalisch mehr Gemeinsames mit den Ungarn gespürt, als im Video zum Ausdruck kam. Mir gefiel ihre gleichbleibende Aufmerksamkeit für den Charakter der Musik, die Hand in Hand ging mit einem Gespür für Spaß und Neugier, was mich an einem Ensemble, das schon so lange zusammenspielte, überraschte. Wie auch immer das Vorspiel für mich enden mochte, es hatte mir einen aufregenden Vorgeschmack auf die Zusammenarbeit beim Musizieren gegeben.

«Wie spielt ihr das zusammen?», fragte ich, als wir die langsame Einführung von Opus 59, Nr. 3 beendeten. Ich war als einer der Finalisten im April 1993 noch einmal für ein Konzert mit den Takács' eingeladen worden. Es sollte eine Aufführung im Rahmen der jährlichen Konzertreihen sein, die das Quartett in der Grusin Hall am College of Music in Boulder gab. Wir hatten zur Vorbereitung eines Programms mit Streichquartetten von Mozart, Brahms und Beethoven nur drei Tage Zeit.

Der erste Forte-Akkord stellt eine Frage: In welcher Tonart befinden wir uns? Die vier Töne dieses Akkords bilden eine verminderte Sept: vermindert deshalb, weil der verminderte Septakkord – im Gegensatz zu den meisten Akkorden, die sich aus kleinen und großen Intervallen zusammensetzen –, aus drei kleinen Terzen besteht, die aufeinander aufgebaut sind. Der Akkord ist dissonant und braucht eine Auflösung; er funktioniert wie eine Kreuzung, von der aus verschiedene Zielorte erreicht werden können. Solch eine Situation könnte sich logischerweise dann ergeben, wenn die Tonart und die ersten musikalischen Themen festgelegt sind. Doch Beethoven wagt es, gleich beim ersten Akkord des Stückes die Hörer zu verwirren. Nach einer Pause umfasst der nächste Akkord die gleichen Noten in den drei oberen Stimmen, während die Cellostimme einen Ton tiefer geht – eine leisere Dynamik im Pianissimo steigert die Unsicherheit. Das Cello bewegt sich weiter nach unten, bevor ein neuer, lauter verminderter Septakkord den Fluss unterbricht und damit die Instabilität wieder betont. Die Basslinie steigt noch mehr in die Tiefe, während die erste Geige höher steigt, körperlos und richtungslos.

Wir klangen ziellos, aber aus einem falschen Grund heraus: Wenn so wenig Rhythmus vorgegeben war, hatten wir es schwer, beim Spielen ein gemeinsames Pulsieren zu finden. Karcsi meinte, ich sollte die Akkordwechsel klarer angeben. Ich hob meine Geige im Voraus ein bisschen, um bei jedem Akkord den Abstrich besonders zu betonen, aber die so gewonnene Verbesserung im Zusammenspiel ging auf Kosten des Charakters … Jetzt hörten wir uns nur noch überzeugt statt suchend an. Obwohl wir den Anfangsteil mehrere Male wiederholten, kämpften wir weiter darum, einen gemeinsamen Rhythmus zu finden. Die Herausforderung bestand darin, zu vermitteln, dass die Musik einen Weg sucht und nicht die Musiker.

«Machen wir morgen an der Stelle weiter», sagte Gábor. «Manchmal müssen wir die Vitamine dosieren, wenn es um eine schwierige Passage geht.» Eine tägliche Vitamindosis war wohl für Musiker, die an einen regelmäßigen Zyklus von Proben und Konzerten gewöhnt sind, beruhigender als für einen Kandidaten, der nur drei Tage Zeit hat, um sich auf das wichtigste Konzert seines Lebens vorzubereiten.

Der robuste Rhythmus und der Schwung des folgenden Allegro vivace wirkten wie eine Befreiung. Ich erinnerte mich an meinen gehemmten Auftritt bei meinem ersten Probespiel und schaute mich in der Gruppe um, damit ich vielleicht Hinweise bekam, wie man den Charakter besser vermitteln konnte. Die Takács' saßen, im Gegensatz zu anderen professionellen Streichquartetten, gerne ziemlich weit auseinander. Das Ergebnis war, dass weder die zweite Geige noch das Cello, die innen saßen, von der ersten Geige und der Bratsche verdeckt wurden.

Vielleicht ermutigte der zusätzliche Raum jeden Musiker dazu, eine einzigartige körperliche Nähe zu seinem Instrument aufzubauen. Karcsis Bogenführung war forsch; seine flexiblen Finger und seine energische Unterarmbewegung verliehen seinem Spiel einen lebhaften, tänzerischen Charakter. Die Bewegungsfreiheit seiner Arme hing mit seinem kürzeren Rücken zusammen – manchmal schien er kurz davor zu sein, von seinem Stuhl aufzuspringen. András kroch förmlich in sein Cello, seine Arme umfassten es wie in einer Umarmung. Gábor hatte die aufrechteste Haltung. Immer wenn er ein Solo hatte, drehte er sich aus der Hüfte heraus nach links, um die Viola und ihren Klang zum Publikum zu richten, dann schwenkte er sein Instrument wieder zurück, um mit Karcsi eine Begleitfigur zu spielen.

Ein zusätzlicher Vorteil, im weiteren Bogen zu sitzen, erklärte mir Karcsi, bestehe darin, dass er mein Gesicht und nicht nur das Profil sehen könne. Das gebe ihm mehr Anhaltspunkte, welche Stimmung ich jeweils in der Musik zum Ausdruck bringen wollte. Für den Ungeübten aber war es ein gefährliches Unterfangen, in die Runde zu blicken und gleichzeitig zu versuchen, eine weniger angespannte Haltung einzunehmen. Die ungewohnte Bewegung führte dazu, dass mein Bogen den Kontaktpunkt auf der Saite verlor, während ich mit Gábor Blickkontakt aufnahm, als wir den gleichen Rhythmus spielten, sodass ich kurz aus dem Takt kam. Der prägnante Spruch eines befreundeten Geigers kam mir in den Sinn: «Schau auf – bau Mist.» Aber um mich dem offenen, unbefangenen Stil der Ungarn anzunähern, würde ich umfassende neue Ideen riskieren müssen, wie sehr sie mich auch ablenkten. Ein «Spiel auf Sicherheit» schien absolut nicht zur Musikphilosophie des Takács-Quartetts zu gehören.

Wenn eine Differenz in Bezug auf eine musikalische Vorstellung nicht ganz gelöst wurde, kam manchmal ein Gefühl von Gefahr auf. Nach etwa zwei Dritteln des ersten Satzes verlangte ein dramatischer Fortissimo-Höhepunkt sowohl Teamgeist als auch ein gewisses Oppositionsgefühl: Viola und Cello hatten zuerst eine Figur aus zwei Tönen und sollten exakt gleich in Betonung und Ausdruck spielen, bevor die beiden Violinen im gleichen Rhythmus antworteten.

«András, dein erster Ton ist zu laut – er ist nur ein Auftakt; die zweite Note sollte bei jeder Tongruppe stärker sein.» Gabor spielte es vor, um seine Vorstellung zu demonstrieren.

«Ich mag den ersten Ton nicht so leicht. Das ist ein Höhepunkt, alles sollte *fortissimo* sein.» András sang seine Passage und wiegte dabei seine Arme, um das gleiche Gewicht jedes Tons auszudrücken.

«Dein Auftakt klingt lauter als der Zielton», sagte Gábor.

Karcsi lachte. «Über diese Stelle streiten wir immer. Nur gut, dass wir ein Stück oft spielen, dann können wir verschiedene Möglichkeiten ausprobieren.»

«Morgen versuchen wir meine Vorstellung», sagte András und lächelte.

Vielleicht, weil sich Gábor und András nicht ganz geeinigt hatten, wie sie die Dynamik gestalten wollten, spielten jetzt beide mit mehr Energie und modifizierten stillschweigend ihre Idee, damit sie sich in ihrer Vorstellung ein bisschen näher kamen. Um uns ihrer Intensität anzupassen, mussten Karcsi und ich lauter und mit mehr Biss spielen: Jetzt kam der dramatische Gegensatz zwischen den beiden Paaren zum Ausdruck.

Während der Höhepunkt im ersten Satz Widerspruch zuließ, der in das musikalische Drama einfließen musste, rückte der Beginn des dritten Satzes, ein Menuett, eine andere Frage nach dem Charakter in den Vordergrund. Wie sich die mysteriöse, langsame Musik zu Beginn des ganzen Stückes ein wenig an die Anfangstakte eines früheren Streichquartetts in derselben Tonart anlehnte – ein Quartett, das von Mozart stammte und den Beinamen «Dissonanzenquartett» erhalten hatte –, so schien auch hier, im Menuett, die Eröffnungsphrase wieder an Mozart zu erinnern.

Beethovens Angabe «Grazioso» wies auf den Charakter eines eleganten, würdevollen Tanzes hin. Wir begannen alle mit einem langen Ton, der sich zu einem schnelleren Sechzehntelrhythmus am Ende des Taktes entwickelte. Aber mein Klang stach aus dem Klang der anderen heraus, und der rasche Rhythmus war ruhelos, wie ein nervöses Zucken, das sich über ein ruhig-heiteres Gesicht ausbreitet.

Streicher können den Klang auf vielfältige Weise verändern. Man erzeugt einen weicheren Ton, wenn man mit dem Bogen in größerem Abstand zum Steg* spielt, und man kann eine zarte oder sogar flüsternde Klangfarbe außerdem mit einem rascheren Bogenstrich erreichen. Die Tonqualität lässt sich auch noch beeinflussen, wenn man das Vibrato verändert – das heißt, wie weit und wie rasch ein auf die Saite gesetzter Finger der linken Hand sich unter- und oberhalb der Tonhöhe bewegt. Ich versuchte also, das enge Vibrato der anderen zu imitieren: Jetzt vermittelten unsere aufeinander abgestimmten Klangfarben die fragile Süße der Melodie. Bei den schnelleren Sechzehnteln versuchte ich, den Rhythmus mehr auszuweiten und mit möglichst weichen Fingerbewegungen zu spielen – abrupte Bewegungen würden den falschen Charakter zum Ausdruck bringen.

Im Gegensatz dazu erforderte das ausgelassene Trio kurze, scharfe Bogenstriche, die nah am Steg ausgeführt wurden; eine ganz neue Stimmung ersetzte den lyrisch-nostalgischen Stil des Anfangsteiles. Mein Ton war jedoch zu knackig. Ich versuchte, Karcsis und Gábors flexible Finger der rechten Hand zu imitieren, die wie Stoßdämpfer agierten; dadurch konnten sie die Energie ihrer Arme geschickt auf jede Saite leiten.

Obwohl bei meinem zweiten Probespiel mehr über das A und O des Quartettspiels diskutiert wurde – wie man zusammen und aufeinander abgestimmt spielt –, verloren die Ungarn die oben genannten

* Der Steg ist jener Teil des Instruments, der die Saiten über dem Korpus hält und die Schwingungen auf die Decke überträgt.

Aspekte der Bogen- und Fingertechnik als ein Mittel, um Emotionen auszudrücken, nie aus den Augen. Als ich mir zuerst vorstellte, wie es wäre, im Takács-Quartett zu arbeiten, war ich fasziniert von der Aussicht auf internationale Reisen und der Gelegenheit, in den besten Kammermusiksälen der Welt zu spielen. Aber in der kurzen Zeit des Probens mit der Gruppe begann ich zu begreifen, dass die grundlegende Arbeit des Quartetts hier in diesem kleinen Studio stattfand, wo die musikalischen Feinheiten der Interpretation detailliert besprochen wurden. Nach drei Tagen Probe konnte ich das Konzert kaum erwarten – voller Hoffnung die zusätzlich miteinander verbrachte Zeit würde mir helfen, dass ich mich in der Gruppe besser integriert fühlte als bei meinem ersten Probespiel.

Nichts schien mehr so, wie es bei der Bühnenprobe gewesen war. Dreihundertfünfzig Zuhörer dämpften die Akustik derart, dass der Ton meiner Geige nur eine Armlänge weit zu tragen schien. Klangmischungen waren schwer zu erreichen; jedes Instrument klang einzeln auf dem Podium, als befinde es sich in einer eigenen akustischen Kabine. Es war mir nur zu sehr bewusst, dass die Zuhörer die Takács' in dieser experimentellen Gruppierung beurteilten, und so beurteilte auch ich alles, was ich spielte: dieser Ton etwas zu matt; nicht zusammen mit András; hier ein Kratzton, weil mein Bogen dem Steg zu nahe gekommen war. Um beim Proben Fortschritte zu machen, war eine ständige Bewertung notwendig;

im Konzert aber musste ich versuchen, meine selbstkritischen Kommentare abzuschalten.

Jetzt kamen Tempo und Dynamik ein klein wenig anders heraus, als wir es einstudiert hatten. Die Ungarn lenktne die Aufmerksamkeit auf die ungewöhnlichen Anmerkungen in der Partitur: Auftakt-Sforzandi wurden mit mehr Biss gespielt; Noten, die mit *tenuto* (= «gehalten») markiert waren, wurden gebunden, als ob Sirup den Bogen der Musiker an den Saiten hielt. Eine Passage, bei der jeder Interpret einen ganzen Schauer von Sechzehnteln spielte, wurde zu einer lebhaften Konversation, als Gábor seine Töne zu Karcsis wirbelte, der wiederum András mit leicht drohendem Grinsen fixierte und noch etwas schneller wurde, als wollte er ihn herausfordern, das Gleiche zu tun. In einer Phrase versuchte ich, die Dynamik ein wenig zu dämpfen, um dann zu einem dramatischeren Crescendo zu kommen. Sofort übernahmen die anderen den gleichen Ansatz. Ein Merkmal eines Konzerts mit den Takács' schien zu sein, nicht *genau* das zu tun, was geprobt worden war; die vorausgegangene Arbeit bildete den Rahmen, in dem man während des Konzerts experimentieren konnte. Mitunter befriedigte das Zusammenspiel am meisten, wenn es stärker von Kontrastierungen als von strikter Imitation geprägt war. Wenn ich eine Passage eindrücklicher spielte, gab Karcsi eine zwanglose, leichtfertige Antwort und stellte frech meine Stimmung infrage. An mein erstes Probespiel-Video war ich wie ein fleißig vorbereiteter Student herangegangen, der sich in der Prüfung zu eng an vorbereitete Antworten klammert und unfähig ist, locker auf unerwartete Fragen zu reagieren. Jetzt konnte ich die Spontaneität mehr genießen, die zum Zusammenspiel mit drei so lebendigen und originellen Musikern unbedingt dazugehört.

Die Aufführung von Opus 59, Nr. 3 vor Publikum trug dazu bei, den Charakter der Musik auf dem Podium genauer festzulegen. Während der Proben hatte sich András im langsamen Satz eine Stimmung vorgestellt, die sich mir entzog. Der zweite Satz, «Andante con moto quasi allegretto», wird von einem tonleiterartigen Thema beherrscht, das oft wiederholt und von ruhigen, unablässigen Pizzicati (gezupften Tönen) im Cello untermauert wird. András meinte, mein Klang sei zu expressiv, ich sollte eher eine düstere Stimmung aufkommen lassen. Wären unsere Zuhörer während des Konzerts unruhig und laut gewesen, dann hätten wir das Leid vielleicht offener, stärker nach außen gerichtet zum Ausdruck bringen müssen, aber jetzt ermutigte uns die Stille im Saal, füreinander zu spielen; wir vertrauten darauf, die Aufmerksamkeit des Publikums mit einer eher introvertierten Stimmung aufrechterhalten zu können.

Beethovens dramatisches Wechselspiel der Emotionen zwischen den Sätzen war besonders in dieser Aufführung wirkungsvoll. Die wiederholte Melancholie des zweiten, langsamen Satzes – ein trauriger Gedanke, der mit ruhiger Beharrlichkeit wiederkehrt – war nach dem entschieden fröhlichen ersten Satz wirkungsvoller und schien die mysteriöse und unstete Einleitung ins Gedächtnis zurückzurufen.

In der Mitte des dritten Satzes unterbrach das ausgelassene Trio das anmutige Menuett mit köstlichem Ungestüm. Am Ende des Satzes schuf eine düstere Stimmung Spannung, die im vierten Satz vom überschäumenden «Allegro molto» aufgelöst wurde; hier übertrumpften Drama, Humor und Virtuosität den gesamten vorhergegangenen Charakter in der Musik.

Nach so viel Hin und Her zwischen den einzelnen Stimmen war es belebend, als alle vier Spieler mit lebhaften Achtelnoten am Ende des Stückes zusammenkamen. Karcsi und Gábor schlossen sich mir an, sodass wir miteinander höher und höher stiegen – nicht mehr jedes Instrument für sich wie in der «Sul una corda»-Passage –, während András abwärts jagte, bis zum tiefsten Ton seines Instrumentes. Wir flogen dahin durch den Klangraum eines C-Dur-Arpeggios und endeten in zwei wilden Akkorden.

Während der enthusiastische Applaus der Zuhörer vielleicht zum Teil ein ermutigender Vertrauensbeweis in mein Spiel sein mochte, wurde mir später klar, dass auch eine weniger brillante Vorführung dieses außergewöhnlich wirkungsvollen Finales solch eine Reaktion hervorrufen kann. Die technischen und musikalischen Anforderungen machten das Quartett Opus 59, Nr. 3 zu einem geeigneten Stück, um einen Ersten Geiger zu testen, aber es gab auch noch andere Gründe, weshalb es eine kluge Wahl war. Einen Spieler in einem Streichquartett auszutauschen ist ein Trauma; der Wechsel muss sich unter den aufmerksamen Augen eines erwartungsvollen Publikums vollziehen, wenn das Ensemble zunächst Finalisten auswählt und dann versucht, den neuen Spieler zu assimilieren. Die lebendige, vielfältige Gefühlslandschaft und das aufregende Fazit von Beethovens trotziger Antwort auf persönliches Leid erwiesen sich als treue Begleiter sowohl für die erfahrenen Mitglieder des Takács' als auch für ihren unerfahrenen Bewerber.

Dieses zweite Vorspiel hatte mir einen kurzen Einblick in das Leben des Takács-Quartetts in Boulder gegeben: ihre Routine, am Morgen einzeln zu üben, bevor sie am Nachmittag für eine Probe von vier bis fünf Stunden zusammenkamen. Bisher hatte ich ein Konzert als das Endprodukt vieler Stunden Arbeit betrachtet, nach dem man dazu überging, ein neues Stück einzuüben. Aber die ständigen Debatten im Takács über Phrasierung, Tempo und Charakter änderten meine Vorstellung über das Verhältnis von Probe und Konzert; beide schienen mir jetzt Teil eines fortlaufenden Erforschens der Musik zu sein. Selbst bei der Aufführung des Beethoven-Quartetts fragte ich mich, wie diese Konzerterfahrung die Interpretationsentscheidungen in späteren Proben wohl beeinflussen könnte.

Bevor Gábor mich am Tag nach dem Konzert zurück zum Flughafen fuhr, zog er stolz seine neueste Errungenschaft aus dem Kofferraum. Es war eine Schwarz-Weiß-Radierung, die er bei einem Garagenverkauf entdeckt hatte. Sie zeigte die Mitglieder des Alban Berg Quartetts beim Spiel.

«Der Besitzer hat es für fünfzig Cent angeboten. ‹Komm schon›, hab ich ihn überredet, ‹wer spielt denn heute noch klassisches Streichquartett?› Ich hab's für fünfundzwanzig gekriegt.»

Meine Zeit in Boulder ließ mich hoffen, dass sich mir die Chance bot, einer dieser wenigen glücklichen Quartettspieler zu werden, und dass ich die Gelegenheit hatte, das Quartettrepertoire mit so bezaubernden Musikern zu erkunden. Mein Probespiel hatte meine Neugier vor allem für die Quartette Beethovens geweckt: für die Umstände, unter denen sie geschrieben wurden, und wie ihre Komposition die Laufbahn der damaligen Musiker beeinflusst hat, beispielsweise des Geigers Ignaz Schuppanzigh, der sie als Erster aufführte.

Drei Monate später riefen mich Karcsi, Gábor und András in meinem New Yorker Appartement an, um mich einzuladen, Mitglied des Takács-Quartetts zu werden. András erinnerte mich daran, dass ich bei meinem ersten Probespiel gesagt hatte, wie aufgeregt ich sei, mich um den «Job der Ersten Geige» zu bewerben.

«Das ist kein Job. Es ist deine Familie, dein Leben. Wir hoffen, dass du mindestens fünfzehn bis zwanzig Jahre bei uns bleibst.»

Meine schwindelerregende Freude wurde nur etwas gedämpft, wenn ich daran dachte, wie viel Arbeit vor mir lag, um das mutige Risiko zu rechtfertigen, das die anderen auf sich genommen hatten, als sie einen so jungen Musiker in ihren Kreis wählten. Ich war bestrebt, so bald wie möglich in das Probenstudio des Takács-Quartetts zurückzukehren, um mein neues Leben als Erster Geiger zu beginnen.

2

Eintritt in das Quartett: Opus 18, Nr. 1

Wir spielten die Melodie einzeln nacheinander und bemühten uns um dieselbe Klangfarbe, dieselbe Artikulation, dieselbe Lautstärke. Das war eine Herausforderung. Man bitte beispielsweise vier Personen, eine Gedichtzeile zu rezitieren, und jeder wird bestimmte Worte mehr als die anderen betonen, wird den Tonfall und die Lautstärke verändern. Wir wiederholten diesen Prozess, wir hörten und reagierten aufeinander, als wir das Anfangsthema von Beethovens erstem Quartett Opus 18 spielten, und hofften, dadurch unser musikalisches und technisches Herangehen zu vereinheitlichen.

Nach einer Runde brach Karcsi ab.

«A fenébe … jó lenne, ha hallgatnánk egymást!»

«Ne nézzetek tjelsen hülyének!»

«Entschuldige das Ungarische. Manchmal ist Englisch zu mühsam», sagte Gábor. Ich hatte bei András' Frau Kati mehrere Stunden Ungarisch genommen, aber ich war ein undisziplinierter Schüler. Mühelos konnte ich mir Schimpfwörter merken, die ich von meinen Kollegen aufgeschnappt hatte, nahm unbedeutende Ausdrücke aus einem Sprachführer auf – «terhes vagyok» («ich bin schwanger») –, aber grundlegende Grammatik konnte ich nicht begreifen.

Ich lebte nun seit einem Monat in Boulder, und

wir hatten gerade mit unserer üblichen vierstündigen Nachmittagsprobe angefangen. So wie Karcsi es auf seiner Geige demonstrierte, musste ich kein Ungarisch verstehen, um zu wissen, dass die anderen darüber diskutierten, wie sie mit dem ersten Ton beginnen sollten: entweder mit einem deutlichen Akzent oder etwas weicher gespielt.

«Versuche es mit Aufstrich.» András spielte seine Stimme.

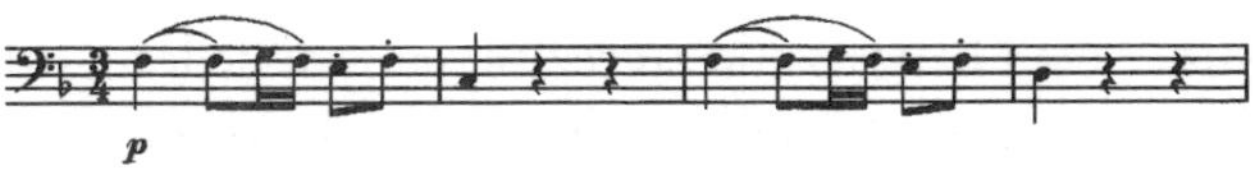

«Der erste Ton ist nicht so schwer, und dann sind wir in der unteren Bogenhälfte und können den kurzen Noten mehr Biss geben.» Wenn wir unseren Bogenstrich vereinheitlichten und alle in die gleiche Richtung strichen, ergab das eine optische Einheit. Noch wichtiger war es, die verschiedenen Strichmöglichkeiten miteinander zu diskutieren; dann würde uns klarer, wie wir die Phrasierung gestalten wollten.

Ein Bogen beeinflusst den Charakter und die Art des Klanges so sehr, dass manche Streicher so viele Bögen besitzen wie Golfspieler Schläger. Bei jedem Bogen sind Gewicht, Festigkeit und Flexibilität indiviuell austariert. Streicher wählen oft verschiedene Bögen für verschiedene Musikstücke, und sie meinen, dass sich ein bestimmter Bogen besser für ein trockenes oder für ein feuchtes Klima eignet.

Das meiste Gewicht beim Streichen liegt am unteren Ende des Bogens, am Frosch: dort, wo der

Bogen gehalten wird. Beginnt man die erste Phrase von Opus 18, Nr. 1 mit einem Abstrich, streicht also vom Frosch in Richtung Spitze, dann erreicht man eine stärkere Betonung. Fängt man dagegen mit einem Aufstrich an der Spitze an, dort, wo der Bogen am leichtesten ist, bekommt der Anfangston mehr Schwung.

«Es wird schwieriger sein, gemeinsam mit Aufstrich zu beginnen», wandte ich ein. Dabei beachtete ich noch nicht die Regel guter Probentechnik: Wenn einer eine Idee hat, ist es besser, sie einfach auszuprobieren, statt gleich ihre Nachteile vorherzusagen.

«Ich bin nicht so überzeugt vom Abstrich; dann müssen wir die kurzen Noten an einer ungünstigen Bogenstelle spielen », sagte Gábor.

«Ich stimme Ed zu», meinte Karcsi.

András hob die Augenbrauen; dadurch drückte er oft seine Skepsis oder seine geheuchelte Überraschung aus. In diesem Fall tat er es, um zu zeigen, dass Karcsi wieder einmal meine Ansicht unterstützte. Auch wenn Karcsi mir nicht ständig beistand, sah er es doch als eine seiner wichtigsten Aufgaben an, das Leben des Ersten Geigers so leicht wie möglich zu machen. Er trug die Hauptlast der Verwaltungsarbeit, sprach täglich mit unseren Managerinnen, wenn sie unsere zukünftigen Konzerttermine planten, und ließ mir dadurch Zeit zum Einstudieren des ganzen neuen Repertoires.

In Anbetracht meiner Unerfahrenheit war ich erstaunt, dass alle drei Ungarn während meiner ersten Wochen in Boulder mit mir über die verschiedenen

Aspekte der Führungsaufgaben sprachen, die sie von mir erwarteten: die Proben zu strukturieren, sodass wir das notwendige Repertoire abdeckten; zu wissen, wann wir eine Diskussion über das Proben verschieben sollten, wenn wir uns an einer bestimmten Stelle festgefahren hatten; und voller musikalischer Ideen zur Probe zu kommen. Damit wollten sie mir wohl helfen, dass ich mich nicht von ihrer Quartetterfahrung aus achtzehn Jahren eingeschüchtert fühlte.

Nach mehreren Minuten konnten wir uns immer noch nicht auf die Bogentechnik einigen, die wir bevorzugten. Gábor schlug vor, ich sollte mich mit geschlossenen Augen in die Ecke des Raumes stellen, um herauszufinden, welche Version besser klingt. Es gab keinen großen Unterschied zwischen den zwei verschiedenen Bogenstrichen, aber ich glaubte, den Beginn mit Aufstrich an seinem luftigeren Klang zu erkennen: Der erste Ton ließ den Klang aufblühen, sodass die kurzen Töne logisch aus der Energie des ersten Bogenstrichs zu kommen schienen. Im Gegensatz dazu klang der Abstrich, den Karcsi und ich befürwortet hatten, etwas schwerfälliger und dumpfer. Wir gaben in diesem Punkt nach. Mit dem gemeinsamen Bogenstrich, auf den wir uns geeinigt hatten, klang die Eröffnungsphrase einheitlicher.

Bei solch einer Diskussion auf der Verliererseite zu sein wurde wenigstens dadurch kompensiert, dass man bei künftigen Meinungsverschiedenheiten etwas guthatte. Manchmal griff ich auch zu der vorläufigen Strategie, zehn Minuten vor Ende der Probe eine kontroverse Strichtechnik vorzuschlagen, bei der die Zustimmung leichter erreicht wurde, weil der Magen schon in Erwartung von Hühnerpaprika knurrte. Unglücklicherweise wurde eine voreilige Zustimmung am nächsten Tag – mit vollem Magen – noch einmal überdacht.

Die Einigung auf Bogenstriche, auf Duktus und Charakter, um eine Phrase zu vereinheitlichen, war nur *ein* Element in dem Prozess, Erster Geiger des Takács-Quartetts zu werden. Bei einem Konzert während eines Sommerfestivals in Boulder, kurz nachdem ich dorthin gezogen war, bekam ich das Gespräch zweier Konzertbesucherinnen mit.

«Er ist nicht annähernd so leidenschaftlich. Gábor Takács war ganz spontan. Dieser Neue ist kein Ungar – er kommt aus England, glaube ich.»

«Ach so … Na dann», antwortete die andere Zuhörerin und starrte mürrisch in ihr Programmheft.

Achtzehn Jahre lang war Gábor Takács der dynamische Erste Geiger des Ensembles gewesen. Er spielte mit ausdrucksvollem Ton und voll erregter Spannung, auf der äußersten Stuhlkante sitzend – das Publikum würde wohl das Gleiche von mir erwarten. Aber wie sollte ich mir diese unerreichbare Klasse aneignen? Würden meine Kollegen genügend Kontinuität zeigen, um jene Zuhörer zu besänftigen, die Gábor Takács' fesselnde Präsenz vermissten, und ihre Enttäuschungen abzufangen? Obwohl die anderen mich ermutigten, mich in der Probe durchzusetzen, schienen mir passende Bogenstriche und Phrasierungen einfacher als die nebulöse Frage, wie ich meine Persönlichkeit innerhalb der Gruppe einbringen könnte. Strenge Führung war verlangt, aber gleichzeitig schätzte András Flexibilität: Er hatte während des Probespiels meine Bereitschaft zur Selbstkritik gesehen und das damit verbundene Potenzial, extremere musikalische Vorstellungen zu mäßigen. Wenn Karcsi und ich in dem Eröffnungssatz von Opus 18, Nr. 1 zu rasch vorwärtsstürmten, leistete András subtil rhythmischen Widerstand – es gehört zur Rolle eines Cellisten, die gelegentlich begeisterten Exzesse von Geigern auszugleichen. Das Problem, wie man im Ensemble individueller spielen und gleichzeitig stärker in der Gruppe integriert sein kann, sollte mich in den ersten fünf Jahren als Quartettspieler beschäftigen. Ich hoffte, Beethovens erstes Quartett Opus 18 – eigentlich das zweite in der Kompositionsreihe, das aber so erfolgreich war, dass Beethoven Schuppanzighs Vorschlag annahm, es als erstes zu publizieren – würde mir die Gelegenheit bieten, den persönlichen Ausdruck, die Arbeit in der Gruppe und das empfindliche Verhältnis zwischen beiden Anforderungen auszuloten.

Der deutsche Schriftsteller und Reisende Johann Kaspar Riesbeck berichtete von seinen Eindrücken aus Wien etwa zehn Jahre, bevor Beethoven 1792 von Bonn dorthin zog, um bei Joseph Haydn Komposition zu studieren. Er beobachtete eine blühende Musikszene und eine eindrucksvoll einheitliche Aufführungspraxis der Privatorchester, die bei einigen Angehörigen des Wiener Adels angestellt waren.

> «(...) was die Orchestermusiken betrift, so kann man schwerlich etwas schöneres in der Welt hören. Ich habe schon gegen 30 bis 40 Instrumente zusammen spielen gehört, und alle geben Einen so richtigen, reinen und bestimmten Ton, daß man glauben sollte, ein einziges übernatürlich starkes Instrument zu hören. Ein Strich belebt alle Violinen und ein Hauch alle blasenden Instrumente.»[1]

Riesbeck lieferte jedoch ein vernichtendes Urteil über das, was er bei den Wiener Bürgern als zügellose, höchste Lust ansah.

> «Alles hängt hier ganz an der Sinnlichkeit. Man frühstücket bis zum Mittagessen, speißt dann zu Mittagessen bis zum Nachtmal; und kaum wird dieser Zusammenhang von Schmäussen von einem trägen Spaziergang unterbrochen, und dann gehts in das Schauspiel. Gehst du den Tag über in ein Kafeehaus, deren es hier gegen 70 giebt, oder in ein Bierhaus, (...) so siehst du halt das ewige Essen, Trinken und Spielen.»[2]

Doch geringschätzig stellte der Schreiber fest, dass man in der Gaststube nichts höre «als das Scharren mit den Löffeln und das Geräusche des Kauens».[3] Riesbeck war vom Ausmaß politischer Apathie, das er wahrnahm, enttäuscht. «Du findest unzälige Leute von Mittelstand, die von ihren Ministern, Generälen und Gelehrten kein Wörtchen zu sagen wissen, und sie kaum den Namen nach kennen.»[4] Vielleicht waren diese Leute aus dem Mittelstand auch nur allzu froh, unentwegt auf ihren Koteletts herumkauen zu können, um damit das Gespräch mit den griesgrämigen Würdenträgern zu vermeiden.

Als der englische Reisende John Owen zehn Jahre später und kurz vor Beethovens Ankunft Wien besuchte, sah er keine Anzeichen von Apathie, wie Johann Kaspar Riesbeck es beobachtet hatte:

> «Ein vorzüglicher Theil meiner Unterhaltung entstand aus den warmen Streitigkeiten einiger würdigen Bürger, welche, nach Abfertigung ihrer Tages-Geschäfte, sich mit einigen politischen Gesprächen erholten. Mit Vergnügen hörte ich, wie diese grossen Männer die Angelegenheiten ganzer Reiche in Ordnung brachten – die vereinigten Heere in das Innerste von Frankreich auf einem kürzeren Weg führten, als der Herzog von Braunschweig gethan hatte; – die Empörer zur Anerkennung ihres rechtmässigen Königs, und zur Aufnahme ihrer ausgewanderten Prinzen zwungen.»[5]

Als John Owen sich anschickte, Wien am 5. November 1792 zu verlassen, waren die Diskussionen von einem einzigen Thema beherrscht: «Ob ich von dem Fortgang der französischen Waffen einige Störung erfahren dürfte, und von welcher Art, bin ich wenig besorgt zu wissen; aber ihre Fortschritte längs dem Rhein haben die Kaffee-Häuser mit Geschrei und Weissagungen erfüllt.»[6]

Einen Tag später, während der zweiundzwanzigjährige Beethoven von Bonn nach Wien reiste, schlug die französische Armee die österreichischen Streitkräfte in der Schlacht bei Jemappes (heute ein Stadtteil der belgischen Stadt Mons) und besetzte das Territorium der Österreichischen Niederlande.

Als Beethoven eine Bleibe gefunden und die ersten Kompositionsstunden bei Joseph Haydn genommen hatte, begann er sich in einem Umfeld zu orientieren, das sich für Musiker gerade veränderte. Die Zahl der privaten Hausorchester, sogenannter Hauskapellen, die vom Adel finanziert wurden und die Johann Kaspar Riesbeck bewundert hatte, nahm ab – eine Entwicklung, die damit zusammenhing, dass Hausorchester aus der Mode kamen, die aber ebenso sehr finanzielle Gründe hatte.[7] Zwischen 1761 und 1790 hatte Haydn im Dienst der reichen und mächtigen Fürstenfamilie der Esterházys gestanden, die zum ungarischen Hochadel gehörten und engagierte Förderer der Künste waren. 1766 trat Haydn die Stelle des Ersten Kapellmeisters am Hof des Fürsten Esterházy an; 1790 wurde das Hoforchester nach dem Tod seines Arbeitgebers Fürst Nikolaus aufgelöst. Haydn nahm seinen Wohnsitz in Wien und begann von dort eine freiberufliche Karriere als Europas meistgefeierter Komponist.

Mit den abnehmenden Möglichkeiten, vom Adel in einem Hoforchester oder einer Hauskapelle angestellt zu werden, wurde die Lage für Musiker zwar unsicherer, sie konnten aber unter gewissen Bedingungen in eine gehobene Position gelangen. Beethoven selbst war in Bonn als Bratschist und Organist im

Hoforchester des Kurfürsten beschäftigt gewesen, jetzt aber versuchte er, sich in Wien als Pianist und Komponist einen Namen zu machen. Der bedeutende Einfluss, den aristokratische Mäzene auf die Wiener Musikszene ausübten, blieb jedoch weiterhin bestehen; bei Beethoven machte er sich das ganze Leben hindurch in vielfältiger Weise geltend. Zum Teil hatte es der junge Musiker einem Einführungsbrief seines Gönners in Bonn, Graf von Waldstein, zu verdanken, dass er während seiner ersten Monate in Wien die Bekanntschaft mehrerer Wiener Adliger machte, darunter jenes Mannes, der einer seiner einflussreichsten Förderer und Freunde werden sollte.

Fürst Karl Lichnowsky (1761 – 1814), Mitglied derselben Maurerloge wie Mozart, wuchs in Wien auf und erbte später einen Familiensitz nahe Troppau (heute Opava in der Tschechischen Republik). 1788 heiratete er Maria Christiane, die Tochter der Gräfin Maria Wilhelmine von Thun und Hohenstein, die selbst eine enthusiastische Unterstützerin der Künste in Wien war. Der Fürst nahm bei Mozart Klavierunterricht, und 1789 organisierte er für Mozart eine Konzertreise nach Prag, Dresden, Leipzig und Berlin, die seine Bekanntheit steigern sollte. Mozart musste feststellen, dass Lichnowsky kein gänzlich verlässlicher Gönner war – er berichtete, dass er in Leipzig dem Fürsten Geld leihen musste,[8] und in der Folge trübten sich die finanziellen Beziehungen zwischen den beiden. 1791 gewann Lichnowsky einen Rechtsanspruch gegen Mozart wegen einer nicht beglichenen Schuld.

Die Tatsache, dass Lichnowsky es für notwendig hielt, den Schuldbetrag einzufordern, war vielleicht ein Hinweis darauf, dass hier ein Aristokrat über seine Verhältnisse lebte – ein Phänomen, über das sich auch Johann Kaspar Riesbeck ausließ:

> «Die meisten der reichen Häuser haben sich durch ihren übertriebenen Aufwand mit Schulden belastet, und doch haben es noch wenige gelernt, sich vernünftig einzuschränken. Sie würden es für eine Schande halten, wenn sie ihrer Schulden wegen eine bessere Oekonomie einführen sollten.»[9]

Mögen die Grundlagen für ihren verschwenderischen Lebensstil auch noch so fragwürdig gewesen sein, so war die Unterstützung von Lichnowsky und anderen Adligen für Beethoven während seiner ersten Jahre in Wien doch von unschätzbarem Wert; seine Mäzene gaben neue Werke in Auftrag und boten ihm in ihren Häusern Gelegenheiten zum Proben und Konzertieren. Aus diesem Umfeld sollten schließlich Beethovens erste Kammermusikwerke hervorgehen. Die Einheit in der Ausführung, die Riesbeck bei den Hauskapellen so bewunderte, wurde ein wichtiges Ziel der kleineren Kammermusikensembles, die von Lichnowsky und seinen Freunden gefördert wurden.

«Der rhythmische Schlag schwankt zu sehr … zu laut … Hört sich ja wie ein Chaos an!»

Professor Dénes Koromzay und ich hörten uns eine Aufnahme des Takács' mit Beethovens erstem

Quartett Opus 18 anlässlich eines Hauskonzerts im September 1993 an. Bisher war ich mit dem ehemaligen Bratscher des Hungarian Quartet nur bei Abendgesellschaften zusammen gewesen, wo der berühmte Musiker stets gute Laune verbreitete. Er hatte die Takács' großzügig unter seine Fittiche genommen und war ihnen beim Umzug nach Boulder behilflich gewesen.

«Hören wir uns doch mal unsere Interpretation an.» Koromzay zog sich vom Sofa hoch, beugte sich über den Plattenspieler und setzte die Nadel mit einem schrillen Kratzen auf, bevor die Eingangsmelodie des Hungarian Quartet im Raum ertönte.

«Siehst du», sagte Koromzay, «wir sind ruhiger und genau zusammen. Das ist einfacher bei diesem langsameren Tempo. Wir haben an all den Beethovens während des Zweiten Weltkriegs hart gearbeitet, als wir in Amsterdam festsaßen. 1945 hatten wir dann ein großes Repertoire und starteten unsere Karriere. Wir spielten den ganzen Zyklus.»

Koromzay ging mühsam zurück, er stützte sich dabei auf einen Beistelltisch auf und ließ sich schwer ins Sofa fallen. Fünfunddreißig Jahre lang waren seine Tage vollgepackt gewesen mit intensiven Proben, mit Reisen, Konzerten, Diners nach den Konzerten und dem Applaus als täglicher Droge. Jetzt durchlebte der kürzlich verwitwete Bratscher sein anregendes Leben als reisender Musiker noch einmal in seinen Aufnahmen. Er lauschte seinem alten Quartett und nickte ab und zu, um seinen Beifall auszudrücken.

«Gleichmäßiges Tempo. Es ist schwer, so zu spielen, wenn man jung ist. Leih dir unsere Platte, aber schau, dass du sie mir zurückgibst.»

«Ich habe keinen Plattenspieler», sagte ich und tat, als würde ich in meiner Taschenpartitur lesen. Dabei fragte ich mich, warum ich die Kritik nicht einfach annehmen konnte. Auch wenn unser Spiel im Vergleich zur Wiedergabe des Hungarian Quartet ungestüm war, wollte ich das raschere Tempo verteidigen, das ein Gefühl von Rastlosigkeit und Drängen vermittelte; für die Stimmung eines suchenden Komponisten, der am Anfang seiner Karriere steht, schien es mir überzeugender zu sein.

Wir hatten das Ende der ersten Exposition erreicht, in der die Hauptthemen der Musik vorgestellt werden. Nachdem die erste Geige einen Lauf absteigender Sechzehntel gespielt hat, kommen die drei anderen Stimmen mit demselben Rhythmus und denselben Tönen dazu und markieren damit das Ende des Abschnitts; die Individualität tritt zurück gegenüber der stärkeren Wirkung, dass alle vier Musiker zusammenspielen, wie am Anfang des Stückes.

«Wenn du an der Stelle zu schnell spielst, können deine Kollegen nicht so leicht einsetzen und genau mit dir zusammen sein. Unsere Version ist überzeugender.»

Zweifel, ob ich mich wirklich als professioneller Quartettspieler etablieren sollte, machten mich für Koromzays Urteil weniger empfänglich. Als Karcsi mir zuerst die Liste von etwa sechzig Konzertauftritten für unsere erste Saison geschickt hatte, war ich von der Möglichkeit begeistert, bei einigen der bekanntesten Kammermusikreihen in Europa aufzutreten und in Spanien, Irland, England oder Holland zu spielen und am Ende der Saison einen Monat lang durch Australien und Neuseeland zu touren. Aber die Konzertveranstalter, die das Quartett zwei Jahre im Voraus gebucht hatten, hatten nicht erwartet, dass sie einen neuen Ersten Geiger zu hören bekamen. Solange solche Agenturen nicht von meiner Eignung überzeugt waren, würde ich mich als Möchtegern empfinden.

Allerdings sollte ich etwas Anerkennendes über die Aufnahme des Hungarian Quartet sagen: Das Ensemble zählte im zwanzigsten Jahrhundert zu den wichtigen Streichquartetten und hatte eine besonders enge Beziehung zu Béla Bartók, dessen sechs Streichquartette zu den großartigsten Werken der modernen Musik auf diesem Gebiet gehören. Es war also sehr entgegenkommend von Koromzay, sein Wissen mit mir zu teilen.

«Vielen Dank für das Vorspielen … aber ich muss jetzt zur Probe.»

«Jetzt schon? Du solltest öfter kommen und länger bleiben. Gábor Takács war fast jeden Tag hier. Ein großer Geiger und Musiker. Er war für Suzy und mich wie ein Sohn.»

Koromzay schüttelte den Kopf und runzelte die Stirn, als das Quartett weiterspielte. «Das klingt nicht klar – die Bratsche sollte hier mehr hervortreten. Siehst du, es ist nie perfekt. Vielleicht sind wir auch zu langsam.»

Seine bleibende Unzufriedenheit war erstaunlich: Viele Jahre später versuchte Koromzay immer noch, die Interpretation seines Ensembles zu beeinflussen. Ich bemerkte das Problem eines Ungleichgewichts der Bratsche, das er beklagte, nicht; die Aufnahme des Hungarian Quartet schien mir eine ideale Mischung aus Kontrolle und Erregung einzufangen, als der knisternde Dialog zwischen vier unabhängigen Stimmen unisono in einer mächtigen Neuformulierung des Eingangsthemas gipfelte. Vielleicht brauchte Koromzay am Ende seiner Karriere genauso viel Bestätigung wie ich am Beginn der meinen. Wir spielten eine Art glücklose Kammermusik, bei der keiner von uns dem anderen die Unterstützung gab, nach der er sich sehnte.

Ich ging zu Koromzay und legte ihm leicht meine Hand auf den Arm. «Leider muss ich jetzt gehen, aber wir sehen uns nächste Woche bei Fays Hauskonzert.»

«Diese Musik ist schwer – du wirst ein Leben lang damit beschäftigt sein, an ihr zu arbeiten. Sie wird schon bald besser klingen.» Mit einem angedeuteten Lächeln blickte er zu mir auf. «Ich hoffe, du kannst beim nächsten Mal länger bleiben.»

In dem schmalen Raum zwischen unseren Notenständern und der ersten Zuhörerreihe liefen ab und zu zwei schwarze Pudel hin und her und klapperten mit ihrem Halsband. Hinter Fay Shwayder saßen der neue Dekan des College of Music, Daniel Sher, und sein Vorgänger, Robert Fink, der dafür verantwortlich zeichnete, die ursprüngliche Gastprofessur des Takács-Quartetts – mit den Fördermitteln von Fay – an der University of Colorado aufgebaut zu haben. Weiter hinten konnte ich Dénes Koromzay sich räuspern hören. Am Ende des ersten Stücks raunte er seinem Nachbarn zu: «Die Burschen klingen gut, aber manchmal zu schnell.»

Die Konzerte in Fay Shwayders Haus fanden in ihrem großen Wohnzimmer statt, in dem sich ihre Sammlung asiatischer Kunst befand. Trotz der vielen Perserteppiche, die üppig auf dem Boden verteilt waren und den Klang der Streichinstrumente dämpften, war die Akustik durch die kirchenhohen Holzdecken warm und lebendig. Fays Haus befand sich auf einem großen Stück Land, das sich direkt an den «Green Gables Country Club» in Lakewood anschloss, einen Vorort westlich von Denver. Die nach Westen gerichteten Fenster gingen auf das Ward Reservoir hinaus, und in der Ferne sah man den Gipfel des Mount Evans. Fay und ihr Partner, Harry Campbell, luden gewöhnlich rund vierzig Freunde und Familienmitglieder zu einer Stunde Musik mit anschließendem Abendbüfett ein.

Im Oktober 1993 beendeten wir unser Konzert in Fays Haus mit einem Quartett, das Beethovens erster Lehrer in Wien, Joseph Haydn, komponiert hatte. Während seines ausgedehnten Aufenthaltes in London 1791/92, den der unternehmerische Geiger Johann Peter Salomon arrangiert hatte, besuchte Haydn öffentliche Streichquartettkonzerte, die in den geräumigen Sälen am Hanover Square vom Salomon-Quartett aufgeführt wurden. Zurück in Wien, komponierte er 1793 seine drei Quartette Opus 74, für die er größere Räumlichkeiten im Sinn hatte – stellenweise stattete er diese Musik mit einer größeren Klangfülle und virtuoseren Passagen aus, während andere Teile die Intimität seiner früheren Quartette bewahrten.

Um die Aufmerksamkeit eines größeren und unruhigeren Publikums an einem öffentlichen Aufführungsort einzufangen, begann jedes dieser neuen Quartette mit einer kräftigen, eindrucksvollen Verlautbarung. In Fays Haus waren die beiden lauten Akkorde am Beginn von Opus 74, Nr. 1 für diesen Zweck nicht nötig: Fay hatte uns schon vorgestellt, und die Gäste saßen auf grauen Metallklappstühlen und warteten ruhig auf unseren Beginn.

Während des ersten Satzes wurde mir bewusst, wie wenig das Spielen dieser eher extrovertierten Musik in so einen kleinen Raum passte. War der Eingang im fröhlichen Forte unangenehm direkt für unsere Zuhörer? Klangen die kurzen Schauer virtuoser Läufe, die Haydn der ersten Geige zugewiesen hatte – zweifellos mit Salomon im Hinterkopf –, zu scharf für diese Akustik? Instinktiv übten wir im weiteren Verlauf des Stückes an den lauteren Stellen weniger Druck auf den Bogen aus, während wir uns bei den leiseren Passagen freuten, den Charakter der Musik nicht so sehr nach außen tragen zu müssen. Im zweiten Satz, einem Andantino, reichten wir uns ein «Grazioso»-Motiv mit weniger Gewicht weiter als sonst; jetzt schien der Austausch nur eine Erweiterung der Gesprächsfetzen zwischen den versammelten Gästen zu sein – Bruchstücke einer Konversation, die wir gehört hatten, als wir auf den Beginn des Konzerts warteten.

Gegen Ende des übermütigen letzten Satzes von Opus 74, Nr. 1 kulminierte ein Crescendo in einem dramatischen unaufgelösten Akkord und einer Pause, die die Spannung aufrechterhielt. Was als Nächstes?

Das Klirren von Silberbesteck aus der Küche und ein Duft nach Gebratenem und Klößen durchdrang die Stille. Wir setzten mit einem gedämpften, geschwätzigen Pianissimo fort und ignorierten dabei das vorausgegangene Drama. Aber bevor sich die Stimmung geruhsam einrichten konnte, beendete eine überschäumende Unterbrechung abrupt die Stille. Die Melodie der ersten Geige bekam eine unverkennbar bäurische Note durch synkopische Rhythmen in den mittleren Stimmen und einen Bordunton im Cello, den András noch besonders betonte, indem er seine lang ausgehaltene Note mit zusätzlichen Bogenakzenten versah – ein Schifferklavier-Effekt. Drei eindringliche Akkorde brachten das Stück zu einem kämpferischen Ende.

Haydns Quartett hatte behutsam den Raum zwischen einer privaten Konzertaufführung und einer öffentlichen Darbietung durchquert – die Musik schien draußen zu enden, als würde sie von einer Volksmusikkapelle gespielt werden, die die Dorfbewohner zum Gelage einlädt.

Während die Zuhörer applaudierten, hatten Caterer bereits Essen auf einen langen Tisch neben den Zuhörern getragen – ein müheloser Übergang von der Musik zum Speisen. Für Fay und ihre Freunde war ein Streichquartettkonzert der Anlass des Treffens, doch Essen und Unterhaltung waren wesentliche Bestandteile des Ereignisses. Als jüngere Frau hatte Fay Künstler wie die freigeistige Tänzerin Isidora Duncan vergöttert, deren unkonventioneller Lebensstil von einem Mädchen beneidet wurde, das in einer eher konservativen und geschäftsorientierten Umgebung aufwuchs. Fay war vor allem bestrebt, zu einer blühenden lokalen Kunstszene beizutragen, aber sie liebte es auch, mit Musikern Zeit zu verbringen und an unserem von Konzertreisen geprägten Lebensstil teilzunehmen.

Nachdem ich mich an die Gegenwart von Pudeln und Gönnern erst einmal gewöhnt hatte, begann ich mich auf diese Konzerte überaus zu freuen. Während meiner ersten Jahre im Quartett spielten wir mehrere Male in Fays Haus. Die Erfahrung, neues Repertoire in diesem förderlichen Umfeld auszuprobieren, half mir, mit meiner neuen Rolle allmählich vertrauter zu werden.

Am Ende von Beethovens erstem Jahr in Wien schrieb Joseph Haydn einen Brief an dessen Wohltäter und Arbeitgeber in Bonn, den Kurfürsten von Köln, Erzherzog Maximilian Franz. Haydn bat, der Kurfürst möge seine Zuwendung an Beethoven erhöhen, und legte eine Handvoll Kompositionen seines Schülers bei:

> «Ich nehme mir die Freyheit, Eurer Churfürstlichen Durchlaucht einige musikalische Stücke (…) von der Composition meines lieben, mir gnädigst anvertrauten Schülers, Beethoven, unterthänigst einzuschiken, welche, wie ich mir schmeichle, als ein empfehlender Beweis seines außer dem eigentlichen Studiren angewandten Fleißes von Eurer Churfürstlichen Durchlaucht gnädigst werden aufgenommen werden.»[10]

Doch der Kurfürst erwiderte nicht gerade sehr gnädig, er erkenne – mit Ausnahme einer Fuge – alle beigelegten Musikstücke als Werke, die von Beethoven während seiner Bonner Zeit komponiert und aufgeführt worden seien; vielleicht sei es deshalb für den unaufrichtigen Studenten besser, seine offensichtlich überflüssigen Wiener Studien zu beenden, bevor er noch mehr Schulden mache.

Selbst wenn Beethoven irgendwann daran gedacht haben sollte, nach Bonn zurückzukehren, hätte das Vorrücken der französischen Armee 1794 dieses Vorhaben unmöglich gemacht. Der französische Sieg über Österreich in der Schlacht bei Fleurus im Juni war ein entscheidender Wendepunkt in den Revolutionskriegen. Der Habsburger Kaiser, Franz II., beschloss, die Verteidigung der Österreichischen Niederlande aufzugeben. Er kehrte an seinen Hof in Wien zurück und ermöglichte es der französischen Armee, sich nach Norden auszubreiten. Im Zuge der französischen Besetzung Bonns im Herbst gab der Kölner Kurfürst seinen Hof auf, floh nach Wien und strich Beethovens Zuwendung. Mit der Auflösung des Hofes zerschlugen sich zukünftige berufliche Möglichkeiten für Beethoven in Bonn, und die Unterstützung durch neue Freunde und Gönner in Wien wurde entscheidend für sein finanzielles Wohlergehen und seine künstlerische Entwicklung.

Ab 1794 eröffnete Fürst Lichnowsky Beethoven neue Möglichkeiten, indem er jeden Freitagmorgen in seinem Stadtpalais Kammermusikkonzerte abhielt. Hier lernte Beethoven Wiens führende Streicher kennen, darunter den Geiger Ignaz Schuppanzigh. Dieser war in der vorteilhaften Lage, auf die veränderte Situation für Musiker reagieren zu können. Er organisierte für sich selbst Gelegenheiten – gerade so, wie es Salomon in London tat. Schuppanzigh profitierte von Lichnowskys Gunst und besserte sein Einkommen zusätzlich auf, indem er unterrichtete und verstärkt an öffentlichen Konzerten teilnahm. 1795, erst achtzehnjährig, wurde Schuppanzigh Direktor einer Konzertreihe im Augarten, der, ursprünglich für den privaten Gebrauch des Kaisers entworfen, 1775 zu einem öffentlichen Garten geworden war. 1782 hatte ein renommierter Restaurantbesitzer, Ignaz Jahn, dort ein Restaurant eröffnet und angeregt, es für Konzerte zu nutzen; seine fortgesetzte Unterstützung senkte das finanzielle Risiko für Schuppanzigh. Bis zum Aufkommen offizieller Konzertgesellschaften im Laufe des 19. Jahrhunderts lag die Organisation öffentlicher Konzerte in der finanziellen Verantwortung der Musiker und Komponisten selbst, häufig unterstützt von

Wiener Aristokraten, die Wert darauf legten, ihre Schützlinge einem breiteren Publikum zu präsentieren. Schuppanzigh wurde in den nächsten fünfundzwanzig Jahren zu einem berühmten Geiger, Konzertgeber und zu dem Musiker, der am engsten mit den Quartetten Beethovens verbunden war.

Lichnowsky bezahlte Schuppanzigh und andere, damit sie bei seinen privaten Kammermusikkonzerten spielten – eine Unterstützung, die Beethovens Beziehung zu den besten Musikern Wiens zu festigen half, als er begann, für Ensembles in kleiner Besetzung zu komponieren.

Franz Wegeler, ein Jugendfreund Beethovens aus Bonn, der zwischen 1794 und 1796 in Wien lebte, beschrieb die Verhältnisse bei Lichnowskys Kammermusiktreffen. Bei seinen ersten Kontakten zu den Wiener Musikern war Beethoven offensichtlich ein zugänglicher Kollege, der gerne Ratschläge der Musiker annahm. Der berühmte Cellist Anton Kraft schlug ihm vor, die Passage im Finale des dritten Klaviertrios von Opus 1 mit «sulla corda C» zu markieren (das heißt, die Stelle sollte ausschließlich auf der C-Saite, der tiefsten Saite des Cellos, gespielt werden, wodurch der Klang dunkler wird), und im zweiten dieser Klaviertrios von Opus 1 das Finale, das Beethoven im Viervierteltakt notiert hatte, auf zwei Viertel umzuschreiben.[11]

Kraft, siebenundzwanzig Jahre älter als Schuppanzigh, war Erster Cellist im inzwischen aufgelösten Orchester von Fürst Esterházy gewesen, und er war derjenige, für den Haydn sein zweites Cellokonzert in

D-Dur komponiert hatte. Kraft steigerte seinen Ruf als Solist, als er in verschiedenen Stadien seiner Karriere auf mehrere Konzertreisen ging, und er ist eng mit Beethovens ersten Kammermusikwerken verbunden. Trotzdem beendete dieser Musiker, einer älteren Generation als Beethoven und Schuppanzigh zugehörig, seine Karriere in Wien im Dienste des böhmischen Adligen Fürst Joseph Lobkowitz, der eines der wenigen noch existierenden Privatorchester unterhielt.

Die Trios, zu denen Anton Kraft Beethoven Vorschläge gemacht hatte, wurden dessen erste veröffentlichte Werke: Es waren die drei Klaviertrios Opus 1 (für Klavier, Violine und Violoncello), die er Fürst Lichnowsky widmete. Damit gestand Beethoven seine Verpflichtung gegenüber dem Fürsten ein, der den Komponisten nicht nur eingeladen hatte, aus seiner heruntergekommenen Behausung in die Residenz der Familie Lichnowsky umzuziehen, sondern der auch seine Werke studierte und spielte und bemüht war, seinen Schützling zu dessen einzigartigem Kompositionsstil zu ermutigen.

Der lebhafte Dialog, der Humor und die dramatisch-dynamischen Kontraste von Beethovens ersten Klaviertrios zeigten, dass er schon eine Menge von Haydns früherer Kammermusik gelernt hatte. Als Haydn sich von Beethoven wünschte, auf das Titelblatt seiner Trios «Schüler von Haydn» zu schreiben, lehnte der dickköpfige Komponist ab und betonte, wie sein Freund Ferdinand Ries berichtet, dass er zwar «einigen Unterricht bei Haydn genommen, aber nie etwas von ihm gelernt habe».[12]

Beethovens Unmut gegenüber denjenigen, denen er am meisten verdankte, beschränkte sich nicht auf Haydn. Obwohl er Lichnowskys Unterstützung schätzte, versuchte er seine Unabhängigkeit zu wahren. Als er zufällig hörte, wie der Fürst seinen Angestellten anwies, Beethoven zuerst zu bedienen, wenn sie gleichzeitig läuten sollten, nahm dieser sich sofort einen eigenen Diener. Und als Beethoven «die schnell vorübergehende Lust anwandelte, reiten zu lernen», entschied er sich dafür, ein eigenes Pferd zu mieten, statt eines aus den Stallungen des Fürsten auszuleihen.[13] Oft zog er es vor, allein in einer Taverne zu essen, statt sich für ein Diner mit der Familie des Fürsten zu rasieren und sich entsprechend der Konvention zu kleiden. Er blieb bis mindestens 1795 bei Lichnowsky, doch die Unzufriedenheit mit seinen Lebensumständen wurde später zu einem immer wiederkehrenden Thema, das dazu führte, dass er seine Wohnungen an die dreißig Mal während seiner fünfunddreißig Jahre in Wien wechselte.

Auch wenn Beethoven hin und wieder unzufrieden war mit seinen Wohltätern und ebenso mit den Feinheiten der gesellschaftlichen Etikette, die ein von der Gunst des Adels abhängiger Musiker befolgen musste, ließ er keine Anzeichen revolutionärer Leidenschaft erkennen. Die politische Situation erwähnte Beethoven in seinen Briefen nicht vor August 1794:

> «Hier hat man verschiedene Leute von Bedeutung eingezogen; man sagt, es hätte eine Revolution ausbrechen sollen (...) es heißt, die Thöre zu

> den vorstädten sollen nachts um 10 uhr gesperrt werden. Die Soldaten haben scharf geladen. Man darf nicht zu laut sprechen hier, sonst giebt die Polizei einem quartier.»[14]

Das Durchgreifen von Kaiser Franz II. und seinen Ministern in jenem Sommer hing zum Teil mit den angeblichen Aktivitäten des Sozialutopisten Franz Hebenstreit zusammen, einem Platzoberleutnant der österreichischen Armee und Kopf der Wiener Demokraten (den «Wiener Jakobinern»), der im Verhör einem Agenten der Geheimpolizei gegenüber eine Verschwörung zum Umsturz der Monarchie zugab. Fünfundvierzig Menschen wurden daraufhin festgenommen, und obwohl ihre Absichten nicht bewiesen waren, führten die Jakobinerprozesse zu sieben Hinrichtungen und vielen langjährigen Gefängnisstrafen.[15] Aber selbst inmitten dieses Tumultes spürte Beethoven eine gewisse Kontinuität dessen, was die Wiener Bevölkerung vorrangig interessierte:

> «Hier ist es sehr heiß; die Viener sind bange, sie werden bald kein gefrornes mehr haben können, da der winter so wenig kalt war, so ist das Eiß rar (…) aber ich glaube, so lange der österreicher noch Braun's Bier und würstel hat, revoltirt er nicht.»[16]

Beethovens Zurückhaltung gegenüber der Politik hing möglicherweise mit dem Bestreben zusammen, der Beobachtung durch die Geheimpolizei zu entgehen, und wurde auch durch die Vorzüge bestärkt, die das herrschende Sozialsystem ihm bot, auch wenn diese Privilegien seinen Stolz noch so sehr verletzten. Das Empfehlungsschreiben von Graf Waldstein hatte Beethoven Zugang zu den höchsten Rängen der Wiener Gesellschaft gewährt. Mit der Förderung von Fürst Lichnowsky und anderen konnte er sich auf seinen Ruf als Klaviervirtuose stützen und wurde so zum aufregendsten jungen Komponisten Wiens. 1796 fühlte sich Beethoven ausreichend etabliert, wie er an seinen Bruder schrieb: «fürs erste geht mir's gut, recht gut. meine Kunst erwirbt mir Freunde und Achtung. was will ich mehr. au[c]h Geld werde ich diesmale ziemlich bekommen.»[17]

Während Beethoven in Wien seinen verbesserten Status genoss, schufen die fortgesetzten Siege des französischen Militärs zunehmend eine Atmosphäre des Misstrauens. Die österreichische Regierung schränkte die geistigen Freiheiten ein; dazu gehörte auch die Schließung von Leseräumen und Leihbibliotheken. Kaiser Franz war wegen möglicher Unruhen so besorgt, dass er Musikaufführungen mit mehr als zwei Künstlern ohne vorhergehende polizeiliche Genehmigung verbot.[18]

Bei Beethoven zeigten sich die geistigen Veränderungen möglicherweise auch in seiner musikalischen Entwicklung. 1799 fühlte er sich reif für das Thema Streichquartett; damit wollte er unbedingt einer Gattung, die bis dahin von Haydn und Mozart beherrscht worden war, seinen Stempel aufdrücken und die Musiker, die ihm in Lichnowskys Palais zur Verfügung standen, für sich in Anspruch nehmen.

Der Geiger Louis Sina und der Bratschist Franz Weiss schlossen sich Schuppanzigh und Anton Kraft an, und so entstand die erste Zusammensetzung des Schuppanzigh-Quartetts. Kaiser Franz mag versucht haben, Versammlungen von mehr als zwei Leuten an öffentlichen Plätzen zu begrenzen, aber er hätte sich keine Sorgen über Lichnowskys Konzerte am Freitagmorgen machen müssen, wo gegen Ende des 18. Jahrhunderts die schwelenden radikalen Ideen eher musikalischer als politischer Natur waren.

Ich war zurück in Koromzays Haus, und wir hörten uns den 3. Satz von Opus 18, Nr. 1 in einer Aufnahme des Hungarian Quartets an. Beethoven benutzte die Standardform ABA, brachte aber die Erwartungen an die herkömmliche Rolle des mittleren Abschnitts durcheinander: Nach einem flink vorüberziehenden Scherzo, das lebhaft das Wechselspiel aller vier Stimmen zum Ausdruck brachte, begann das Trio, das sonst eher als kontrastierender lyrischer Teil fungierte, mit einem schlagartigen Fortissimo, wobei jeder die gleichen Töne und Rhythmen spielte. Das Fortissimo trieb den Ersten Geiger in einen irrwitzigen Achtellauf; die Finger müssen sich dabei so schnell bewegen, dass ich oft das Gefühl hatte, sie würden sich ineinander verheddern. Zoltán Székely, der Erste Geiger des Hungarian Quartet, absolvierte diese Passage auf der Aufnahme mühelos.

«Wenn man fünfunddreißig Jahre mit einem Ersten Geiger zusammenspielt, ist das eine lange Zeit. Er war ein großartiger Musiker und ein kluger Mann

– allerdings schwierig bei Auseinandersetzungen. Ruhig, aber manchmal starrköpfig.» Koromzay zündete sich eine Zigarette an.

«Beethoven schrieb eine frühere Version zu diesem Stück, später korrigierte er aber den Teil, um die Stimme der ersten Geige schwieriger zu machen.» Koromzay lachte in sich hinein. «Es ist eine kleine Veränderung, aber in der zweiten Hälfte fügt Beethoven ein paar große Sprünge und schwierige Saitenwechsel mit dem Bogen hinzu. Die Wirkung ist extremer: Die erste Geige lebt gefährlicher. Vielleicht wollte Beethoven, dass der Erste Geiger sich ein bisschen mehr hervortut, oder vielleicht wollte er ihn ein bisschen demütigen – manchmal ist das nötig. Zoltán war eine große Führungspersönlichkeit, aber es gibt verschiedene Möglichkeiten, wie man als Erster Geiger das Quartett führt. Nachdem wir uns aufgelöst hatten, gründete ich ein anderes Ensemble mit Freunden und Kollegen, das New Hungarian Quartet.* Das war *mein* Quartett, und die Proben waren ein Vergnügen. Ich gebe dir unsere Aufnahme der Bartóks zum Anhören mit – es ist eine CD. Ich bin sicher, du hast einen CD-Spieler. Das ist die Aufnahme, auf die ich am stolzesten bin.»

Die Vorstellung, dass es nicht nur *eine* Möglichkeit für einen Ersten Geiger gibt, seine Rolle auszufüllen – was wiederum die künstlerische Ausdrucksform

* Das New Hungarian Quartet trat von 1972 bis 1979 auf. Koromzay schlossen sich Andor Toth, Erste Geige, Richard Young, Zweite Geige und Andor Toth junior als Cellist an.

des gesamten Quartetts beeinflusst –, war befreiend für mich. Es war eine der vielen hilfreichen Ansichten, die Koromzay mir bis zu seinem Tod 2001 über das Quartettspiel vermittelte.[19] Statt den unmöglichen Versuch zu unternehmen, den vielfältigen Stärken meines Vorgängers nachzueifern, wollte ich meinen Eintritt in das Quartett als Chance ansehen, die einzelnen Rollen und Beziehungen des Ensembles neu auszubalancieren.

Ich begann mehr darüber nachzudenken, wie die Musik die verschiedenen Rollen hervorhebt, die vom Ersten Geiger verlangt werden. Es ist klar, dass eine Passage mit fliegenden Läufen wie zu Beginn dieses Trios – ähnlich den virtuosen Läufen, die Haydn für Salomon einige Jahre zuvor komponiert hatte – überzeugtes individualistisches Spiel verlangt, während der einstimmige Beginn des ganzen Quartetts stärker ein gemeinschaftliches Herangehen erfordert. Ich stellte mir vor, dass die ersten Interpreten dieser Musik ein ähnliches Bedürfnis hatten, sich dem musikalischen Geschehen anzupassen. Schuppanzigh war gewiss darauf bedacht, sowohl Beethoven als auch Fürst Lichnowsky mit seiner persönlichen Geigenkunst zu beeindrucken, aber Quartette waren eine Gemeinschaftsanstrengung; vielleicht musste der junge Schuppanzigh mit dem älteren und erfahreneren Anton Kraft vorsichtig umgehen. Für den Erfolg des Ensembles war es damals sicherlich genauso wichtig gewesen, gute Beziehungen zu den Partnern aufzubauen, wie das für mich der Fall war.

Karcsi, Gábor und András ließen mich meinen

Junior-Status nie spüren und waren auch außerhalb der Proben mit ihrer Zeit großzügig. András und Karcsi luden mich oft zum Abendessen ein, wo es jede Menge ungarische Spezialitäten gab, die die Frauen der beiden, Kati und Mari, zubereiteten. Ihren Kindern schien die Anwesenheit eines Fremden, der mit am Esstisch saß, nichts auszumachen – wenngleich Karcsis jüngste Tochter mich auf die Tatsache aufmerksam machte, dass ich einen komischen englischen Akzent hätte. «Nicht schlimmer als der deines Vaters», antwortete ich.

Gabor war seit Kurzem geschieden und entwickelte eine kindische Begeisterung für die verschiedenen Fast-Food-Möglichkeiten, die Boulder zu bieten hatte. Ganz oben auf seiner Liste standen Taco Bell und Kentucky Fried Chicken. Und einmal nahm er mich in ein Einkaufscenter mit, weil er unbedingt meine Meinung zu einem grauen Anzug hören wollte, den er sich für ein bevorstehendes Mittagskonzert zu kaufen gedachte. Doch das sollte das einzige Mal sein, dass mich ein Mitspieler des Ensembles in Modefragen um Rat bat.

Schnell begriff ich András' Feststellung, dass ich mich einer Familie anschließen würde. Wes Blomster, ein Germanistikprofessor und lokaler Musikkritiker, gestattete mir, in sein Appartement zu ziehen, bis ich eine eigene Bleibe gefunden hatte. Er versorgte mich mit einer brauchbaren Bücherliste, auf der auch Joseph Kermans unvergleichliches Buch *The Beethoven Quartets* stand. Sabine Schaffner, die in meiner Heimatstadt Cambridge aufgewachsen war und vor ihrer Pensionierung am Labor für Weltraum- und Atmosphärenphysik an der Universität von Colorado gearbeitet hatte, lud mich zum Nachmittagstee ein, den sie in elegantem, dünnem Porzellan servierte. Sie war eine kluge, kenntnisreiche und ermutigende Zuhörerin. Vorsichtig deutete sie an, dass mein Ton in einem frühen Konzert eines späten Schubert-Quartetts vielleicht zu scharf gewesen sei, um die gesanglichen Qualitäten des Werks herauszustellen. Agnes Persson, eine Ungarin in den Siebzigern, die in den Zwanzigerjahren in Budapest mit dem Klang des Waldbauer-Kerpely-Quartetts, das im Wohnzimmer ihrer Eltern seine Proben abhielt, aufgewachsen war, überging sogleich das Plaudern, als ich sie zum ersten Mal zum Mittagessen traf. «Mieten ist was für Studenten. Hier ist ein Darlehen von 20.000 Dollar als Vorschuss; ihr Burschen braucht Sicherheit.» Ich lehnte das umwerfend großzügige Angebot ab und versuchte gleichzeitig, sie davon zu überzeugen, dass ich ehrliche Absichten hätte – inzwischen verstand ich, dass es kein einmaliges Gastspiel ist, einem Streichquartett beizutreten.

Manchmal war es auch entmutigend, einer der «Takács-Boys» zu werden, geliebt von einer lokalen Gemeinschaft, die sich leidenschaftlich für die Zukunft des Quartetts interessierte. Während ich es zu schätzen wusste, dass so viele Menschen mich gerne willkommen hießen, fühlte ich mich doch wie der neu erworbene Stürmer eines Fußballteams, der bei seiner Ankunft enthusiastisch gefeiert wird und dessen Fans optimistisch darauf warten, dass er seine ersten Tore schießt. Manchmal lehnte ich freundliche Einladungen ab, die weniger nützlich waren und gewiss weniger Spaß als die Ungarn boten, während ich damit zu kämpfen hatte, die Intensität des sozialen und musikalischen Austauschs in ein Gleichgewicht zu bringen.

Die anderen waren immer bereit, mich angesichts der Belastungen unseres Lebensstils zu beruhigen. «Wir müssen einfach an unserer gemeinsamen Arbeit Freude haben», sagte András als Antwort auf eine schlechte Kritik nach einem unserer ersten Konzerte. «Das dauert, aber bald wird das Publikum es in unserem Spiel hören.»

«Ich fühle mich wie ein reservierter Engländer! Ich fürchte, das hört man der Musik an.»

«Manchmal sind wir miteinander zu locker», sagte Karcsi und grinste ungerührt. «Aber wenn auf der Bühne etwas nicht klappt, sollten wir lachen. Nimm's nicht zu ernst.»

«Man kann sich nicht immer wohlfühlen», sagte Gábor, «aber wir können uns gegenseitig helfen. Und wir werden noch lange zusammenbleiben. Mach dir keine Sorgen.»

Von seinen ersten Tagen in Wien an verknüpfte Beethoven einige seiner Kompositionen mit Freundschaft – das war auch ein Mittel, mit dem er Streitigkeiten beilegte oder eine von Trennung bedrohte Beziehung festigte. Ein Jahr nach seiner Ankunft in Wien schrieb der dreiundzwanzigjährige Komponist an Eleonore von Breuning, seine Klavierschülerin und enge Kindheitsfreundin in Bonn. Beethoven machte sich Vorwürfe wegen eines Streites zwischen ihnen und hoffte, es wiedergutzumachen, indem er ihr ein kurzes Klavierstück widmete. In vergnügterer Stimmung komponierte er sein «Duett mit zwei obligaten Augengläsern» für Bratsche und Cello, um es mit seinem Freund, dem Wiener Amateurcellisten Nikolaus Zmeskall, zu spielen; beide waren kurzsichtig.

In der zweiten Hälfte des Jahres 1798 beauftragte der böhmisch-österreichische Fürst Franz Joseph Maximilian von Lobkowitz – der selbst ein tüchtiger Sänger, Geiger und Cellist war –, sowohl den alternden Haydn als auch dessen begabten Schüler, sechs Streichquartette zu schreiben. Haydn komponierte letztlich nur die beiden Quartette Opus 77 und das unvollendete Opus 103; andere Verpflichtungen und seine nachlassende Gesundheit hinderten ihn daran, den Auftrag ganz zu erfüllen. Beethoven begann gegen Ende des Jahres 1798 mit der Arbeit, aus der schließlich seine sechs Streichquartette Opus 18 entstanden, und er stellte sie wahrscheinlich um den 18. Oktober 1800 fertig, als er von Fürst Lobkowitz den zweiten Abschlag eines Honorars von insgesamt vierhundert Gulden erhielt.[20] Das war eine bedeutende Summe; man schätzt, dass es mehr als die Hälfte dessen war, was damals eine Person in Beethovens Situation brauchte, um damit ein Jahr lang den Lebensunterhalt zu bestreiten.[21]

Beethovens Arbeit an den neuen Quartetten verwob sich mit alten und neuen Bekanntschaften. Am 25. Juni 1799 hatte er die erste Version von Opus 18,

Nr. 1 fertiggestellt und überreichte sie als «ein kleines Denckmal unserer Freundschaft» Carl Amenda, einem Geiger, mit dem er sich nach dessen Ankunft im Frühjahr 1798 angefreundet hatte. Amenda war ein Jahr jünger als Beethoven und hatte an der Universität Jena Theologie studiert. Nachdem er nach Wien gezogen war, wurde er Musiklehrer von Mozarts Kindern. Später, im Sommer 1799, zwang ihn der Tod seines Bruders, in seine Heimatstadt Lippaiken in Kurland, einer Region in Lettland, zurückzukehren. Zu Ehren ihrer Freundschaft schenkte ihm Beethoven eine Abschrift von Opus 18, Nr. 1 und bat ihn inständig, sich der Tage zu erinnern, die sie miteinander verbracht hatten.[22]

Beethoven beklagte Amenda gegenüber zu dieser Zeit sein zerrissenes Herz.[23] Wahrscheinlich hatte das nicht so sehr mit Amendas bevorstehender Abreise zu tun als vielmehr mit den Heiratsplänen einer seiner Klavierschülerinnen, Josephine von Brunsvik. Im Mai jenes Jahres hatte Josephines Mutter, Anna von Brunsvik, ihre beiden Töchter Josephine und Therese nach Wien gebracht und Beethoven überredet, beiden Klavierunterricht zu geben. Dessen Bekanntschaft mit der Familie und möglicherweise eine Leidenschaft für Josephine scheint der Grund für die Unterbrechung seiner Arbeit an Opus 18, Nr. 1 gewesen zu sein.[24] Fünf Jahre später, nach dem Tod von Josephines erstem Mann, gestand Beethoven wiederholt Josephine seine Liebe und teilte ihr mit, dass er bei ihrem ersten Kennenlernen 1799 entschlossen gewesen sei, sich nicht in sie zu verlieben.

Eher ist jedoch davon auszugehen, dass Josephine dafür verantwortlich war, dass der junge Musiker in seinen Avancen entmutigt wurde, als dass er seinen Herzenswunsch heldenmutig unterdrückt hatte. Ob nun ihre bevorstehende Heirat der Grund für seinen Kummer im Sommer 1799 war oder nicht, Beethoven verliebte sich jedenfalls leicht und oft: Ein gebrochenes Herz war für den sensiblen Komponisten ein gewohnter seelischer Zustand; er sehnte sich in seinen Beziehungen nach Tiefe und Innigkeit.

Die Abreise Amendas aus Wien mag zu Beethovens Kummer beigetragen haben. Nach gut einem Jahr schrieb Amenda an Beethoven und teilte ihm mit, dass er sich verliebt habe und wahrscheinlich für immer in Kurland bleiben werde, aber wenn er Beethovens «himmlische Harmonien» hörte, «erwachen aufs lebhafteste in mir alle die feurigen Gefühle, mit denen dein Umgang selbst mich beseelte; mir ists, als müßte ich dann fort von hier, hin zu Dir, an die Quelle meiner zärtlichsten und lebhaftesten Empfindung.»[25] Amenda fürchtete – und das zu Recht –, dass sie sich nie mehr wiedersehen würden, und flehte Beethoven an, ihn nie zu vergessen.

Die offenkundige Zuneigung, die in Amendas Brief zutage trat, wurde erwidert. Im Sommer 1801 teilte Beethoven ihm ein schmerzliches Geheimnis mit:

> «Wie oft wünsche ich dich bey mir, denn dein B. lebt sehr unglücklich, im streit mit Natur und schöpfer, schon mehrmals fluchte ich lezterm, daß er seine Geschöpfe dem kleinsten Zufall aus-

> gesezt, so daß oft die schönste Blüthe dadurch zernichtet und zerknikt wird, wisse, daß (…) mir der edelste Theil mein Gehör sehr abgenommen hat. Schon damals als du noch bey mir warst, fühlte ich davon spuren, und ich verschwieg's, nun ist es immer ärger geworden (…).»[27]

Franz Wegeler war ein weiterer der wenigen engen Freunde, dem Beethoven sich anvertraute: «Seit 2 Jahren fast meide ich alle gesellschaften, weils mir nun nicht möglich ist, den Leuten zu sagen, ich bin Taub (…).»[25]

Aber die berufliche Situation Beethovens war jetzt viel besser als während seiner ersten Jahre in Wien. Die Verleger konkurrierten darum, seine Werke zu publizieren – mit dem Erfolg, dass er für seine Kompositionen ein höheres Honorar fordern konnte. Jetzt vermochte er sich eine eigene Wohnung und einen Bediensteten zu leisten; man darf dabei allerdings nicht vergessen, dass seine größere Unabhängigkeit durch Fürst Lichnowsky gefördert wurde, der ihm eine Jahresrente von sechshundert Gulden zahlte.

Einige Zeit nach der Komposition und Herausgabe von Opus 18 zeigte Lichnowsky weiter sein Vertrauen in Beethovens Quartettprojekte und erwarb vier italienische Streichinstrumente für ihn: Violinen von Giuseppe Guarneri und Nicolò Amati, eine Bratsche von Vincenzo Rugeri sowie ein Cello von Andrea Guarneri.[28] Offensichtlich war Beethovens Siegel, das unter dem Hals der Instrumente angebracht war, kein ausreichender Besitznachweis: Beethoven nahm die Sache selbst in die Hand und ritzte ein großes B auf den Boden jedes Instruments.[29] Obwohl er selbst Geige und Bratsche spielte, ist es wegen seiner Hörprobleme wohl wahrscheinlicher, dass die vorrangigen Nutznießer dieses Erwerbs Schuppanzigh und seine Quartettkollegen waren.

Beethoven komponierte also seine Quartette Opus 18 zu einer Zeit beruflicher Anerkennung, doch konnte dadurch sein Gefühl der sozialen Isolation nicht verhindert werden, das zum großen Teil mit seiner zunehmenden Taubheit zusammenhing sowie der Enttäuschung über seine Wiener Freunde – vielen von ihnen wagte er nichts über seinen Zustand zu sagen. In seinem Brief an Amenda sorgte er sich im Zusammenhang seiner Hörprobleme nicht so sehr um seine beruflichen Fähigkeiten als vielmehr um die verheerende Auswirkung auf seine sozialen Beziehungen.[30] 1824 schrieb Goethe, man höre bei einem Streichquartett «vier vernünftige Leute sich untereinander unterhalten».[31] Voller Gram über den Verlust von Gesellschaft schuf sich Beethoven in seinen Quartetten Opus 18 seine persönlichen Idealdialoge – Gespräche, über die er die absolute Kontrolle hatte.

Koromzay hatte mich auf die beiden Versionen von Opus 18, Nr. 1 aufmerksam gemacht, deren Unterschied Beethoven klar und deutlich in demselben Brief an Amenda benannte, in dem er das Nachlassen seines Gehörs beklagt hatte. Er beschwor seinen Freund, die frühere Version nicht weiterzugeben;

wenn er die neueste Version erhalte, werde er gewiss bemerken, dass er, Beethoven, «erst jezt recht quartetten zu schreiben weiss».[32]

Gespannt verglich ich die beiden Versionen und suchte nach einem Beweis, der Beethovens scheinbar übertriebene Aussage belegen könnte. In den Tempoangaben gab es einen offensichtlichen Unterschied: Im letzten Satz wählte Beethoven eine extremere Bezeichnung, um das schnellere Tempo zu betonen; «Allegretto» wurde zu «Allegro». Die Veränderung im langsamen Satz hatte eher mit dem Charakter zu tun: Statt «Adagio molto» hieß es jetzt «Adagio affetuoso ed appassionato» – das heißt, «sehr langsam» wurde «langsam, zärtlich und leidenschaftlich». In beiden Fällen schien es Beethovens Absicht zu sein, die Musik lebendiger zu machen. Die Verantwortung für die Umsetzung dieser Veränderungen liegt jedoch in den Händen der Interpreten.

Einige bedeutendere kompositorische Eingriffe nahm Beethoven jedoch in der Durchführung des ersten Satzes vor – also in jenem Abschnitt, der etwa nach einem Drittel eines in Sonatenform komponierten Satzes beginnt; dort, in der Durchführung, hat der Komponist die größte Freiheit, auf entfernte Tonarten und Strukturen auszuweichen, Themen zu zergliedern und umzuformen. In einem Abschnitt, der vom Wechselspiel der Stimmen geprägt ist, ging die Reihenfolge des Einsatzes in der ursprünglichen Fassung erwartungsgemäß von unten nach oben in der Gruppe: Cello, Bratsche, zweite Geige und schließlich erste Geige; jedes Instrument kam einen

Takt nach dem vorhergehenden hinzu. In der endgültigen Version korrigierte Beethoven die Reihenfolge: Die erste Geige übersprang ihren Einsatz und setzte bereits nach der Bratsche ein. Die zweite Geige kam nur einen Schlag später, als sei sie über jene Vermessenheit empört. Durch diese Veränderung wirkte der Dialog spontaner. Beide Geigen durchbrachen die Spielregeln, die von Cello und Bratsche festgesetzt wurden, auf ihre Weise. Als wir diese Stelle probten, übertrieben wir die Unterbrechungen: Jeder Spieler setzte ganz kurz vor dem Schlag ein; das war das musikalische Äquivalent zu einem Streitgespräch, bei dem die Personen sich immer mehr erhitzen und nicht warten wollen, bis sie an der Reihe sind.

Diese und andere Veränderungen trugen, was die Länge und die Struktur von Phrasen anbelangt, dazu bei, den musikalischen Duktus zu klären, und verliehen der Musik größere dramatische Wirkung. Doch nirgends fand ich die Unterschiede so drastisch, wie Beethoven es in seiner Äußerung nahegelegt hatte. In seiner Originalform war das Werk absolut zu erkennen. Hätte er am ursprünglichen Manuskript, das er Amenda gegeben hatte, keine weiteren Veränderungen vorgenommen, hätte es dennoch neben den anderen Quartetten von Opus 18 gut bestehen können. Die Veränderungen waren nicht so stark, wie Beethoven es seinem Freund gegenüber beschrieben hatte, aber in seiner Vorstellung war die treibende Kraft der Umwandlung schon zentral für seinen kompositorischen Prozess – eine Tatsache, die in seinen späteren Quartetten erschütternd zutage treten sollte.

Angeregt durch Beethovens überarbeitete Anweisung, das Adagio zärtlich und leidenschaftlich zu spielen, nahm ich mir die Melodie der Geige am Anfang des langsamen Satzes noch einmal vor. Carl Amenda beschrieb diesen Satz als das Porträt zweier Liebenden, die sich trennen. Das war ein Kommentar, dem Beethoven zustimmen konnte; er bemerkte dazu, er sei von der Grabszene in *Romeo und Julia* inspiriert gewesen und habe in einer frühen Skizze auf Französisch den Hinweis «les derniers soupirs» («die letzten Seufzer») geschrieben.[33]

Während die anderen einen repetierenden Rhythmus unterlegten, hatte ich eine wunderschöne Melodie darüber zu spielen. Welches waren die besonderen Merkmale der Melodie, bei denen man die stärkere Leidenschaft oder Zärtlichkeit herausarbeiten konnte? Ein ungewöhnlich langer Ton zu Beginn baute Spannung auf; je länger er anhielt, desto mehr schien er zu fragen: Was kommt als Nächstes? Eine Sängerin würde wohl den Klang ihrer Stimme am Ende des ersten langen Tones verändern, sodass sich der nächste Ton wie von selbst aus dem ersten zu entwickeln scheint. Auf der Geige könnte ich das erreichen, indem ich die Geschwindigkeit des Vibratos steigere, während sich der Ton entfaltet.

An der ausdrucksstärksten Stelle, gegen Ende der Phrase, führt eine kurze Tonleiter zum höchsten Ton, einem «B», und dann folgt ein Sprung nach unten zur verminderten Sept – ein weitaus größeres Intervall als bei dem ganzen Abschnitt zuvor:

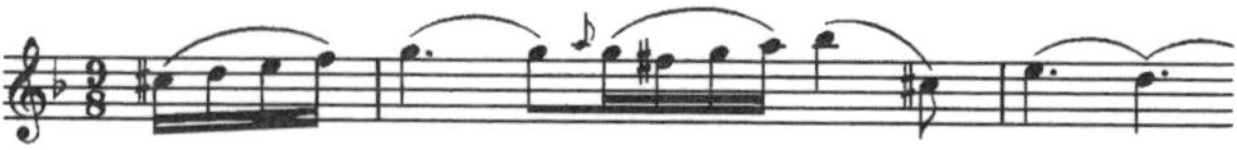

Ein guter Sänger würde den Abstand zwischen den beiden betonen, indem er ihn mit einer Art Schleifer, einem Glissando, zwischen den Tönen ausfüllt. Diese Technik könnte man auf der Geige nur nachahmen, wenn man auf dem Griffbrett die A-Saite nach oben klettert und dem Finger, der den höchsten Ton spielt, gestattet, während der Abwärtsbewegung zum tieferen Ton auf der Saite zu bleiben, als weigere er sich, seinen Posten zu verlassen.

Als wir das Stück zum ersten Mal in Boulder probten, konnte ich es kaum erwarten, meine Melodie auszuprobieren. Wir kamen bis zu den ersten vier Takten, als András das Spiel unterbrach.

«Spielen wir es ohne Ed.»

«Vielleicht sind wir zu langsam», sagte Gábor. *«Még egyszer.»* Dieser Ausdruck (der «noch einmal» bedeutet) war im Studio des Takács-Quartetts nützlicher als die Wendung *«nagyon szép»* («sehr schön») – was zu allgemeiner Heiterkeit geführt hatte, als ich sie zum ersten Mal ausprobiert und zu meinen Kollegen gesagt hatte.

«Klingen wir nicht zu atemlos und unruhig?», fragte András. Er spielte eine weichere Version seiner Begleitstimme. «Wie sagt man auf Englisch? Es ist nicht ‹sub…til› genug.» Ihr Englisch wurde viel schneller besser als mein Ungarisch.

«Klingt einschläfernd», sagte Karcsi. «Mehr *Appassionato*!» (Er wollte also mehr Leidenschaft.)

«Aber *Husika*, es sollte traurig klingen. Es ist erst der Anfang einer Geschichte, kein Hurrikan», sagte András. Der Ausdruck *Husika* – «Schätzchen» – erinnerte mich an meine Lehrerin Dorothy DeLay, die mich immer dann «Süßer» nannte, wenn sie eine besonders scharfe Kritik daran anschloss.

«Entschuldige, Ed», sagte Gábor, «diese Begleitung ist schwer. Was meinst du?»

Ich schlug vor, dass die drei Begleitstimmen einen etwas schnelleren Bogenstrich wählen und näher am Griffbrett spielen könnten, um so einen atemlosen, aber dennoch gedämpfteren Ton zu erzeugen.

«Nagyon szép», sagte Karcsi mit leichtem Schmunzeln.

Selbst wenn eine Melodie, die die erste Geige spielte, von den drei anderen Stimmen nur untermalt wurde, war die Vermittlung der Atmosphäre eine gemeinsame Anstrengung. Während ich meinen langen Eröffnungston hielt, bestimmten die anderen den Takt und den rhythmischen Puls. Wenn ich den nächsten Ton spielte, war der Charakter des Stücks durch die Begleitung schon festgelegt. An einer Stelle, die ich während des Übens als eine von der ersten Geige dominierte Passage betrachtet hatte, lag die Stimmung der Musik dennoch auch in der Verantwortung der anderen. Dass ich eine feste Vorstellung entwickelte, wie ich meine Melodie spielen wollte, war ein guter Anfang; jetzt konnte ich es zulassen, dass sie von der Atmosphäre der Begleitung eher beeinflusst wurde – der individuelle und der gemeinsame Ausdruck ergänzten einander.

Während ich mich allmählich mit den musikalischen Anforderungen meiner neuen Position besser zurechtfand, waren andere Aspekte, das Leben eines reisenden Musikers betreffend, schwieriger. In meiner ersten Saison mit den Takács' führten zwei Drittel unserer Konzerte ins Ausland, was für ein in den USA ansässiges Ensemble ungewöhnlich ist. Zwischen September 1993 und August 1994 gaben wir sechzig Konzerte: etwas über zwanzig bei drei verschiedenen Europatourneen, zwanzig in Nordamerika (einschließlich sechs in Boulder) und weitere zwanzig bei einer einmonatigen Tour durch Australien und Neuseeland. Das waren beträchtlich weniger Engagements für eine Gruppe, die gewohnt war, an die hundert Konzerte im Jahr zu geben. Deshalb stimmten wir in diesem Winter kurzfristig mehreren Aufführungen zu, auch wenn die Entfernung zwischen den Orten nicht ideal war. So wurde beispielsweise Santiago de Compostela nach einem Konzert in Indianapolis vereinbart. Über Nacht flogen wir nach Spanien, fuhren mit dem Auto nach Santiago, schliefen eine Stunde und gaben dann das Konzert, das erste von acht an den darauffolgenden Abenden – auf drei in Spanien folgten fünf in Irland. Der nächste Tag war ein Reisetag vor unserem ersten Auftritt in London, seit ich dem Quartett beigetreten war.

Das Zifferblatt zeigte mir 5 Uhr nachmittags an. Draußen war es schon dunkel, und ich konnte gelegentlich ein Auto auf der London Street unter meinem Hotelzimmerfenster vorbeifahren hören. Ich hatte verschlafen und meinen Wecker überhört! Es blieb mir nur eine halbe Stunde, um meine Konzertkleidung anzuziehen und zur Wigmore Hall zu unserer Bühnenprobe zu laufen. Mit seinem ganzen überflüssigen Zubehör war der Smoking für mich wie eine lästige und unhandliche Uniform – Manschettenknöpfe, die den Knopflöchern widerstanden, und eine Fliege, die einfach nicht gerade bleiben wollte. Zu gegebener Zeit, dachte ich, wollte ich mich um eine bequemere Garderobe kümmern. Aber vorläufig wurde zumindest ein Schimmer von Unabhängigkeit aus der Not heraus geboren: Weil es in meinem Koffer nur einen langen schwarzen Strumpf gab, musste ein kurzer brauner das Paar ergänzen. Von nebenan kam ein gelegentliches Schnarchen. Für einen Samstagnachmittag mitten in London schien erstaunlich wenig Verkehr zu sein. Keines der üblichen Geräusche in einem Hotel – Zuschlagen von Türen, Rauschen von Duschen, Aufgehen von Aufzügen –, nichts störte die Ruhe. Gar nichts. Ich schaute noch einmal auf das rot aufleuchtende Zifferblatt der Uhr: 5:00 zeigte es an – aber der p.m.-Punkt, der die Nachmittagsstunden markiert, war nicht beleuchtet …

Um 5 Uhr morgens stand ich also elegant in meinen Smoking gekleidet mitten in meinem Zimmer. Das hieß: kein Eilen zur Bühnenprobe. Wieder im Bett, versuchte ich, das aufkommende Vorkonzert-Adrenalin wieder loszuwerden. Diese Erfahrung fasste alle meine Schwierigkeiten zusammen, die ich hatte, um mich an das Quartettleben auf Reisen während meines ersten Jahres zu gewöhnen.

Meine Reiseerwartungen waren zu einem großen Teil durch die Sommerferien meiner Kindheit geprägt worden. Am Abend vor der Abfahrt wurden mein Bruder und ich früh zu Bett geschickt, um für den Weg gut ausgeruht zu sein. Meine Eltern hatten schon gepackt und die Route gewählt, damit wir am nächsten Morgen früh abreisen konnten. Alle hässlichen und gefährlichen Autobahnen wollten wir vermeiden und die schönsten Gegenden der englischen Landschaft entspannt in uns aufnehmen. Gegen Mittag übernahm meine Mutter die Aufgabe, den perfekten Picknickplatz zu finden: an einer kleinen Straße abseits vom Verkehrslärm, auf einer Wiese mit Aussicht und ohne neugieriges Vieh, das vom Verzehr von Käse-Tomaten- oder Schinken-Salat-Sandwiches, von Fleischpasteten, englischem Kuchen, Schokoladenriegeln, Limonade und Kaffee würde ablenken können. Der Schmaus war gerade nur so weit erforderlich, um unseren Hunger bis zur Teatime zu stillen, für die man einen Teeladen in einem malerischen Dorf ausfindig machte. Dort gab es zum Cream Tea Scones mit Marmelade und dicker Sahne oder Coffee Cake. Am Ende der Reise wurden wir von den Großeltern empfangen, die vor der Tür ihres Landhauses warteten. Mein Bruder und ich absolvierten ein herzliches, aber eiliges Wiedersehen, bevor wir gleich nach oben rannten, um zu sehen, welche Willkommensgeschenke auf unseren Betten lagen.

Solche Familienausflüge waren wie sanfte musikalische Modulationen zwischen zwei Melodien oder aufeinandertreffenden Tonarten: Die Entfernung von A nach B setzte sich mit ein paar willkommenen und erwarteten Akkordwechseln auseinander, einer angenehmen rhythmischen Abwandlung und einer Veränderung der Struktur – ein angenehmes Zwischenspiel, das zweifellos mit einem positiven Schluss rechnet.

Als ich zu den Takács' kam, besaß die Gruppe einen schmutzig-weißen Ford Granada, den András' Bruder unterhielt und den er zum Start unserer Europatournee an den Münchner Flughafen brachte. Von dort wollten wir durch ganz Europa reisen, um für die fünf Flugtickets, die wir sonst hätten kaufen müssen, das Geld zu sparen – ja, tatsächlich fünf, denn das Cello konnte man nicht einchecken, es brauchte seinen eigenen Platz. Mit dem ganzen schweren, in den Kofferraum gestopften Gepäck und dem Cello, das auf den glücklichen Schoß der beiden Reisenden auf dem Rücksitz gepackt war, hob sich das Auto vorne am Kühler, als wollte es jeden Augenblick abheben. Die elfstündige Fahrt von Rotterdam nach Budapest war eine harte Erfahrung – nach einem Konzert am Abend zuvor und einem anschließenden ausgedehnten Dinner als entspannende Modulation. Während meines ersten Jahres trugen die langen Zeiten, die wir mit Reisen verbrachten, und die häufigen unvorhergesehenen Verspätungen, die sich durch Staus, schlechtes Wetter und Flugstornierungen ergaben, zu meinem mangelnden Orientierungssinn bei.

Während wir durch Europa reisten, berichteten

die Ungarn begeistert von früheren Missgeschicken unterwegs. Als das alte Quartettauto – sehr zur Beruhigung ebenfalls ein Ford Granada – auf einer französischen Autobahn in Flammen aufging, war das unglaubliche Tempo, mit dem die Truppe sich selbst und die Instrumente herauszog, eine Quelle des Stolzes, eine Erfahrung, die dem Reiseleben ihre Würze gab. Als sie nachts in Vermont hundert Meilen in die falsche Richtung fuhren und erst durch das plötzliche Auftauchen kanadischer Zollbeamter auf ihr Versehen aufmerksam gemacht wurden, trug dieser Umweg nur zu dem Abenteuer bei.

Wenn ich diese Geschichten hörte, wurde mir klar, um wie viel größer als bei mir die Lust der Ungarn auf Risiko war, wie viel mehr Vergnügen sie an unvorhergesehenen Veränderungen fanden. Ihre größere Spontaneität auf dem Podium spiegelte ihre sorgenfreiere und abenteuerliche Haltung dem Leben gegenüber wider – eine Einstellung, die Unwägbarkeiten des Reisens bereitwillig zu akzeptieren und nicht so sehr auf deren Ausgang fixiert zu sein. Sie hatten viel größere Veränderungen erlebt und akzeptiert als ich: den Umzug mit ihren Familien von Budapest nach Colorado, die Tatsache, erst kürzlich einen Engländer in ihrer Gruppe aufgenommen zu haben, und damit verbunden die Notwendigkeit, in einer zweiten Sprache die Proben abzuhalten. Es war unwahrscheinlich, dass mein Heimweh nach hausgemachten Sandwiches, die auf einer karierten Wolldecke verzehrt wurden – mit Blick auf ein idyllisches Dorf in den Cotswolds –, zu meiner Integration im

Ensemble beitragen würde. In der kurzen Zeit konnte ich nicht mehr tun, als mir meiner Unzulänglichkeit bewusst zu sein und zu versuchen, die unvorhersehbaren Ereignisse des Reiselebens zu akzeptieren, in der Hoffnung, dass die flexible Haltung meiner Kollegen allmählich auch die Art meines Musizierens auf der Bühne beeinflussen möge.

Gegen Ende meines ersten Jahres im Quartett reisten wir für eine Tournee von zwanzig Konzerten unter der Schirmherrschaft von «Musica Viva», Australiens nationaler Kammermusikorganisation, und Chambermusic New Zealand nach Australien und Neuseeland. Beide Verbände organisierten unsere Reise und die Hotels – nur bedauerlich, dass uns ein alter Ford Granada dabei nicht zur Verfügung stand.

In Hobart, Tasmanien, besuchten wir den lokalen Rundfunksender, wo der Ansager demjenigen, der als erster Hörer den Namen unseres Instrumentenbauers nannte, Freikarten versprach. Wie Lichnowsky Beethoven einen Satz Quartettinstrumente besorgt hatte, waren auch wir in den Genuss einer solchen Großzügigkeit gekommen. Seit 1988 hatten die Takács' einen «passenden» Satz alter italienischer Instrumente ausgeliehen, die von dem italienischen Geigenbauer Amati gebaut worden waren; sie waren vorher im Besitz von Mrs. William Andrews Clark gewesen und 1963 der Corcoran Gallery of Art in Washington D. C. vermacht worden. Der Begriff «passend» war eigentlich irreführend, da sie weder vom Erbauer noch von den Musikern, die darauf spielten, als Set zusammengestellt wurden, sondern von Mrs. Clark, als sie sie erwarb. Tatsächlich waren drei der Instrumente von Nicolò Amati gebaut worden, während die Violine, auf der ich spielte, von seinem Vater, Hieronymo, stammte. Die Instrumente hatten alle einen warmen und seidigen Klang, was während meines ersten Jahres sowohl realiter wie in der Vorstellung von Vorteil war, als Einheitlichkeit und harmonisches Miteinander Kriterien waren, die einer genauen Prüfung unterzogen wurden. Als beispielsweise das Amati-Cello seine jährliche Wartung brauchte, spielte András auf einem Instrument des zeitgenössischen Geigenbauers Christopher Dungey; in der Kritik eines Konzertes, in dem András auf dem Dungey-Cello spielte, wurde die bemerkenswerte klangliche Einheit der Instrumente gelobt und angemerkt, dass eine solche Harmonie durch den «passenden Satz» von Amati-Instrumenten deutlich begünstigt werde. Der Ruf der Amatis beeinflusste das, was die Leute zu hören glaubten.

Am Ende der Australientournee spielten wir den letzten Satz von Opus 18, Nr. 1 als Zugabe zum Abschluss unseres Konzertes in Launceston, Tasmanien. Dieses Finale war mit seinen brillanten, perlenden Läufen, dem lebhaften Wechselspiel zwischen den Stimmen und der rhythmischen Vitalität als wirkungsvoller Abschluss eines Konzertes äußerst geeignet. In der Originalversion, die Beethoven seinem Freund Amenda überreicht hatte, brachten die Violinen den Initialschwung für die Schlussakkorde hervor. In der endgültigen Fassung aber verteilte Beethoven die Zuständigkeit für die Rasanz neu: Jetzt waren es die zweite Violine und die Bratsche, die den rhythmischen Schwung erzeugten, während die erste Geige und das Cello im halben Tempo ihren Kommentar dazu gaben.

In den letzten Takten beider Fassungen ging es zwischen der zweiten Geige und der Bratsche mit ihren rasch abfallenden Läufen, die den Satz dominiert hatten, hin und her, doch in der späteren Version bündelten die zweite Geige und die Bratsche alle Kräfte und bildeten mit ihren Läufen einen gemeinschaftlichen Höhepunkt. Beethoven intensivierte direkt am Ende dieses dramatischen Werkes die brillante Virtuosität der mittleren Stimmen und zeigte damit, wie wichtig die jeweiligen Aufgaben der Instrumente in seinem Quartettprojekt sein würden.

Mit seinen Streichquartetten Opus 18 intensivierte Beethoven die Anziehungskraft und die Dramatik des Austauschs zwischen vier Individuen in einem Quartett. In meinem ersten Jahr im Takács-Quartett bestand ein Teil meines Werdegangs als Erster Geiger darin, dass ich erkannte, wie sehr die vier Stimmen miteinander verbunden waren: Die Zusammenarbeit mit so flexiblen und lebhaften Kollegen ermöglichte es mir – wenigstens manchmal –, mich vom Druck meiner Erwartungen an mich selbst zu befreien und in der Befriedigung aufzugehen, Teil von etwas Größerem als ich selbst zu sein. Es stärkte auch mein Selbstvertrauen, innerhalb von vier Wochen zwanzig Konzerte zu geben. Ich hatte weniger Zeit, mich mit den Anforderungen der verschiedenen Situationen zu befassen, und so begann ich an dem Abenteuer Gefallen zu finden, ein fahrender Musiker zu sein.

Nach dem Konzert in Launceston trat eine Frau hinter dem Podium an mich heran und sagte: «Vielen Dank für die Zugabe! Es war wunderbar, wieder einmal den ungarischen Klang zu hören.» Obwohl das Urteil dieser Zuhörerin, die mir ein Kompliment machte, Wunschdenken war und gar nichts mit meinem Spiel zu tun hatte, war dies das erfreulichste Echo, das ich in der ganzen Spielzeit erfahren habe: Für einen Moment war ich Teil dieses homogenen ungarischen Ensembles – eine Illusion, die erfreulicherweise einige Monate später durch eine Kritik bestätigt wurde, die unser Spiel eines Bartók-Quartetts lobte und dazu bemerkte: «Das ist nur möglich durch echte Ungarn.»

Vielleicht kam es zu diesen Reaktionen, weil ich begann, mich im Ensemble entspannter zu fühlen, und das wiederum hing sowohl mit meinen musikalischen Erfahrungen zusammen, die ich in den verschiedenen Situationen als Erster Geiger machte, als auch mit der Unterstützung von meinen Kollegen, die durch ihre lebensfrohe, unbefangene Haltung den Wechselfällen des Lebens als Quartettmusiker gegenüber für mich ein Vorbild waren.

«Es war eine gute erste Saison, mein Süßer», sagte András und zog in seiner typischen Weise die Augenbrauen hoch. «Wie gefällt dir dein Job bis jetzt?»

3
Fraktur: Opus 59, Nr. 2

Gábor musste so heftig lachen, dass er sich kaum zum Verneigen erheben konnte. Das Missgeschick passierte im Februar 1994 beim letzten Konzert eines Musikfestivals in Cuernavaca, Mexiko, bei einem meiner ersten Auftritte mit Opus 59, Nr. 2. Im Più Presto, dem halsbrecherischen Schluss im ohnehin lebhaften letzten Satz, spielt die erste Geige den gleichen galoppierenden Rhythmus wie die anderen Instrumente, aber einen Takt später. In dem Augenblick, als wir den Rhythmus zusammen beginnen sollten, spielte ich eine Zweitonfigur einmal zu oft. Meine flexiblen Kollegen waren unsicher, ob sie meinen Fehler ausgleichen oder ignorieren sollten; in der Hoffnung, dass ich den Anschluss wieder bekäme, vollzogen sie eine gefährliche Kombination von beidem – die einen drängten weiter, die anderen warteten ab, dann tauschten sie diese Alternativen, und es kam zum atonalen Chaos. Wir schlingerten dahin, jetzt hatten wir nur noch das Ziel, einen gemeinsamen Schlussakkord zustande zu bringen. Nach besorgten Blicken in die Runde ergriff András die Initiative. Nachdrücklich hob er den Bogen, um dann mit einem grimmigen Nicken nach unten anzuzeigen: Egal, was alle anderen vorhatten, dies sollte sein letzter Ton sein. Unsere Schlusstöne waren fast zusammen – eine Mixtur zusammengeraffter Tonhöhen, die entfernt dem entschiedenen E-moll-Akkord glichen, den Beethoven vorgesehen hatte.

Es ist immer klug, den Schlussakkord eines Stückes in der vom Komponisten vorgesehenen Tonart zu spielen, und für das Finale von Opus 59, Nr. 2 trifft das besonders zu – das zweite von drei Quartetten, die der russische Gesandte in Wien, Graf Andrei Kirillovich Rasumowski, in Auftrag gegeben hatte. Am Anfang des Satzes ertönt in der ersten Geige ein ruppiges, triumphierendes Thema, das sich, von einem Rhythmus galoppierender Pferde in den anderen drei Stimmen begleitet, in die «falsche» C-Dur-Tonart drängt. Da der erste und der dritte Satz in E-moll stehen und der zweite Satz in E-Dur, gebieten die Kompositionsregeln eigentlich, dass der letzte Satz auch in E-moll ist. Aber der «C-Dur-Schwindler» weigert sich, den Rückzug anzutreten. Ein heftiger Kampf kommt auf, als das E-moll versucht, sich angesichts des ständigen Rückfalls ins C-Dur zu behaupten.

Nach einer abschließenden Präsentation des C-Dur-Themas im Fortissimo kehrt das Più Presto an jener Stelle, wo ich den Anschluss verpasst hatte, zu seiner rechtmäßigen Tonart zurück; der «C-Dur-Störer» weicht endlich. Und das Stück endet entschlossen in E-moll – zumindest in den meisten Aufführungen …

Warum hatte ich den Anschluss verpasst? Es lag gerade nicht daran, dass Beethovens Streichquartette Opus 59 technisch schwieriger waren als die vorhergehenden. Die erregende Palette der Emotionen und die vielen Gefühlskontraste machten es einem schwer, mit «kühlem Kopf und glühendem Herzen» zu spielen – eine Haltung, die einer meiner Geigenlehrer als die ideale innere Einstellung während eines Konzerts bezeichnet hatte. Mein Puls raste schon allein bei dem ungestümen C-Dur-Ausbruch, und die zusätzliche Aufregung im noch schnelleren Più Presto weckte kurz Zweifel in mir: Ob ich meine Finger wohl ausreichend unter Kontrolle halten könnte? Die kurze Ablenkung genügte bereits, um den Fehler zu machen.

In diesem Finale gingen Spannung und Gefahr Hand in Hand. Während zweier stürmischer Überleitungen, die die Rückkehr zum C-Dur-Thema vorbereiteten, warfen wir uns gegenseitig eine Dreiton-Figur förmlich zu; jeder zählte wie wild, um nur ja den richtigen Moment des Einsatzes nicht zu verpassen.

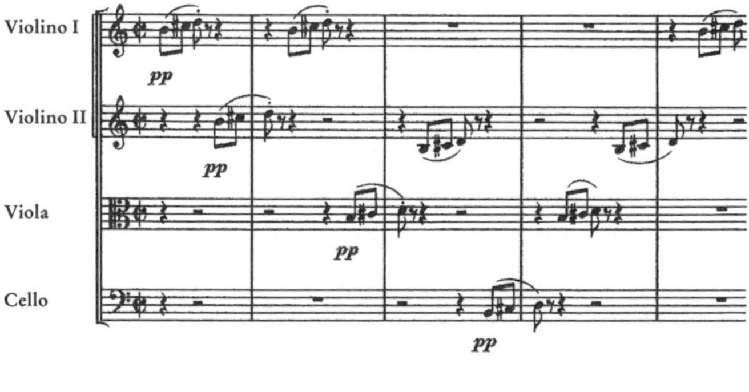

Jeder Einsatz war kritisch. Verpasste man den richtigen Moment, würde das den nächsten Spieler rausbringen, und die Musik geriete ins Schwanken – wie eine zeitverschobene, transatlantische Unterhaltung per Telefon, bei der jeder darauf wartet, dass der andere anfängt, und schließlich beide auf einmal reden. Wenn man sich der potenziellen Gefahren dieser Passage bewusst ist, kann das leicht zu einer sich von selbst erfüllenden Vorhersage werden: Ich musste mich beim Spiel zu mehr Mut zwingen, das belebende Wechselspiel genießen und an den damit einhergehenden Risiken Gefallen finden. Die Musik forderte mich heraus, meine Ängste zu überwinden, mit mehr Vitalität und doch kontrollierter zu spielen. Ich war noch nicht ausreichend vorbereitet für die Anforderungen von Opus 59, Nr. 2. Es war eine Musik, die beides verlangte: einen kühleren Kopf und ein heißeres Herz.

Die ersten Zuhörer und die ersten Musiker, die mit Beethovens Kompositionen der mittleren Schaffensphase konfrontiert wurden, einschließlich der Streichquartette Opus 59, waren sich nicht immer der Herausforderungen bewusst, die diese Musik beinhaltet. Ein Kritiker der in Leipzig herausgegebenen *Allgemeinen musikalischen Zeitung* schrieb einen Kommentar anlässlich der ersten halb-öffentlichen Aufführung von Beethovens Dritter Sinfonie, der «Eroica», die am 20. Januar 1805 (nach privaten Aufführungen im Palais des Fürsten Lobkowitz) stattfand, und zog dabei einen schonungslosen Vergleich. In Beethovens Erster Sinfonie, so heißt es, wird «ein ungemeiner Reichthum schöner Ideen (...)

prächtig und anmuthig entfaltet, und doch herrscht überall Zusammenhang, Ordnung und Licht». Die Dritte Sinfonie sei im Gegensatz dazu «in einem ganz anderen Styl geschrieben (...): sehr oft aber scheint sie sich ganz ins Regellose zu verlieren». Der Referent moniert, «bey dieser Arbeit (...) des Grellen und Bizarren allzuviel zu finden, wodurch die Uebersicht äusserst erschwert wird und die Einheit beynahe ganz verloren geht».[1]

Das Wiener Publikum hatte im Jahr 1805 allen Grund, sich nach Ordnung und Licht in seiner Musik zu sehnen. Zwischen dem 16. und dem 19. Oktober besiegte Napoleon die österreichische Armee in der Schlacht bei Ulm und begann sich auf Wien zuzubewegen. Henry Reeve, ein Engländer, der Wien in dieser Zeit besuchte, notierte, dass die Theaterdirektoren ihre Häuser in diesen bedrohlichen Zeiten schließen wollten, «aber die Behörden ordneten an, dass sie geöffnet bleiben sollten; die Menschen sollten unterhalten werden, ob sie wollten oder nicht».[2] Am 13. November marschierten Tausende Kavallerie- und Infanteriesoldaten durch Wien. Vier Tage später wurden tausend österreichische Gefangene durch Wien geführt. «Man weiß nichts Sicheres (...). Alle Posten geschlossen, jeder Informationskanal dicht; von allen Seiten sind wir von Armee umgeben.»[3]

Im November besuchte Reeve eine der ersten Vorstellungen von Beethovens neuer Oper *Fidelio.* Aus Furcht vor der französischen Besatzung blieb das Wiener Publikum fern. Die dürftige Zuhörerschaft bestand aus französischen Offizieren und ein paar Freunden Beethovens. Laut Reeve brachte *Fidelio* nicht das Zwangsvergnügen, das sich der Magistrat vorgestellt hatte: «Verwicklung und Schwierigkeit ist der Charakter von Beethovens Musik, und es erfordert ein sehr geübtes Ohr oder eine häufige Wiederholung desselben Stückes, um seine Schönheiten zu verstehen und zu schätzen.»[4]

Der russische Gesandte in Wien, Graf Andrei Kirillovich Rasumowski, konnte sich als stolzer Besitzer zweier gut geübter Ohren bezeichnen. Als begeisterter Amateurgeiger war er mit dem Wiener Kulturleben schon verbunden gewesen, bevor er 1792 Botschafter wurde. 1788 hatte er Elisabeth Gräfin Thun geheiratet, deren Mutter, Maria Wilhelmine, prominentes Mitglied des Wiener Adels war und einem musikalischen Salon vorstand, der von Haydn und Mozart besucht wurde. Gräfin Thuns Schwester, Maria Christiane, wurde im selben Jahr mit Fürst Lichnowsky verheiratet. Nachdem Rasumowski 1792 in Wien angekommen war, um seine Stelle als Diplomat anzutreten, spielte er gern Haydns Streichquartette, und höchstwahrscheinlich besuchte er die Kammermusikkonzerte, die sein Schwager organisierte und bei denen die Quartette Opus 18 zum ersten Mal einstudiert und aufgeführt wurden.

Gegen Ende 1805 beauftragte Graf Rasumowski Beethoven, drei neue Streichquartette zu komponieren. Die beiden ersten enthielten letztlich je ein russisches Volkslied; Beethoven hatte sie entweder aus Hochachtung vor seinem Gönner gewählt oder weil Rasumowski sie erbeten hatte. Die Idee des russischen Patriotismus muss zu diesem Zeitpunkt besonders pikant gewesen sein. Zar Alexanders Entschluss, im Dezember 1805 dem Rat des österreichischen Generals Franz von Weyrother zu folgen statt der Empfehlung seines eigenen Generals Michail Kutusow – ein Ereignis, das so eindringlich in Tolstois Roman *Krieg und Frieden* beschrieben wird –, führte zur vernichtenden Niederlage der russischen und österreichischen Armeen in der Schlacht bei Austerlitz. Henry Reeve beschrieb die Kriegsnachwirkungen: «Russische Gefangene werden nach Wien getrieben, arme, zerlumpte, unglückliche Gestalten: die Hospitäler, Klöster und Schulen sind voll von Verwundeten von beiden (der französischen und der russischen) Armeen.»[5]

Beethoven wählte zwei Volkslieder aus seiner Ausgabe russischer Lieder, die 1790 von Iwan Pratsch veröffentlicht worden waren. Der Schlusstext der ersten Melodie, die vom Cello zu Beginn des letzten Satzes von Opus 59, Nr. 1 gespielt wird, regte wohl kaum zum Rekrutieren von Nachwuchs an:

Teure Mutter, nicht mein Weib und Kind,
Keine Krankheit hat so früh mich alt gemacht.
Nein, die Sehnsucht nach der Heimat war's
Und die lange Trennung von den Lieben mein,
Der verhaßte Dienst im fremden Land
Für den gnäd'gen Kaiser, unsren Gossudar![6]

Es ist nicht bekannt, ob Beethoven den russischen Text verstand, aber selbst wenn seine Wahl bewusst war, transformierte er den melancholischen Charakter des langsamen Volksliedes in eine schnelle, lebhafte Tollerei. Er zitierte den wehmütigen Charakter des ursprünglichen Volksliedes erst kurz vor Ende des Stückes; das Lied wird in einem langsamen Tempo gespielt, bevor es mit einem jubilierenden Tusch verdrängt wird – eine letzte herausfordernde Geste, die von Rasumowski in diesen finsteren Zeiten zweifellos geschätzt wurde.[7]

Graf Rasumowski reagierte wie die meisten Gönner Beethovens auf die turbulenten Zeiten: Er pflegte einen extravaganten Lebensstil und ignorierte, dass die aristokratische Lebensart durch die Französische Revolution und Napoleons Aufstieg bedroht war. Von anderen Mitgliedern des Wiener Adels, die zumeist in der Innenstadt Wiens lebten, unterschied er sich vor allem durch die Tatsache, dass er eine große Parzelle Land vor den Stadtmauern erwarb – ein Grundstück auf einem Hügel mit Blick auf den Donaukanal. Rasumowski begann dort ein Palais im klassizistischen Stil von ungeheurer Pracht zu bauen; es sollte ein geeigneter Ort sein, um Zar Alexander I. bei seinen Wiener Besuchen zu empfangen. Statt einen eher konventionellen Garten im Stil des französischen Barocks mit einer konventionellen geometrischen Anlage zu wählen, stellte Rasumowski Konrad Rosenthal an, den berühmtesten Gärtner der Zeit, um einen Englischen Garten zu gestalten, der in seinem Entwurf freier und romantischer war.

Vom Palais blickte man über Wiesenareale, Bäume, Bäche, eine Freilichtbühne, und eine neue Brücke über den Kanal sollte leichten Zugang zum Prater, Wiens größtem Park und Erholungsgebiet, ermöglichen. Als Rasumowski Beethoven mit der Komposition von drei neuen Quartetten beauftragte, war das Palais fast fertiggestellt. Seine Fassade mit ihren Säulen und Pilastern dominierte die Umgebung.

Nach Rasumowskis Vorstellung sollte sein neues Domizil mit schönen Künsten und Musik erfüllt sein. Ein Raum sollte seine wachsende Sammlung von Skulpturen des italienischen Bildhauers Antonio Canova beherbergen, während für den Gartenflügel eine Bibliothek mit der Sammlung seltener Manuskripte vorgesehen war sowie ein Konzertsaal, der als Weißer Saal bezeichnet wurde. Indem der Graf Beethoven mit der Komposition der Streichquartette beauftragte, betrieb er sein Vorhaben weiter, sich als eifriger Förderer der Künste zu erweisen.

Der Aufstieg der Familie Rasumowski war selbst durch einen Akt musikalischer Schirmherrschaft begünstigt worden. Ein Adliger aus Sankt Petersburg, der 1731 die ländliche Ukraine bereiste, war von der schönen Bassstimme eines einundzwanzigjährigen ukrainischen Bauern beeindruckt, der in einem örtlichen Chor sang. Der Adlige stellte Alexei Rasumowski – den Onkel von Graf Andrei Rasumowski – für einen Kirchenchor in Sankt Petersburg ein. Elisabeth, Kaiserin von Russland, war im selben Alter wie Alexei und bewunderte offensichtlich nicht nur seine Stimme: Sie berief ihn in ihren eigenen Chor, wurde seine Geliebte und heiratete ihn sogar angeblich in einer geheimen privaten Zeremonie – Letzteres führte später zu seinem Spitznamen «Eroberer der Nacht». Elisabeth machte ihn zum Fürsten und ernannte ihn zum Feldmarschall, während der Kaiser Karl VII. aus Respekt vor der russischen Kaiserin ihn 1742 zum deutschen Reichsgrafen erhob.[8] Alexeis zahlreiche Talente hatten ihn in die engen Kreise des russischen Hofes katapultiert. Sein Bruder Kirill – Andreis Vater – profitierte von seiner Position und wurde in der Armee befördert.

Andrei tat es seinem Vater und seinem Onkel gleich und entwickelte enge Beziehungen zum Königshaus. 1762 trat Katharina die Große die Nachfolge ihres Mannes Zar Peter III. an (Elisabeths Erbe und Neffe). Andrei wurde ein enger Freund von Katharinas Sohn Paul. 1773, mit einundzwanzig Jahren, zettelte Andrei heimlich mit Pauls Frau Natalia eine Intrige an, um Katharina zu stürzen und Paul auf den Zarenthron zu verhelfen. Allerdings wurde dieses rührende, wenn auch schwache Zeichen von Loyalität durch Andrei selbst beschädigt, weil er gleichzeitig mit Natalia eine Affäre begann.

Das spätere Aufdecken dieser Liebschaft mag zwangsläufig der Anstoß für Rasumowskis Karriere als Auslandsdiplomat gewesen sein, denn man schickte den Grafen weit weg von den Machenschaften des russischen Hofes. Nach Anstellungen in Kopenhagen und Schweden kam er als Vierzigjähriger 1792 nach Wien, um seine Stelle als russischer Gesandter anzutreten. Die darauffolgende Karriere

Rasumowskis war der Unberechenbarkeit und den Launen der jeweiligen Zaren ausgeliefert. 1799 wurde er von Paul entlassen, der drei Jahre zuvor Zar geworden war, aber nach Pauls Ermordung 1801 wurde er von dessen Bruder, Zar Alexander I., wieder eingesetzt. Während der späteren Höhen und Tiefen seiner Beziehung zu Alexander stützte das prachtvolle Palais Rasumowskis Position in der Wiener Gesellschaft.

Im Frühjahr 1806 begann Beethoven an den Quartetten für Rasumowski zu arbeiten. Im Spätsommer besuchte er Fürst Lichnowsky auf dem Schloss seines mährischen Landsitzes in Grätz (heute Hradec nad Moravici in Tschechien), etwa zweihundertfünfzig Kilometer nordöstlich von Wien. Der Aufenthalt endete abrupt im Oktober. Lichnowsky hatte für französische Offiziere, die in der Nähe stationiert waren, ein Bankett gegeben, an dessen Ende Beethoven aufgefordert wurde, auf dem Klavier zu improvisieren. Beethoven ärgerte es, auf Verlangen unterhalten zu müssen, besonders für die französischen Zuhörer. Trotz der wiederholten Bitten seines Mäzens weigerte er sich, den Gästen gefällig zu sein – stattdessen improvisierte er noch am selben Abend seine rasche Abreise nach Wien.

Während der drei Tage dauernden Fahrt hinterließ Regen auf den Noten in seinem Koffer Wasserflecken; davon waren auch das Manuskript mit den beiden ersten Sätzen von Opus 59, Nr. 2 und die Entwürfe für die folgenden Sätze betroffen.[9] Zurück in seiner Wohnung, soll Beethoven angeblich eine Büste seines so getreuen Gönners auf dem Boden zerschmettert haben.[10] Wahrscheinlich war der Streit noch im selben Jahr verantwortlich für die Beendigung der Jahresrente von 600 Gulden, die Lichnowsky dem Komponisten bezahlt hatte, doch war die Beziehung zwischen den beiden in den folgenden Jahren wenigstens teilweise wiederhergestellt.[11]

Beethovens Geschäftsbeziehungen zu Rasumowski waren – anders als jene zu Lichnowsky – erfrischend unkompliziert. Rasumowskis Forderungen waren einfach; wenn er tatsächlich Beethoven gebeten hatte, russische Volklieder in seine Quartette aufzunehmen, war das ein weniger beleidigendes Anliegen, als für Napoleons Generäle Klavier zu spielen. Vielleicht halfen Rasumowski auch seine Erfahrungen als Diplomat, die Probleme zu vermeiden, mit denen sein Schwager konfrontiert war: Seine Beziehung zu Beethoven war weniger persönlich – und um auf der sicheren Seite zu sein, schenkte er dem Komponisten auch keine Büste von sich ... In den Jahren nach dem Streit in Grätz sollte Rasumowski Lichnowskys Platz als bedeutendster Fürsprecher von Beethovens Streichquartetten einnehmen.

Beethoven hatte in die vier Instrumente, die er von Fürst Lichnowsky bekommen hatte, seine Initialen geritzt, aber für uns war es zu spät, das Gleiche in den Boden der Amatis zu tun. Im Frühjahr 1994 informierte uns der Direktor der Corcoran Gallery of Art, dass man wegen vielfältiger finanzieller

Forderungen die Versicherungs- und Unterhaltskosten der Musikinstrumente nicht mehr rechtfertigen könne. Die Instrumente müssten entweder der Galerie abgekauft oder bis Ende September zurückgegeben werden. Das war ein schwerer Schlag. Wir waren von der Schirmherrschaft der Corcoran Gallery abhängig, und wir freuten uns immer auf die drei Konzerte, die wir als Gegenleistung im Armand-Hammer-Auditorium der Gallery gaben, das zu den intimsten und anregendsten Musiksälen Nordamerikas zählt. Die Amatis waren für uns ein zu teures Kaufobjekt. Jedenfalls mussten wir jetzt entweder einen interessierten Gönner finden, der in die Instrumente investieren wollte, oder notgedrungen eine A-Capella-Gruppe werden – eine reine Gesangstruppe.

Wir begannen unsere Suche damit, dass wir Kontakt zu Instrumentenhändlern in Nordamerika und England aufnahmen. Alles, was wir verlangten, waren kräftig klingende Instrumente mit vielseitigem Klangspektrum, die sowohl miteinander verschmelzen konnten als auch das Individuelle entschieden hervorhoben, die angenehm zu spielen waren und deren Zustand hervorragend sein sollte und deren Papierkram und Herkunft für einen Investor keine abschreckenden Unklarheiten enthielt – und die preiswerter waren als die Amatis und die so bald wie möglich zu bekommen waren, falls wir einen Gönner finden sollten, der sie kaufen wollte, und so weiter ... Merkwürdigerweise erhielten wir nicht eben viele Anrufe – aber es waren immerhin so viele

Händler aus Toronto, Chicago und London, die uns antworteten, dass wir etwas Hoffnung hatten.

Als wir begannen, die idealen Eigenschaften von Quartettinstrumenten zu diskutieren, konnten wir sehen, dass die Amatis auch einige Nachteile hatten. Die eine Geige war auffallend kraftvoller als die andere, die Bratsche hatte sehr große Abmessungen und war daher unbequem zu spielen, und dem Cello fehlte es manchmal an Klarheit in den tiefen Registern. Die weich tönenden Instrumente hatten in kleineren Sälen einen guten Klang, aber für größere Räume war die Bandbreite der Dynamik nicht groß genug. Wir fanden es relativ leicht, einen geschmeidigen, einheitlichen Quartettklang zu erzeugen, aber in Passagen, wo es auf die Klarheit individueller Linienführung ankam, war unser Klang zu homogen.

Als Student fand ich Geigenhändler einschüchternd – mit ihren allzu hallenden, mit teuren türkischen Teppichen ausgelegten Ausstellungsräumen, mit schweren Mahagonikästen und Werbefotos, die an den Wänden glänzten und von berühmten Streichern mit glühenden Huldigungen versehen waren. Zu meiner Unsicherheit kam hinzu, dass ich sehr wenig über Geigen und Geigenbauer wusste. Genauso gut hätte ich auf einem Markt für Sommerdecken oder für Schuhe sein können, als ich mit Begriffen wie «originaler Endknopf», «großes Modell» und «flache Wölbung» konfrontiert wurde. Die Experten hatten eine besondere Art, eine Geige zu halten, während sie sie einschätzten: Sie vermieden, den Geigenkörper zu berühren, indem sie den Hals mit einer Hand hielten und mit der anderen die Geige am anderen Ende stützten. Auf diese Weise konnte man das Instrument langsam von vorne nach hinten drehen und nach Anhaltspunkten für seinen Zustand suchen. Keine Geige, die seit zweihundert oder mehr Jahren gespielt wurde, kann ohne größere Reparaturarbeiten überlebt haben. Während ich an diesen kritischen Punkt dachte, prüfte ich eine Geige, die mir der Händler Jim Warren aus Chicago zeigte – er war uns von seinem Geschäftspartner Michael Remenyi, ein ungarischer Freund des Quartetts, vorgestellt worden.

«Da ist ein langer Riss im Boden. Wie wirkt sich das auf den Wert des Instruments aus?»

«Das ist keine Reparatur, sondern das Beispiel für einen zweiteiligen Boden. Solche Geigen sind verbreiteter als die mit durchgehendem Boden, aber es beeinflusst nicht den Preis. Man sieht, sie hat immer noch den originalen Endknopf.»

Ich beschloss, keine Fragen mehr zu stellen. Jim verbrachte den ganzen Nachmittag mit uns, und als er feststellte, dass er nichts wirklich Passendes hatte, bot er an, zusammen mit Michael Remenyi auf die Suche nach Instrumenten zu gehen und diese ein paar Monate später nach Boulder zu bringen.

Im September 1994 versammelten wir uns auf dem Podium der Grusin Music Hall, um Geigen auszuprobieren. Mit der Gelassenheit und der guten Laune einer Person, die uns einen Kaffee spendiert, hatte Fay Shwayder uns zu verstehen gegeben, dass ihre

Familienstiftung in Betracht ziehen wollte, die Instrumente zu kaufen und uns zur Verfügung zu stellen, falls wir passende auswählen sollten. Wir konnten unser Glück nicht fassen. In den acht Jahren seit dem Umzug des Takács-Quartetts nach Boulder war Fay eine großzügige, doch immer zurückhaltende Gönnerin gewesen; gerne hatte sie mit den Mitgliedern des Ensembles Tennis gespielt, aber nie hatte sie versucht, eine enge Beziehung aufzubauen, oder sich in das Alltagsleben des Quartetts eingemischt. Fay erklärte, dass sie vorrangig eine Geige für Karcsi und ein Cello für András kaufen wollte. Gábors Situation war weniger dringend: Claire Seidel, eine Subskribentin unserer Konzertreihe in Boulder, hatte ihm eine feine Bratsche des italienischen Geigenbauers Carlo Landolfi geliehen. Mich wollte Fay noch ein bisschen besser kennenlernen, bevor sie daran dachte, ein weiteres Instrument zu erwerben.

Fay und ihr Partner Harry Campbell saßen neben Jim Warren und Michael Remenyi, die vier Exemplare für uns zum Ausprobieren mitgebracht hatten. András hatte schon von dem Londoner Händler Charles Beare ein Cello ausgesucht, das ihm gefiel; es war 1760 von Giorgio Seraphin gebaut worden.

Karcsi und ich spielten jedes Instrument, während András und Gabor hinten im Saal Platz nahmen. Ihr Kommentar würde wichtig sein – ein Instrument, das am Ohr wunderbar klingt, kann längst nicht immer einen größeren Raum füllen. Nach anfänglichen Tests stellte sich heraus, dass zwei der vier Geigen kräftiger waren und zugleich eine wärmere Klangfarbe hatten. Sie stammten beide von demselben Erbauer, Giovanni Battista Guadagnini. Eine entstand 1755 zu seiner Zeit in Mailand, die andere 1763, als er seine Werkstatt in Parma hatte.

Während wir die zwei Violinen miteinander verglichen, zeigte sich, wie persönlich die Beziehung zwischen dem Spieler und dem Instrument ist. Als ich die Instrumente ausprobierte, klang die Mailänder Geige besser, aber als Karcsi darauf spielte, war die Geige aus Parma überlegen. Mit der Quartettstimme der zweiten Geige im Ohr und um seine eigene tonliche Bevorzugung zum Ausdruck bringen zu können, suchte Karcsi nach einem dunklen Klang und volltönenden tiefen Saiten. Er spürte diese Eigenschaften bei der Guadagnini aus Parma und konnte die Stärken dieses Instruments herausstellen. Ich suchte dagegen nach einem helleren Timbre, einem Sopranklang – einer Geige, die in den oberen Lagen eher zum Singen kam als die Amati, auf der ich vorher gespielt hatte. Das Dunkle, die Klangtiefe der Violine aus Parma interessierte mich weniger, ich brachte eher den klaren, süßen und lebhaften Charakter der Guadagnini aus Mailand zum Tragen.

András und Gábor kamen zu uns auf die Bühne. Sie wollten hören, wie die Geigen mit der Bratsche und dem Cello zusammenpassten. Nachdem wir Auszüge aus Haydn- und Bartók-Quartetten gespielt hatten, machten wir uns an Opus 59, Nr. 2, das wir zur Vorbereitung auf ein Konzert an der Universität von Chicago im Spätherbst 1994 wieder aufgegriffen hatten.

Zu Beginn des dritten Satzes, dem Allegretto, war die Pianissimo-Melodie der ersten Geige ein guter Test. Verglichen mit der Amati, die ich vorher gespielt hatte, brachte die Guadagnini einen transparenteren, strahlenden Klang hervor, der mühelos über der rhythmischen Begleitung schwebte. Meine Muskeln hatten sich an das Spielen auf dem anderen Instrument gewöhnt, deshalb musste ich mir bewusst machen, den Ton nicht herauszupressen. Diese Violine reagierte besser auf Schmeichelei als auf Zwang.

Unser erster Eindruck war, dass wir uns deutlicher hörten. Gábors und Karcsis synkopierter Rhythmus hob sich lebhafter von András' Tönen ab, der jeweils die Eins spielte. Der plötzliche Wechsel vom Piano zum Fortissimo war leichter zu bewerkstelligen. Die Instrumente vermittelten uns ein aufregendes Gefühl für die Möglichkeiten, die nur darauf warteten, erkundet zu werden.

Wir gingen zum Dur-Teil über, in den Beethoven das zweite der beiden russischen Volkslieder für Rasumowski eingefügt hatte. Wenn wir dieselbe Melodie von jedem Instrument hörten, würden wir einen Eindruck bekommen, wie sie im direkten Vergleich zueinander klangen. Gábor kündete das lebhafte Thème russe an, die Tonart wechselte jetzt zum heller klingenden E-Dur – es hörte sich an wie ein tapferer Soldat, der beim Marschieren den Text des ursprünglichen, reichlich patriotischen Liedes singt:

Ehre sei dir, Gott im Himmel, Ehre!
Ehre unsrem Zar auf dieser Erde!

Für das Thema schrieb Beethoven drei Takte piano vor, das anschließende Crescendo ging bis zu einem spitzen Sforzando am Ende der Phrase, dann zog sich die Melodie wieder ins Piano zurück:

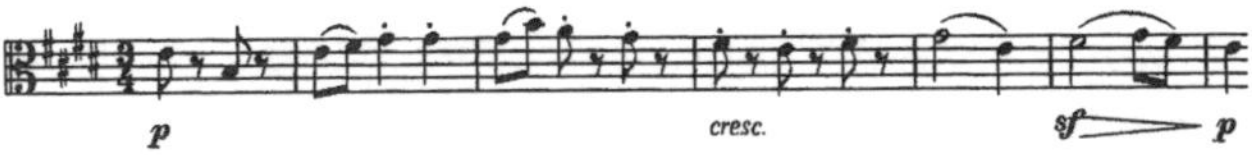

Immer mehr Soldaten kamen hinzu, einer nach dem anderen: Als Nächster spielte Karcsi die Melodie, dann András und zuletzt ich. Danach übernahm Gábor sie wieder, Karcsi folgte und schließlich András; sein Thema wurde jetzt von der Bratschenstimme unterstützt, die parallel verlief, es wuchs zum Forte an, das Karcsi und ich übernahmen. Noch einmal kam András fortissimo dazu. Freudig wurde der Regimentsmarsch aufgegeben: Die Bratsche unterbrach das Cello, nachdem András erst ein Drittel seiner Melodie gespielt hatte. Die zweite Geige drängte sich in das Bratschenthema, dann platzte die erste Geige in die Melodie der zweiten Geige, und schließlich trug das Cello ruppige synkopische Sforzando-Akzente bei. Was als geordnete Wiedergabe des Volksliedes begonnen hatte, wurde zu einer tumultuarischen Rauferei. Dann plötzlich, als sei ein gestrenger General zur Truppenkontrolle aufgetaucht, brachten die wüsten Soldaten eine überraschend respektvolle Piano-Version des russischen Themas hervor, das noch ein letztes Mal präsentiert wurde, aber jetzt mit weichen Legato-Bogenstrichen; sie ersetzten erstmalig die spitzen kurzen Striche, die bislang das dominierende Merkmal des Themas gewesen waren.

Gábors Landolfi hatte einen helleren Klang als die Amati. Das passte zu diesem kecken Thema, aber ich fragte mich, ob der Klang einer Bratsche, der mehr zu den Geigen als zum Cello neigt, möglicherweise die gesamte Tonqualität des Ensembles beeinflusst. Die Bratsche hat innerhalb der Gruppe eine entscheidende Klangfunktion: Sie überbrückt die Kluft zwischen den Violinen und dem Cello. Ein Instrument, das mit den Geigen harmoniert, sich aber, wo es verlangt ist, mit dem dunkleren Klang des Cellos verbinden kann, wäre ideal.

Karcsis Präsentation des Volksliedes hatte einen voluminöseren Klang als Gábors Version, obwohl er ja in einer höheren Lage spielte. Der viel tiefere Einsatz des Cellos war dunkel und sonor, meine erste Geige hingegen klang klar und kraftvoll. Ich musste nicht so viel Kraft aufwenden, da ich auf einem Instrument spielte, das eine robuste Tonqualität hatte: Die Guadagnini fühlte sich unmittelbar wie eine Verbündete an, sie reagierte auf meinen weniger angestrengten Bogenstrich mit einem vollen Klang. Während der nachfolgenden Stelle, wo wir alle fröhlich hereinplatzten und uns gegenseitig unterbrachen, schien Gábors Bratsche etwas ungünstig zu sein. Aber die anderen drei Instrumente gaben uns offensichtlich mehr Unabhängigkeit und eine größere Möglichkeit, im Wechselspiel zwischen den Stimmen zu jubilieren.

Rasumowski hätte sich eigentlich darüber freuen

müssen, dass der russische Patriotismus so ausgiebig zelebriert wurde. Dreizehnmal präsentierte Beethoven das Volkslied: achtmal hintereinander, viermal an der Stelle, wo sich die Instrumente gegenseitig ins Wort fallen, sowie in einer letzten Wiedergabe. Aber offensichtlich war dieses banale, wiederholt auftretende Einsetzen des Themas ironisch gemeint.[12] Für einen Komponisten, der eine so hohe Kunstfertigkeit in der Gestaltung seines Stoffes besaß, klingen die dreizehn prosaischen Wiederholungen verdächtig nach einem Spaß auf Kosten des Grafen. Und als sollte das noch betont werden, wurde das Trio – abweichend vom üblichen Schema – später im Satz noch einmal mit dreizehn weiteren Präsentationen des Volksliedes wiederholt.

Nachdem wir den Satz beendet hatten, kamen Fay und Harry auf das Podium. Es war erst meine zweite Begegnung mit Harry, dem Geschäftsführer einer texanischen Ölgesellschaft, der jetzt in Colorado im Ruhestand lebte, am Ort seiner früheren sportlichen Erfolge. Er hatte die Football-Mannschaft der Colorado School of Mines als Abwehrspieler 1939 in eine Spielzeit geführt, die sie ungeschlagen beendete. Fay war der Auslöser für Harrys plötzliches Interesse an klassischer Musik gewesen.

«Wie viel Bartók spielt ihr, Leute?», fragte Harry.

«Eine Menge», sagte ich. «Er hat sechs Quartette geschrieben, und die muss ich so schnell wie möglich einstudieren, damit wir den Zyklus bei den zwei Konzerten aufführen können. Vielleicht lasse ich uns im Gegenzug irgendwann mal englische Musik spielen.»

«Es tut den Instrumenten nicht sehr gut, wie ihr auf ihnen rumhaut. Was war das für ein Schnappton, den ihr da produziert habt?»

Harry war das «Bartók-Pizzicato» aufgefallen, eine spezielle Technik, bei der der Spieler die Saite hochzieht, bevor er sie loslässt und damit auf das Griffbrett schnappen lässt.

«Mach dir keine Sorgen, wir sind vorsichtiger, als es scheint.» András warf mir einen vielsagenden Blick zu. «Und wir spielen nicht zu viel Bartók, es ist nur ein kleiner Prozentsatz vom Ganzen.»

«Das ist gut», sagte Harry.

«Was für ein Gefühl habt ihr?», fragte Fay. «Wenn sie euch zusagen, möchte ich András und Karcsi bei ihren Instrumenten helfen.» Sie redete, als wollte sie uns nur Tickets für ein Footballspiel anbieten. «Wir haben heute Dekan Daniel Sher getroffen, und er kann es arrangieren, dass die Instrumente an die Universität ausgeliehen und euch zur Verfügung gestellt werden.» Daniel Sher war noch in seinem ersten Jahr als Dekan des College of Music, und er sorgte weiterhin für ein Klima der Unterstützung, das sein Vorgänger, Robert Fink, gepflegt hatte; er hatte schon begonnen, unsere Gastprofessur mit mehr Unterrichtsangeboten und einer neuen Konzertreihe zu erweitern.

«Ihr wisst ja, wie sehr Fay die Takács' liebt», sagte Harry. «Und ich kann auch sehen, dass ihr Hilfe braucht. Wir alle brauchen manchmal Hilfe – ich konnte beispielsweise nur durch ein volles Stipendium nach Colorado gehen. Ich hoffe, ihr kommt mit den Instrumenten klar.» Er grinste. «Aber spielt nicht zu viel Bartók.»

Jim Warren und Michael Remenyi traten zu uns. «Es ist ein ausgezeichneter Zeitpunkt, um in Instrumente zu investieren», sagte Jim. Sie waren ein effektives Team: Jim ruhig, klar im Ausdruck, Michael strahlend und begeistert. Wir waren dankbar, dass sie am Anfang unserer Suche Interesse an uns gezeigt hatten, noch bevor eine Finanzierung feststand. Als wir aus dem Saal gingen, flüsterte Jim mir zu: «Bleib erst mal bei der Mailänder Guadagnini. Ich habe das Gefühl, dass Fay sie für dich kaufen will. Sie braucht nur etwas Zeit.»

Fay bat András, für die folgende Woche ein Tennisspiel und für später im Herbst ein Konzert in ihrem Haus zu planen – das waren die einzigen Verpflichtungen, die sie sich im Gegenzug für ihre Großzügigkeit wünschte. Sie wollte nicht, dass wir sie in unseren Konzertprogrammen dankend erwähnten: eine Gönnerin ohne Interesse an jeglicher Zurschaustellung. Während viele Konzertveranstalter eher zurückhaltend waren und abwarteten, wie sich die neue Gruppierung entwickeln würde, bevor sie uns Konzertverpflichtungen anboten, hatte Fay nur ein Jahr nach meinem Eintritt in das Quartett beschlossen, für András und Karcsi Instrumente zu kaufen. Wir hatten das Glück, nicht nur von Fays Menschenfreundlichkeit zu profitieren, sondern auch von ihrer Bereitschaft, das Risiko mit uns aufzunehmen.

In der *Allgemeinen musikalischen Zeitung* vom 27. Februar 1807 wurde eine zurückhaltende Rezension der Quartette Opus 59 von Beethoven veröffentlicht:

> «Auch ziehen drey neue, sehr lange und schwierige Beethovensche Violinquartetten, dem Russischen Botschafter, Grafen Rasumovsky zugeeignet, die Aufmerksamkeit aller Kenner an sich. Sie sind tief gedacht und trefflich gearbeitet, aber nicht allgemeinfasslich – das 3te aus C dur, etwa ausgenommen, welches durch Eigenthümlichkeit, Melodie und harmonische Kraft jeden gebildeten Musikfreund gewinnen muß.»[13]

Die ersten Interpreten waren weniger zurückhaltend in ihrem Urteil; es beunruhigte sie, dass diese Musik sich nicht so verhielt, wie es klassische Kammermusik tun sollte. Nachdem der Cellist Bernhard Romberg das Eingangssolo des zweiten Satzes von Opus 59, Nr. 1 gespielt hatte, warf er seine Noten auf den Boden und stampfte darauf herum. Was war das denn für eine faule Ausrede für eine Melodie? Wie empörend, einem Cellisten seines Ranges einen so banalen Rhythmus zuzumuten, der lediglich vier Takte lang ein B wiederholte. Das könnte doch jeder mit einem Stift klopfen!

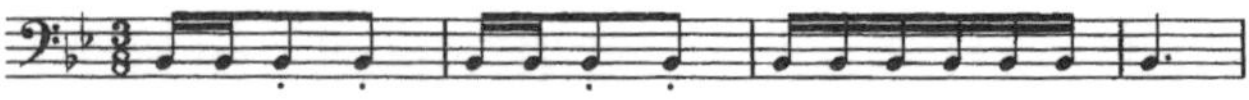

Der Geiger Felix Radicati erdreistete sich sogar, in Gegenwart des Komponisten darauf hinzuweisen, dass die neuen Quartette wohl «nicht als Musik» einzuschätzen seien, worauf Beethoven scharf erwiderte: «O, sie sind auch nicht für Sie, sondern für eine spätere Zeit!»

Einige von Beethovens Zeitgenossen verteidigten ihn. Im Juli 1810 äußerte sich E. T. A. Hoffmann – derselbe Schriftsteller, dessen Geschichte «Nussknacker und Mausekönig» Tschaikowsky zu seinem Ballett inspirierte – zu einer zeitgenössischen Kritik in einer ausführlichen Rezension und Analyse von Beethovens Fünfter Sinfonie (komponiert zwischen 1804 und 1808). In der Kritik hieß es: «Dagegen sieht man gewöhnlich in seinen Werken nur Producte eines Genie's, das um Form und Auswahl unbesorgt, seinem Feuer und den augenblicklichen Eingebungen seiner Einbildungskraft überliess.»[14] Doch Hoffmann war mit diesem Urteil nicht einverstanden; er wandte ein, dass Beethoven erfolgreich die Kontrolle über seine verschiedenen Themen behalte und dass durch deren innere Verwandtschaft eine musikalische Einheit erzeugt werde. Es sei wie mit einem Theaterstück von Shakespeare: Mit der Vertrautheit steige das Verständnis für die strukturelle Einheit seines Werkes.

In einer späteren Zeit beschreibt Posdnyschew, der Protagonist von Leo Tolstois Novelle *Die Kreutzersonate* (1889 veröffentlicht), den erschreckenden Kontrollverlust, den er erfuhr, als er den ersten Satz eines anderen Werkes aus Beethovens mittlerer Schaffensperiode anhörte, die «Kreutzer-Sonate» für Violine und Klavier (1803 komponiert): «Sie wirkt auf die

Seele weder erhebend noch niederdrückend, sondern erregend. Wie soll ich es Ihnen sagen? Die Musik zwingt mich, mich selbst und das, was meine Wirklichkeit ist, zu vergessen, sie versetzt mich in eine andere Wirklichkeit, die nicht die meine ist.» Nach Posdnyschew spielen Militärmärsche, Tanzmusik und Musik für einen religiösen Anlass («kirchlicher Messgesang») eine sinnvolle Rolle, wohingegen eine Musik wie die Kreutzersonate, die nicht für solch eine spezielle Aufgabe bestimmt ist, einen schädlichen Einfluss ausüben muss.[15]

Beethovens Kompositionen in seiner mittleren Schaffensperiode verwirrten die Hörer in ihren Erwartungen; seine Werke führten die Menschen, die mit ihnen konfrontiert wurden, an Orte, auf die sie nicht gefasst waren, und forderten Vermutungen heraus, wie Musik auf sie wirken sollte. Als wir den ersten Satz von Opus 59, Nr. 2 zur Vorbereitung auf unser Konzert in Chicago durchspielten, konnte ich jene ersten Interpreten und Zuhörer verstehen, die diese Quartette aus der Fassung brachten. Schnelle Passagen fühlten sich beim Spiel unangenehm an, der Bogen zuckte auf den Saiten hin und her, die Finger der linken Hand verhedderten sich nur allzu leicht bei komplizierten Läufen. Hektisches Aufblitzen von Sechzehntelnoten, schroffe dynamische Kontraste und plötzliche Pausen führten zu einer angespannten, beklommenen Stimmung. Es fiel mir schwer, so entspannt zu bleiben, dass sich die schwierigen Passagen bewältigen ließen – die Musik spielte mich, eine Karussellfahrt war die treibende Kraft, die mich herumwirbelte, bevor sie mich am Ende zerschlagen und desorientiert abwarf.

Ich fragte Gábor, wie die erste Geige und die Bratsche noch genauer zusammenspielen könnten, als wir kurz nach Beginn des Stücks allein einen Sechzehntellauf hatten. «Wenn möglich weichere Saitenübergänge.» Er hustete hart. Er versuchte, ein Virus loszuwerden, das ihn schon den ganzen Sommer über geplagt hatte. Wir sollten so nahtlos spielen, wie es nur irgend ging, indem wir mit dem Bogenarm den Abstand zwischen den Saiten verringerten und die Finger der linken Hand auf dem Griffbrett so locker wie möglich laufen ließen.

Als Gegengewicht gegen die Widerspenstigkeit der Musik konzentrierten wir uns auf eine möglichst einheitliche Herangehensweise. Das Stück beginnt dramatisch mit zwei Akkorden, auf die Schweigen folgt. Um das Ungebärdige, Wilde von Beethovens Eröffnungsphase zu vermitteln, war es notwendig, dass jeder von uns die Akkorde auf genau die gleiche Weise ausführte. Wenn der Bogen zu Beginn bereits auf der Saite ruht und man mit den Fingern der rechten Hand eine zuckende Bewegung macht – damit der Bogen die Saite anreißen und dann loslassen kann –, kommt der Einsatz viel exakter und knackiger, als wenn jeder seinen Bogen von oben auf die Saite schnellen lässt. Obwohl es verführerisch war, diese dramatischen Gesten mit sehr schnellem Strich zu spielen, konnten wir mit etwas langsameren Bogenbewegungen einen volleren Klang aus den Instrumenten holen.

Die folgende Stille – eine von vielen Pausen, die die Eingangsmusik unterbrachen – musste genauso sehr gestaltet werden wie die Musik selbst. Wir erstarrten in unserer Haltung, bevor wir fortfuhren. Dieser Anfang unterscheidet sich außergewöhnlich stark von Beethovens vorhergehenden Quartetten. Zwei Akkorde. Schweigen. Ein Bruchstück einer Pianissimo-Melodie, die mit den gleichen Noten beginnt wie die Eingangsakkorde. Wieder Schweigen. Und dann ein weiterer Schock. Die Melodie wird einen Halbton höher wiederholt und zieht uns den Boden unter den Füßen weg, denn wir sind uns nicht sicher, in welcher Tonart wir uns befinden.

Das beispiellose Gefühl von Zerrissenheit gleich zu Beginn des Stückes muss das Unbehagen der ersten Zuhörer verstärkt haben. Die Sonatenform war die am häufigsten von den Komponisten dieser Zeit verwendete Struktur für den ersten Satz. Aus ihrer Erfahrung beim Zuhören der Quartette Opus 18 wird das Publikum vermutlich erwartet haben, dass Beethoven eine wohlproportionierte Eingangsmelodie von angemessener Länge ausarbeitet, die die Tonart festsetzt. Doch Opus 59, Nr. 1 beginnt mit einer viel längeren Phrasierung als üblich. Und die Abbrüche und Neuansätze des zweiten «Rasumowski»-Quartetts sind sogar noch irritierender.

Während seiner ersten zehn Jahre in Wien waren die Zuhörer von Beethovens Improvisationen überwältigt. Die Schilderung des Dirigenten Ignaz von Seyfried ist hierfür eine typische Reaktion:

> «Jetzt brauste sein Spiel dahin gleich einem wild schäumenden Cataract, und der Beschwörer zwang das Instrument mitunter zu einer Kraftäusserung welcher kaum der stärkste Bau zu gehorchen im Stande war.»[16]

Etwas von diesem Geist der Improvisation ließ Beethoven ab 1805 auch in seine Streichquartette, seine Konzerte und Sinfonien einfließen.

Bei einem in der Sonatenform komponierten Satz ist der zweite Hauptabschnitt, die Durchführung, derjenige Bereich, in dem die Zuhörer davon ausgehen konnten, dass Beethoven seiner Fantasie die höchste Freiheit einräumte: dass er zu entfernten Tonarten wechselte und sie wieder verließ, dass er dynamische Kontraste noch intensivierte – und vor allem das Gefühl vermittelte, dass sich die Musik weit von ihrem Beginn entfernt hat. Unter dem Gesichtspunkt der Improvisation ist es daher bezeichnend, dass die Durchführungsteile im 1. Satz des ersten und des zweiten «Rasumowski-Quartetts» im Vergleich zu den übrigen Teilen jeweils viel länger sind, als es in den Streichquartetten Opus 18 der Fall ist. Nur im dritten Quartett von Opus 59, das ich bei meinem Probespiel mit den Takács' spielte und von dem ein zeitgenössischer Kritiker sagte, es sei von den dreien am leichtesten zu verstehen (siehe S. 144), kommt der Durchführungsteil der kompakten Dimension der frühen Quartette nahe.

Ein Großteil der Spannung im Durchführungsteil von Opus 59, Nr. 2 ergibt sich aus den rhythmischen

Gegensätzen: Die beiden Geigen setzen sich von Bratsche und Cello ab, dann ändert die Bratsche ihre Gefolgschaft und wechselt zu den Geigen über, wenn die Musik vom Pianissimo bis zu einem eruptiven Fortissimo-Höhepunkt in C-Dur anschwillt – derselben Tonart übrigens, die im letzten Satz versucht, E-moll zu verdrängen. Aber selbst dieser Ausbruch ist nur ein vorübergehendes Drama; wenige Sekunden später werden wir wieder in eine andere Tonart getaucht. Unmittelbar danach zieht sich die Musik erneut ins Pianissimo zurück.

Damit wir die Kaskaden von schnellen Noten, die den ersten Satz dominieren, genau unter Kontrolle hatten, übten wir mit einem Metronom; es zeigt einem, wann man dazu neigt, davonzueilen oder das Tempo zu verschleppen. Keiner von uns verließ sich gern auf einen autokratischen, mechanischen Taktgeber, aber er war ein nützlicher Trainer, wenn einer meinte, wir seien zu schnell, und ein anderer widersprach. Wir übten ein wenig langsamer als in unserem voraussichtlichen Tempo bei der Aufführung; so hörten wir mehr Details in dem manchmal dichten Tongewebe. Wir hofften, uns so eine bessere technische Grundlage für unser Konzert zu schaffen. Um die schwankende Emotionalität der Musik zu vermitteln, arbeiteten wir paradoxerweise daran, einen höheren Grad an Kontrolle und Sicherheit zu gewinnen.

Als wir einzelne Abschnitte wiederholt übten, fürchtete ich, unsere Aufführung könnte zu sehr einstudiert wirken. Wie sollte man das Gefühl des kühnen Vom-Weg-Abschweifens dieser Musik vermitteln, wenn der Zweck der Proben darauf zu beruhen schien, ein sicheres Gefühl dafür zu erhalten, was genau als Nächstes kam?

«Die Überraschung liegt ja in der Musik», sagte András. «Wenn wir sicher sind, wird es überzeugend klingen.»

«Wir können doch wie verrückt üben und dann im Konzert einfach genießen und vergessen.» Karcsi mochte auf dem Podium eine gewisse Spontanität. Manchmal stachelte er uns zu einem vorwärtsdrängenden Schwung an und nahm uns alle auf einen wilden Ritt mit, der anders war als alles, was wir einstudiert hatten.

«Jedes Konzert verläuft anders – die Akustik im Saal, wie lange wir geschlafen haben, wie man sich auf der Bühne fühlt. Man kann nicht alles voraussagen. Mir hilft es, wenn ich die Musik sorgfältig vorbereite.» Gábor zeigte mir seine Noten. Bogenstriche und Fingersätze waren peinlich genau eingezeichnet, und er benutzte verschiedene Farbstifte, um Dynamik und Phrasierungen hervorzuheben. Manchmal hatte Gábor ganze Notenabschnitte herausgeschnitten und wieder angeklebt, damit er die Seite an einer günstigeren Stelle wenden konnte, oder er hatte eine dritte Seite angebracht und ersparte sich dadurch das Umblättern. Selbst die zusätzlichen Teile waren penibel vorbereitet; zwischen den aneinandergefügten Papierkanten war genügend Platz gelassen, damit die zusätzliche Seite am Ende des Konzerts geräuschlos zugeklappt werden konnte.

Gábors Liebe zum Detail war ein nützliches Gegenmittel bei turbulenter Musik und den Unberechenbarkeiten von Live-Konzerten. Er gab sich die größte Mühe, Chaos zu verhindern, er kam dreißig Minuten früher, um sich vor jeder Probe gründlich einzuspielen, und er ging täglich schwimmen, damit er für die körperlichen Anforderungen einer langen Reise fit war. Wenn ich mich gelegentlich von der Menge neuer Musikstücke, die ich einstudieren musste, oder einer besonders strapaziösen Tourneeplanung überwältigt fühlte, beruhigte er mich: «Es gibt drei Elemente: dein Berufsleben, dein Privatleben und deine Gesundheit. Wenn zwei davon in Ordnung sind, dann kommst du zurecht.»

Vor dem Schluss des atemlosen ersten Satzes von Opus 59, Nr. 2 kommt ein Moment der Entspannung für die Interpreten und die Zuhörer. Der wilde Tumult der Sechzehntel ist gebannt, und während die erste Geige und das Cello lange Noten aushalten, spielen die zweite Geige und die Bratsche im Hin und Her ein Motiv, das vom Anfangsthema abgeleitet ist und immer ruhiger wird:

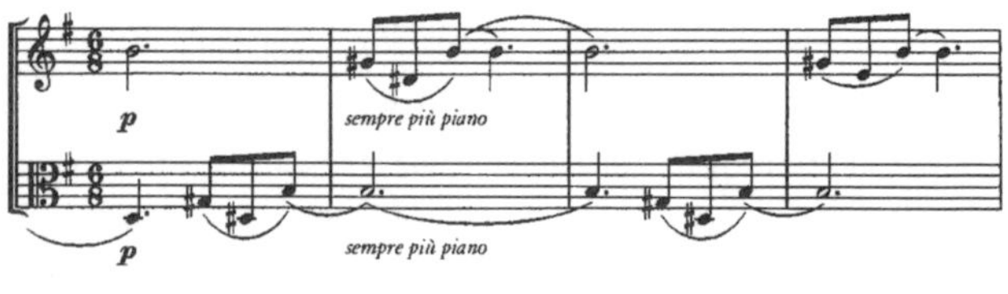

Für sich gesehen war dieses Duett nicht bemerkenswert, aber im Kontext des schonungslosen Vorwärtsdrängens und der ständig wechselnden Emotionen, die die Musik zuvor geprägt hatten, verlangte der Dialog zwischen Karcsi und Gábor nach einer Flucht – irgendwohin, wo es weniger Widerstreit gab. Was ich an meinen Kollegen besonders bewunderte, war die Fähigkeit, eine Verwandlung des musikalischen Charakters von intensiver Aktivität in nachdenkliche Ruhe zu kommunizieren. Während die Musik physische Veränderungen verlangte – ein Verlangsamen der Bewegungen des Bogenarms und der Finger der linken Hand –, spiegelte sich der Stimmungswechsel höchst deutlich in ihren Augen. Zuvor hatten sie innerhalb der Gruppe mit messerscharfer Wachsamkeit rundum geblickt. Jetzt schienen sie sich zurückzuziehen, den Blickkontakt hielten sie nicht mehr aufrecht, doch so, wie sie gegenseitig auf die melodischen Linien reagierten, lauschten sie umso aufmerksamer – wie zwei Menschen, die sich von einem hektischen öffentlichen Schauplatz entfernen, um einen persönlichen Schmerz miteinander zu teilen.

In den Rasumowski gewidmeten Quartetten präsentierte Beethoven ein reiches Spektrum an Emotionen, das bisweilen mit seinen persönlichen Erfahrungen zusammenhing. «Kein Geheimniß sey dein Nichthören mehr – auch bey der Kunst», hatte er in sein Skizzenbuch zum letzten Satz von Opus 59, Nr. 3 geschrieben. Das war jedoch nicht der einzige autobiografische Hinweis in den Streichquartetten Opus 59. Auf einem der Entwürfe für den langsamen Satz des ersten «Rasumowski»-Quartetts notierte Beethoven: «Ein Trauerweiden- oder Akazien-Baum aufs Grab meines Bruders.»[17] Obwohl: Ganz so traurig, wie sie wirkt, schien diese Äußerung dann doch nicht zu sein – immerhin war Beethovens Bruder nicht gestorben, sondern hatte lediglich geheiratet. Die melancholische Notiz mag entweder ein Hinweis auf die Beziehung zu seinem Bruder oder eine Vorahnung auf das Verhältnis zu seiner neuen Schwägerin gewesen sein, mit der er in Zukunft noch manche Schwierigkeit haben sollte.

Beethovens Werke der mittleren Schaffensphase entstanden aus der Verzweiflung über die dramatische Verschlechterung seines Gehörs und aus dem Trauma heraus, das durch die Napoleonischen Kriege ausgelöst wurde. Indem Beethoven zwei russische Volkslieder in seine Quartette Opus 59 einbezog, brachte er seine Musik nicht nur mit dem russischen Gönner in Verbindung, sondern auch mit dem Versagen der russischen und österreichischen Armeen, Napoleon aufzuhalten. E. T. A. Hoffmann war überzeugt von Beethovens «unumschränkter» Herrschaft über sein Material, das «innere Reich der Töne», aber vielleicht hatte der Komponist zum Ziel, eine solch große Bandbreite und Intensität von Emotionen mit einzubeziehen, um Struktur und Sinn in Zweifel zu ziehen – und sie zu gefährden, gerade so, wie eine persönliche Krise emotionale Stabilität zerstören kann oder wie eine Napoleonische Armee in einem Leben verheerenden Schaden anrichten kann. In diesem Licht besehen waren die verstörten Reaktionen der ersten Interpreten und Hörer vielleicht bezeichnender als die der Kenner, die nach wiederholtem Studieren und Hören sich rühmen mochten,

Melodien, Harmonien und Strukturen zu erkennen – und nichts vom Schock und der Verstörung ihrer weniger erfahrenen Zeitgenossen zeigten.

Beethoven hatte die «Rasumowski»-Quartette als Musik für eine «spätere Zeit» bezeichnet, aber niemals hätte er gewollt, dass sie als ein angenehmes, vertrautes Repertoire angesehen werden, konzipiert, um radikale, schwer zugängliche Musik an anderer Stelle in einem Konzert auszugleichen. Obwohl ich nicht den Wunsch hatte, den Fehler zu wiederholen, der mir am Ende von Opus 59, Nr. 2 während des Konzerts in Cuernavaca unterlaufen war, so verband mich diese Erfahrung immerhin mit dem Schock, den einige von Beethovens Zeitgenossen erlebt hatten. Niemals würden die «Rasumowski»-Quartette jene Hörer zufrieden stellen, die verlangen, dass Musik nur eine eng begrenzte Funktion erfüllt, ob sie nun Gottesdienste bereichern, zum Tanz inspirieren, das Marschieren regeln oder einfach amüsieren soll. Als ich mich mit Opus 59, Nr. 2 herumschlug, kam mir der Gedanke, dass diese Musik bezweckt, einen auf seltsam beruhigende Weise zu beunruhigen. Es war legitim, sich ein wenig eingeschüchtert zu fühlen und aus dem Gleichgewicht zu geraten, wie bei einem traumatischen, das Leben verändernden Ereignis.

Als Beethoven 1806 an den Quartetten Opus 59 arbeitete, wurde Rasumowskis Position als Gesandter unsicher. Es ist nicht klar, was die Situation beschleunigte, aber Rasumowskis standhafte antinapoleonische Haltung rief möglicherweise den

Konflikt mit dem unberechenbaren Zaren hervor, der in seiner Einstellung zu seinem französischen Gegenüber schwankte – er war unsicher, ob er es mit einem Genie oder mit dem Teufel zu tun hatte. Rasumowski hatte Napoleons Selbstkrönung im Jahr 1804 als Affront gegen die natürliche Gesellschaftsordnung empfunden. «Wer hätte gedacht, dass ein Abenteurer, auf Kosten der Bourbonen erzogen, sich selbst an ihre Stelle setzt und alle Ehren für sich fordert. (...) Darauf hätte selbst ein Abkömmling einer der ältesten Dynastien Europas nie Anspruch zu erheben gewagt.»[18]

Zar Alexander hätte möglicherweise – abgesehen von den politischen Differenzen mit Rasumowski – auch der Ansicht beigepflichtet, die später der deutsche Historiker Johann Heinrich Schnitzler äußerte:

«Rasumowski lebte wie ein Fürst in Wien, er unterstützte Kunst und Wissenschaft, umgeben von einer luxuriösen Bibliothek und anderen Sammlungen, von allen bewundert und beneidet; welche Vorteile aus all dem den russischen Staatsangelegenheiten erwuchsen, ist eine andere Frage.»[19]

Diese Sicht wurde nicht von allen geteilt. Graf Rasumowski hatte Unterstützer gewonnen, die seinen Takt, seine Intelligenz und seinen Widerstand gegen Napoleon schätzten. 1806 wurde der Diplomat Robert Adair von der englischen Regierung nach Wien gesandt, um die Allianz der Länder gegen Frankreich zu stärken. Der Außenminister, Charles James Fox, wies Adair an, wenn «Rasumowski noch in Wien sein sollte, die Freundschaft mit ihm zu pflegen und ihm in jeder Hinsicht volles Vertrauen zu schenken».[20]

Rasumowski hatte sich prachtvoll in seinem neuen Palais eingerichtet und dachte überhaupt nicht daran, Wien zu verlassen, selbst als 1810 schließlich ein neuer Botschafter, Ernst Graf von Stackelberg, in die Stadt entsandt wurde. Trotz seiner unbedeutenden Position übte der Graf weiterhin seinen Einfluss aus. Nachdem Alexander 1807 den Vertrag von Tilsit unterzeichnet und Frieden mit Napoleon geschlossen hatte, gewann Rasumowskis Palais den Ruf als Brutstätte antinapoleonischer Gesinnung. Der Graf gab häufig Feste, bei denen Glücksspiele und Musik den Hintergrund politischer Debatten bildeten. Zusätzlich zu seinen diplomatischen Aktivitäten konzentrierte er sich weiterhin auf seine musikalischen Interessen und genoss seine Leidenschaft als Sammler. In seinem Domizil befanden sich Gemälde von Rubens, Rembrandt und van Dyck, während sich seine Bibliothek mit über siebentausend Manuskripten schmücken konnte.

Von Rasumowskis Reaktion auf die von ihm beauftragten Quartette ist nichts bekannt, aber während der folgenden Jahre stellte der Graf seine fortdauernde Unterstützung Beethovens unter Beweis. 1808 bat er Ignaz Schuppanzigh, ein hauseigenes Streichquartett in seinem Palais zu gründen, und füllte damit das Vakuum, das durch die Auseinandersetzung zwischen Fürst Lichnowsky und dem Komponisten entstanden war. Schuppanzigh wählte für das Ensemble den Bratscher Franz Weiss und den Cellisten Joseph

Linke. Vielleicht hatte Rasumowski sich selbst als regulären Zweiten Geiger der Gruppe vorgestellt, doch trat er seinen Platz an Schuppanzighs jungen Schüler Joseph Mayseder ab. Wahrscheinlich waren die Proben dieser schwierigen Musik weniger verkrampft, als der begabte Schüler seinen Arbeitgeber auf dem Stuhl der zweiten Geige ablöste.

Es ist kein Zufall, dass das erste dokumentierte Berufsstreichquartett in Wien kurz nach der Komposition von Beethovens neuen Quartetten Opus 59 gebildet wurde. Die technischen und musikalischen Herausforderungen, die die ersten Interpreten und Zuhörer so frustrierten, machten ein professionelleres Herangehen an die Kammermusik notwendig. Als Rasumowski ein eigenes Streichquartett für sein Palais ernannte, ging er auf diese Anforderung ein. Mit der Anstellung des Ensembles setzte er die Tradition von Beethovens Mäzenen fort, im eigenen Haus Kammermusik zu pflegen, und machte sie zur festen Einrichtung; auf diese Weise gab er dem Komponisten die wunderbare Gelegenheit, mit den Musikern an seinen neuen Stücken zu arbeiten. Neben den Quartetten Opus 59 spielte das Schuppanzigh-Quartett auch die Uraufführung von Beethovens nächsten Streichquartetten, Opus 74 und Opus 95, die 1809 und 1810 entstanden.

Laut Ignaz von Seyfried war das für Beethoven eine idyllische Zeit:

> «Wie bekannt, war Beethoven im Rasumowskischen Hause sozusagen Hahn im Korbe. Alles,

> was er componirte, wurde dort brühwarm aus der Pfanne durchprobirt und nach eigener Angabe haarscharf, genau, wie er es ebenso, und schlechterdings nicht anders haben wollte, ausgeführt, mit einem Eifer, mit Liebe, Folgsamkeit und einer Pietät, die nur solch glühenden Verehrern seines erhabenen Genius entstammen konnte.»[21]

Auch wenn das eine verdächtig rosige Beschreibung des Verhältnisses zwischen dem fordernden Komponisten und den manchmal von seiner neuesten Musik verwirrten Interpreten zu sein scheint, wird Beethoven sicherlich das Ausmaß der zur Verfügung stehenden Probenzeit geschätzt haben. Und die Musiker hatten allen Grund, für eine feste Anstellung dankbar zu sein, während im Hintergrund Napoleon weiterhin für Unruhe in Europa sorgte und 1809 Wien zum zweiten Mal angriff.

Im Oktober 1994, eine Woche vor unserem Konzert an der Universität von Chicago, wandten wir unsere Aufmerksamkeit dem langsamen Satz von Opus 59, Nr. 2 zu. Laut Beethovens Klavierschüler Carl Czerny war Beethoven zu dieser in E-Dur komponierten ätherischen Musik inspiriert worden, «als er einst den gestirnten Himmel betrachtete und an die Harmonie der Sphären dachte».[22] Auf einem guten Instrument bringt jede Tonart unterschiedliche Klangfarben hervor – E-moll entlockte der Mailänder Guadagnini einen besonders leuchtenden Ton.

Nachdem Fay den wunderbaren Entschluss gefasst hatte, die Geige für meinen Gebrauch zu kaufen, konnte ich jetzt ausgiebig ihre klanglichen Möglichkeiten erkunden, in dem sicheren Bewusstsein, dass ich sie Jim Warren nicht zurückgeben musste.

Das Molto Adagio war einer der wenigen Streichquartettsätze, an die ich mich erinnerte, dass ich sie als Teenager in einem Konzert gehört hatte; es wurde vom Allegri-Quartett in der Guildhall in Cambridge aufgeführt. Wenige Minuten nach Beginn des langsamen Satzes spielte der Erste Geiger, Peter Carter, eine einfache, aufsteigende Tonleiter, während die anderen drei darunter einen Akkord aushielten. Carter stieg höher und höher und spielte eine Note länger als die anderen, so als widerstrebe es ihm, sie loszulassen, bevor er wieder abzusteigen begann. Der Akkord steigerte die Schönheit dieser melodischen Linie: Einige Töne der Geige harmonierten mit dem Akkord, andere, dissonante, rieben sich daran und erzeugten eine bitter-süße Atmosphäre. Als ich zwölf Jahre später die gleiche Passage in meiner Wohnung in Boulder übte, versuchte ich, Peter Carters abgeklärtem Spiel nachzueifern. Aber ohne die anderen Stimmen war meine Melodie nur eine E-Dur-Tonleiter. Zu oft brachte mich ein ungeschickter Bogenwechsel oder ein Lagenwechsel der linken Hand mitten in der Phrasierung zum Stocken. Die Unzufriedenheit mit meinen eigenen Bemühungen wurde noch größer, wenn ich an Czernys Bericht über die Sterne und Peter Carters sublimes Spiel dachte. Es fiel mir schwer, auf Verlangen eine angemessene ätherische Atmosphäre zu schaffen.

Beethoven verwendete E-Dur in zwei Vokalwerken, um Texte zu vertonen, die sich auf Sterne bezogen. In der Arie «Komm, Hoffnung» aus seiner Oper *Fidelio*, die in der ersten Fassung 1805 vollendet wurde, besucht Leonore, als Knabe Fidelio verkleidet, ein Gefängnis, wo sie den Verdacht hegt, dass ihr Mann Florestan als politischer Gefangener festgehalten wird. Nachdem sie die Pläne des Gouverneurs mitbekommen hat, Florestan zu töten, singt sie: «Abscheulicher! Wo eilst du hin? Was hast du vor in wildem Grimme?» Die Musik geht auf E-Dur, als sie fleht:

> Komm, Hoffnung! Lass den letzten Stern
> Der Müden nicht erbleichen!
> Erhell mein Ziel, sei's noch so fern,
> Die Liebe wird's erreichen.

1820 verband Beethoven noch einmal E-Dur mit den Sternen, als er Heinrich Goebels Gedicht «Abendlied unterm gestirnten Himmel» (WoO 150) vertonte. Die Vorahnung der Sterblichkeit wurde durch den Gedanken erleichtert:

> Bald hab' ich das Ziel errungen,
> Bald zu euch mich aufgeschwungen,
> Ernte bald an Gottes Thron
> Meiner Leiden schönen Lohn.

Ich empfand die Vorstellung, dass Leonore neue Hoffnung schöpft, die Idee der Liebe, die letztlich über politische Unterdrückung triumphiert, als hilfreiches Bild für eine Oper, deren erste Aufführungen vor den Offizieren von Napoleons Besatzungstruppen stattfanden – ein Bild, das eher die Hoffnung als den Verlust betont. Das war übrigens auch im Einklang mit meiner eigenen Lage: Fays Kauf einer Violine für mich war der letzte Teil meines Abenteuers mit den Takács', und lediglich ein Jahr, nachdem ich nach Boulder gezogen war, um mich dem Quartett anzuschließen, hatte mich die Begeisterung über meine neuen Möglichkeiten ganz gefesselt.

Dieser zweite Satz hätte – im Vergleich zum ersten – nicht unterschiedlicher beginnen können: Statt zwei abrupten Akkorden, die vom ganzen Ensemble gespielt wurden, begann ich ruhig, allein. Nach und nach schlich sich jedes Instrument ein – Karcsi, Gábor und schließlich András –, bis wir alle einen Choral spielten.

Beethovens Angabe *Si tratta questo pezzo con molto di sentimento* («Dieses Stück sollte mit großem Gefühl gespielt werden») war ein weiteres Zeichen für seinen Wunsch, den persönlichen Ausdruck in den «Rasumowski»-Quartetten zu steigern: Diese Angabe erhöhte die Verantwortung, mit mehr Tiefe und aufrichtigem Gefühl zu spielen, und trug nicht gerade zur Muskelentspannung bei, als ich bei der Probe versuchte, mit einem zarten Solo zu beginnen – mein Bogen hüpfte ein paar Mal auf der Saite, bevor er gegen das Griffbrett rutschte, wie ein Stein, der kurz über das Wasser gleitet, bevor er in der trüben Flut versinkt.

«Versuche auszuatmen, bevor du spielst, dann kannst du dich hineinsinken lassen», schlug András vor. Doch indem ich den Atem anhielt, trat die Muskelanspannung an anderer Stelle auf, das machte die Bogenkontrolle noch schwieriger.

Nach dem wilden Tempo voller rhythmischer, harmonischer und dynamischer Wechsel im vorhergehenden Satz war die Musik hier auf das Wesentliche reduziert – einfache Akkorde, die sich gerade noch so vorwärtsbewegten, dass die Musik nicht stockte.

Nach der ersten Phrasierung unterbrach Gábor: «Ich glaube, das fühlt sich zu langsam an.» Es war schwer, den Unterschied zwischen ehrfürchtigem Staunen und Schläfrigkeit umzusetzen.

«Spielen wir doch erst einmal mehr, es ist so ein langer Satz», sagte Karcsi.

«Ed, du musst nicht jeden Notenwechsel mit deiner Körpersprache betonen. Das hebt zu sehr die Vertikalen hervor statt der einen horizontalen Linie. Versuche in längeren Phrasierungsbögen zu denken», fuhr András fort.

«Können wir es vielleicht ein bisschen schneller versuchen?», fragte ich.

«Spielen wir und reden wir nicht zu viel.» Entschlossen hob Karcsi seinen Bogen über der Saite.

Wir versuchten es noch einmal. Nach etwa fünfzehn Sekunden hatte ich das Gefühl, dass wir verstimmt klangen. Wenn man mit Klavierbegleitung spielt, ist die Intonation eine wenig strittige Angelegenheit; Streicher müssen einfach nach der festgelegten Tonhöhe stimmen. Aber in einem Streichquartett gibt es keine absoluten Wertigkeiten, auf die man sich verlassen kann; bei jedem Ton könnte man über seine Höhe diskutieren. Wir versuchten, so gut wie möglich nach dem Bass zu stimmen, aber das bedeutete, dass die Stimmung von András' Cello der genauesten Prüfung unterzogen wurde.

«Kannst du das B ein bisschen höher spielen?», fragte ich.

«Ich könnte, aber ich glaube, du solltest dein Gis etwas tiefer nehmen. Es ist der dritte Ton im Akkord, und der klingt meistens zu hoch.»

«Es wird besser, je öfter wir spielen», sagte Karcsi.

Wir fingen noch einmal an, aber ich hatte zu viele Fragen, um Freude am Spielen zu haben. Sollten wir uns um einen luftigen, schwebenden Klang bemühen oder um eine etwas dunklere Färbung? Wie viel Vibrato sollten wir anwenden und was für eines? Jeder von uns machte etwas anderes.

Wir kamen zu einem neuen Thema von Cello und Bratsche. Für mein Ohr übertrieb András den Rhythmus. Er erzeugte einen ruckartigen, kantigen Effekt. «Das klingt zu militärisch, es singt nicht genug.»

«Genau das will ich. Ein General, der stolz darauf ist, Napoleon zu schlagen.»

«Bist du sicher?», fragte Karcsi. «Ist es nicht erhabener?»

«Das *ist* erhaben.»

«Egal», fuhr ich dazwischen. «Napoleon hat jedenfalls alle anderen geschlagen.»

Gábor wollte etwas sagen, aber sein ständiges Husten hinderte ihn daran. Er verließ den Raum, um sich ein Glas Wasser zu holen.

Es kann entmutigend sein, wenn man für ein sorgfältig durchdachtes Solo zu viele Ratschläge von den Kollegen bekommt. Wir hatten einen dieser Tiefpunkte erreicht, die es bei einer Probe manchmal gibt, wenn trotz des aufrichtigen Wunschs jedes Einzelnen, Fortschritte zu machen, das schonungslose Diskutieren über technische und musikalische Probleme einen lähmt und frustriert. Als Gábor zurückkam, waren wir für Karcsis Vorschlag, den Satz einmal ganz durchzuspielen, eher offen. «Der Erste, der unterbricht, muss einen Drink ausgeben», warnte er boshaft. Nach einer solchen Probe schien eine Geldstrafe weniger abschreckend als die Notwendigkeit, noch mehr Zeit miteinander zu verbringen.

Nachdem wir aller Verantwortung enthoben waren, unser Spiel durchzudiskutieren, konzentrierte ich mich darauf, auf das zu reagieren, was ich rings um mich hörte. Jetzt verstand ich auch das Motiv für András' Herangehen an die Generalsmelodie, und ich freute mich an dem erhabenen Charakter. Vielleicht gestaltete er auch als Reaktion auf unsere Kritik den Rhythmus etwas weniger aggressiv. Diese Art zu proben mochte ich: zuzulassen, dass die Kritik der anderen das Spiel mehr beeinflusst als bei einer Diskussion, die gleich zu Beginn stattfindet. Oft genügte es, die Vorstellungen zu artikulieren, um eine Interpretation weiterzuentwickeln, auch wenn die Differenzen nicht verbal geklärt wurden.

Durch das Spielen eines längeren Abschnittes waren wir gezwungen, uns darauf zu konzentrieren, die Melodien vom anderen so nahtlos wie möglich zu übernehmen, statt zu unterbrechen und vorzuschlagen, wie jeder seine Interpretation verbessern könnte.

Wir versuchten, Klangfarbe und Phrasierung aufeinander abzustimmen, während wir den Gesichtsausdruck und die Körpersprache im Auge behielten – sie waren Anhaltspunkte für das, was jeder zum Ausdruck zu bringen versuchte. Ich mochte es, wie Gábor einen wiederholten Rhythmus mit ruhig-beharrlichem Bogenstrich spielte. Zunächst schien er sich der Dynamikanweisung *mancando* («mit abnehmender, hinschwindender Lautstärke») zu widersetzen, während András' hohe Melodie im Cello sich aus der möglichen Kapitulation der Bratschenstimme löste. In dieser langsamen Musik, wo Crescendi und Diminuendi dynamische Veränderungen waren, die sich oft über einen längeren Zeitraum hinzogen, war es von der dramatischen Gestaltung her weniger interessant, einer Veränderung zu leicht nachzugeben als zögernd damit zu beginnen – eine Modifikation, die fesselnder ist, wenn sie anfangs hinausgezögert wird.

Nach einer vor allem idyllischen Musik war ich von einer Passage gegen Ende des Satzes überrascht, bei der der Anfangschoral wieder einsetzte, doch dieses Mal fortissimo, mit zusätzlichen Akzenten in der Mitte jedes Taktes; dadurch wurde die Gestalt der Melodie unterbrochen. War das ein Moment der

Ekstase? Oder ein wütendes Wachrütteln der Idylle? Diese Passage schien den heiteren Charakter des größten Teils des Satzes auf die Probe zu stellen – so wie das Klagelied zwischen Karcsi und Gábor an einem ähnlichen Punkt im ersten Satz eine Alternative zur vorangegangenen Unruhe geboten hatte, oder wie die langsame Wiedergabe des Volksliedes kurz vor Ende des ersten «Rasumowski»-Quartetts die Melodie für einen Augenblick auf ihren originalen, melancholischen Charakter zurückgeführt hatte. Wie dominant auch immer die vorherrschende Stimmung sein mag, es war, als habe sich Beethoven vor einer zu einfachen Charakterisierung gehütet, gestand er seinen Hörern doch niemals zu, den emotionalen Duktus seiner Musik als selbstverständlich hinzunehmen.

Die langen Passagen dieses langsamen Satzes verlangten jedenfalls einen außerordentlich starken Gemeinschaftsgeist. Ich fand es daher hilfreicher, das «große Gefühl», das Beethoven verlangte, eher in Bezug auf unsere Haltung zueinander zu sehen. «Dieses Stück soll voller Dankbarkeit gespielt werden und nicht von exzessiven Diskussionen begleitet sein»: das wäre eine nützlichere Anweisung gewesen. Als ich mich darauf konzentrierte, die nahtlos ineinander übergehenden Melodiebögen aufzugreifen und weiterzugeben, wie Beethoven sich das vorstellte, hoffte ich, dass ich die Erleichterung, die sich nach der Rastlosigkeit des ersten Satzes einstellt, genießen und auch vermitteln konnte.

Wir waren nicht in der Lage, uns anzublicken, und spielten, weil wir uns nichts anderes vorstellen konnten. Es gab immerhin eine Chance, dass wir doch noch nach Chicago fahren würden. Wir vollzogen in unserem Spiel alle Bewegungen des Satzes nach, aber «wir» waren unwiederbringlich zerbrochen. Zutiefst waren wir von Gábors Mitteilung getroffen. Die Musik war kein Trost, ihre Heiterkeit war so kantig wie die Bergkette der Flatirons, die sich stumpf in den unbarmherzig blauen Himmel reckte. Auf den Wegen des Campus widersetzten sich die Läufer und Radfahrer im aerodynamischen Outfit fröhlich dem bevorstehenden Herbstbeginn, und ihre Herz-Kreislauf-Darbietungen erreichten neue Höhepunkte, während sie ihre leistungsstarken Körper immer noch mehr antrieben.

Die Ärzte schätzten, dass Gábor noch zwei bis sechs Monate zu leben hatte, wenn sich die Ergebnisse der ersten Untersuchungen bestätigten. Seine Lungen und Knochen waren vom Krebs befallen. Nachdem wir die Probe des Molto adagio beendet hatten, fuhr Gábor nach Hause in seine Wohnung. Er legte seine sorgfältig gehüteten Noten in einen Aktenschrank und seine Bratsche in ihren Kasten auf ein Regal, um nie mehr darauf zu spielen.

Beethovens Musik schien an diesem Tag unbedeutend, sie passte so wenig, wie das für einige ihrer ersten Interpreten und Zuhörer der Fall gewesen war. Vergiss die Sterne, Leonore, vergiss die idyllische Bergszene – von jetzt an würde ich diese Musik mit dem Entsetzen in Gábors Augen verbinden.

Lange Zeit hatte ich mich wegen meines Talents überlegen gefühlt. Wenn Musik das Gefühlsleben mehr berührt als jede andere Kunstform, dachte ich, dann musste ich deshalb empfindsamer sein als die meisten. Doch während der folgenden Monate, als sich Gábors Zustand verschlechterte, wurde die Musik zu etwas, hinter dem man sich verstecken konnte. Eine Möglichkeit, Gefühlen auszuweichen.

Ich nahm meine Geige aus dem Kasten, stimmte das Instrument, spielte Tonleitern, Etüden, hielt meine Finger in Form, legte die Geige zurück, ging zur Probe, packte die Geige wieder aus, übte mit Karcsi, András und Ersatzbratschern: Alles trug zu einem fadenscheinigen Gerüst bei, konstruiert, um durch den Tag zu kommen. Mein bevorzugtes musikalisches Unternehmen richtete sich auf Buch I von Henry Schradiecks *Schule der Geigentechnik: Übungen zur Förderung der Fingerfertigkeit in den verschiedenen Lagen*. Dieses wahre Kamasutra der Geigentechnik für die linke Hand konnte mit so wenig Gefühl wie möglich gespielt werden. Immer und immer wieder führten die Finger denselben Drill aus, ohne Gefahr zu laufen, dass es auf der nächsten Seite einen unvorhergesehenen Stimmungswechsel gab.

Das Konzert an der Universität von Chicago sagten wir ab; mit der Hilfe der freundlichen und erfahrenen Bratschisten Louise Williams, Erika Eckart und Zoltán Tóth kamen wir jedoch einigen unserer Verpflichtungen nach. Bisweilen war es eine perverse Befriedigung, in der kraftvollen und stolzen Stimmung eines Haydn-Finales zu schwelgen und sich anschließend mit geheucheltem Lächeln zu verbeugen, um den Beifall am Ende einer Aufführung entgegenzunehmen. Wer hätte gedacht, dass ein Konzert zu einer Übung in Scheinheiligkeit werden kann? Ich war dankbar – und manchmal auch beschämt –, dass die strukturierten Konzerttage angesichts möglicher Gefühlsentgleisungen Form und Rhythmus gaben. Auch wenn Gábor darauf bestand, dass wir ohne ihn probten und auftraten, schien es manchmal herzlos, dass das Leben des Quartetts unbeirrt weiterging.

Jetzt schätzte ich Dinge, die ich bereits kannte. Als wir zur Wigmore Hall zurückkehrten, hieß uns der Direktor, William Lyne, wie immer willkommen und sorgte nach dem Konzert für Aufmunterung. Es war für uns eine angenehme Vertrautheit und hilfreiche Ablenkung, mit Peter und Diana Held und Adele Schottlander zusammen zu sein – treuen Freunden des Quartetts, die uns bei sich zu Hause unterbrachten, wann immer wir in London waren. Christa Phelps, unsere Generalmanagerin, die seit 1983 eine immens wichtige Rolle beim Karriereaufbau des Quartetts gespielt hatte, war der ruhende Pol, und sie schaffte es, ihre Sorgen und Ängste zu verbergen, während sie hart dafür arbeitete, die Verbindung zu den Konzertveranstaltern aufrechtzuerhalten, die natürlich unsicher waren, was das Überleben des Quartetts anbelangte.

Nach einem notwendigerweise raschen Suchverfahren – etliche Konzertveranstalter und Manager vor Ort weigerten sich, zukünftige Engagements zu garantieren, bevor wir nicht einen hauptamtlichen Bratschisten einstellten – waren wir im Februar 1995 wieder in Fays Haus mit unserem neuen Bratschisten, Roger Tapping, den ich zum ersten Mal spielen sah, als er Student an der Cambridge University war. Als Mitglied des Raphael Ensembles und des Allegri-Quartetts hatte er jahrelange Kammermusikerfahrung. Roger hatte unmittelbar einen beruhigenden Einfluss. Seine hohe Konzentration in den Konzerten wurde durch seine liebenswerte und mitfühlende Art jenseits der Bühne ergänzt. Nachdem wir in Fays Wohnzimmer gespielt hatten, sagte sie mit gequältem Lächeln zu ihm: «Ich freue mich zu hören, dass du bereits eine so wohlklingende Bratsche hast.» Als Roger zwei Jahre später eine kraftvolle Amati-Viola fand, die besser mit den anderen Instrumenten des Quartetts harmonierte, schrieb er an Fay, ob sie sich vorstellen könne, ihr Streichquartett zu vervollständigen. Sie stimmte dem Kauf der Amati zu, und als sie ihn beim nächsten Mal sah, kommentierte sie das in ihrer typisch kurzen Art: «Guter Brief.»

Selbst als Gábor mit verschiedenen medizinischen Behandlungsformen zu kämpfen hatte und an Energie verlor, lud er Roger in seine Wohnung ein. Unbedingt wollte er ihm jede hilfreiche Information über seine Zeit im Takács-Quartett weitergeben und sich versichern, dass unser Ensemble eine Zukunft hatte.

Bei unseren Konzerten in Boulder hielt sich Gábor hinter der Bühne auf, um das Quartett in seiner neuen Zusammensetzung zu hören, aber er war besorgt, er könnte die Zuhörer mit seinem Husten stören. Ganz darauf bedacht, uns in jeder nur möglichen Form zu helfen, zeigte er mir nach einem solchen Konzert eine Stelle in der Partitur, wo wir, wie er mir vorschlug, unseren Bogenstrich besser koordinieren könnten. Fast zwanzig Jahre lang hatte er sich dem Takács-Quartett gewidmet, er war ein wesentliches Element ihrer frühen Erfolge gewesen, hatte den aufregenden und auch schmerzlichen Umzug der Gruppe von Budapest nach Boulder durchgestanden und mir im Sozialen und im Musikalischen geholfen, ein Teil des Quartetts zu werden. Als ich ihn zum letzten Mal sah, wechselte er bei der Frage nach seinem Zustand rasch das Thema. «Ich mag Roger wirklich», sagte er mit einem Lächeln. «Das Quartett wird's gut machen.»

Gábor starb am 7. Juli 1995, sieben Monate nach der ersten Diagnose.

Als wir Opus 59, Nr. 2 zum ersten Mal nach seinem Tod aufführten, war ich überrascht, dass ich mich in Gesellschaft einer Musik befand, die, wenn auch nicht gerade ein alter Freund, so doch wenigstens ein Gefährte war, dessen Exzentrik beruhigend vertraut war. Die heftigen Emotionen des ersten Satzes entmutigten mich weniger, und so stürzte ich mich gleich in die Anfangsakkorde und in den dramatischen C-Dur-Höhepunkt der Durchführung. Was konnte mich denn noch in einem Musikstück schrecken – verglichen mit dem Verlust, den wir erlitten hatten? Als wir den halsbrecherischen Schluss des ganzen Quartetts erreichten, hatte ich keine Angst mehr, die Kontrolle zu verlieren. Die veränderte Sichtweise hatte mir den Mut gegeben, den die Musik verlangte. Im Molto adagio spürte ich die Ironie von Rogers «Mancando»-Bratschenmelodie, die langsam verging, wie vom Komponisten verlangt, und doch zeigte sie den zaghaften Anfang einer musikalischen Linie zwischen Vergangenheit und Zukunft auf – ein Weg, zu trauern, und gleichzeitig eine Möglichkeit, mit unserem Verlust fertigzuwerden.

Mein Ärger über das Molto adagio, als wir es zuletzt mit Gábor spielten, erinnerte mich an die Erfahrungen derer, die als Erste den Streichquartetten Opus 59 begegneten und anfangs auf je eigene Weise von einer Musik enttäuscht waren – oder empört über sie –, von der sie sich etwas anderes wünschten. Aber während ich über die unpassende Gelassenheit schimpfte, die für unsere Situation so ganz und gar ungeeignet war, schimpften jene Hörer, die Beethovens Werke aus seiner mittleren Schaffenszeit ablehnten, weil die Musik zu traumatisch war – voller bizarrer und scheinbar gesetzloser Kontraste, die unvorhersehbare Gefühle auslösten. Unser gemeinsames Missbehagen rührte daher, dass wir von dieser Musik erwarteten, ganz unmittelbar eine Funktion zu erfüllen; wir wünschten von ihr, dass sie einen Gefühlszustand bestätigte, während sie ihn viel eher infrage stellte.

Obwohl die Quartette Opus 59 von jenen Spielern und Hörern bald mehr geschätzt wurden, die auch bereit waren, ihnen eine zweite Chance zu geben, brachte eine Kritik in der *Allgemeinen musikalischen Zeitung* über Beethovens nächstes Quartett, das 1809 komponierte Opus 74, beharrliche Vorbehalte gegenüber seiner kompositorischen Entwicklung zum Ausdruck. In seiner Rezension von 1811 beklagte der Kritiker die Tatsache, dass Beethoven die gefällige Linie der Streichquartette Opus 18 nicht fortgesetzt habe, und er sah dieses letzte Quartett als unglückselige Weiterführung von Auswüchsen an, wie sie in den «Rasumowski»-Quartetten vorherrschten. Eine «treffliche» langsame Einführung zum Beispiel verliere sich «in einen unnötigen Wirrwarr harter Dissonanzen», während der dritte Satz den Hörer «unter die kriegerischen Tänze einer wilden Nation» versetze.

Das Stück war unter schwierigen Umständen geschrieben worden. Beethovens kompositorische Linie war durch Napoleons Invasion in Wien im Juli 1809 unterbrochen worden. «Welch zerstörendes wüstes Leben um mich her nichts als trommeln Kanonen Menschen Elend in aller Art», schrieb er Ende Juli an seinen Verleger Breitkopf.[23] Aber für den Kritiker von Opus 74 hatte ein Streichquartett nicht die Aufgabe, Aufruhr und Elend zu spiegeln – eine Gattung, die «nicht den Zweck haben kann, die Todten zu feyern oder Gefühle des Verzweifelnden zu schildern, sondern das Gemüth durch sanftes, wohlthuendes Spiel der Phantasie zu erheitern».[24]

Jeder, der hoffte, durch Beethovens nächstes Streichquartett, Opus 95, aufgeheitert zu werden, wäre unmittelbar von seinem Titel «Quartetto serioso» enttäuscht worden. Beethoven komponierte dieses kompromisslos knappe und intensive Werk im Jahre 1810. Obwohl es im Mai 1814 in Wien aufgeführt wurde, machte Beethoven später den englischen Musiker Sir George Smart darauf aufmerksam, dass das Quartett für ein erlesenes Publikum von Kennern gedacht sei und nicht in einem öffentlichen Rahmen aufgeführt werden sollte.[25]

Es dauerte schließlich vierzehn Jahre, bis Beethoven sein Streichquartettprojekt wieder aufgriff, und als er es tat, zeigte sich, dass seine fortschreitenden Neuerungen hinsichtlich Form und emotionalem Inhalt den Zuhörern noch mehr abverlangten – nach deren Anerkennung er sich gleichwohl sehnte.

1813 reagierte Beethoven auf die Lästermäuler, die seine jüngsten Kompositionen schlecht machten, und zeigte ihnen, dass er sehr wohl in der Lage war, einen Ohrwurm zu liefern, wenn die Umstände es verlangten. Nach dem Sieg Arthur Wellesleys, Duke of Wellington, am 21. Juni jenes Jahres über die Französische Armee in Vittoria, Spanien, trat Johann Nepomuk Mälzel, der Erfinder ungewöhnlicher Musikinstrumente, an Beethoven mit dem Vorschlag heran, ein Stück für sein «versatiles Panharmonikon» zu komponieren, das viele Instrumente und Klänge imitieren konnte, darunter Kanonendonner und Gewehrschüsse. Mälzel schlug vor, die Melodie von «God Save the King» als passende Anerkennung für den Sieg des Herzogs mit einzubeziehen. Das Stück wurde «Wellingtons Sieg oder Die Schlacht bei Vittoria» oder die «Schlachtensinfonie» genannt. Wie Beethoven es mit dem Einbeziehen russischer Volkslieder in den «Rasumowski»-Quartetten sieben Jahre zuvor getan hatte, führte er den Auftrag mit Elan aus. Offensichtlich genoss er es außerordentlich, für einen bestimmten Anlass Musik zu schreiben.[26] Für den Fall, dass die Hörer den Ablauf des Stückes nur mit Schwierigkeit verfolgen konnten, versah er die fünf Teile mit Titeln: *Lied! Rule Britannia – Marlboro s'en va-t-en guerre – God Save the King – Schlacht – Siegessinfonie.*

Die «Schlachtensinfonie» wurde im Dezember 1813 begeistert aufgenommen. Von zwei Konzerten wurden 4006 Florins gesammelt, um verwundeten österreichischen und bayerischen Soldaten zu helfen. Beethoven war begierig darauf, aus der Popularität des Stückes Kapital zu schlagen, daher plante er Anfang 1814 verschiedene weitere Aufführungen für seinen persönlichen finanziellen Gewinn. Alle diese Konzerte wurden in dem riesigen Redoutensaal des Kaiserpalastes in Wien gegeben. Beethovens persönlicher Sekretär, Anton Schindler, berichtete:

> «Erst in diesem Raume bot sich Gelegenheit dar, die mancherlei Intentionen bei der Schlacht-Sinfonie in Ausführung zu bringen. Aus langen Corridoren und entgegengesetzten Gemächern konnte man die feindlichen Heere gegen einander anrücken lassen, wodurch die erforderliche Täuschung in ergreifender Weise bewerkstelligt wurde.»[27]

Ja, es waren wirklich vielschichtige Ereignisse. Am 29. November 1814 nahmen der Zar Alexander, die Kaiserin von Russland, der König von Preußen, der Prinz von Sizilien und andere königliche Mitglieder im Redoutensaal an einem Galakonzert mit annähernd dreitausend Zuhörern zu Ehren Beethovens teil. Der Wiener Kongress war seit zwei Monaten in vollem Gange, es gab extravagante Feste, Bälle, romantische Liebschaften, Bankette, Konzerte, Theateraufführungen, Schlittenfahrten und Jagdpartien. Tausende waren nach Wien gereist, um Zeugen dieses Spektakels der europäischen Führung zu werden, die das Ende von Napoleons Herrschaft feierte. Wieder wurde die Schlachtensinfonie mit enthusiastischem Applaus aufgenommen; die ahnungslosen Zuhörer konnten sich noch nicht vorstellen, dass Napoleon nur drei Monate später seiner Verbannung auf der Insel Elba entkommen und die Feindseligkeiten wieder aufnehmen würde.

Während des Kongresses wurde Beethoven als Berühmtheit gefeiert, zweifellos zur großen Zufriedenheit seiner Gönner. Fürst Lichnowsky war im April 1814 gestorben, aber wie Anton Schindler berichtet, stellte Graf Rasumowski den berühmten Komponisten den Herrschern Europas vor.[28] Bis zum Ende des Jahres hatte Beethoven von vielen Monarchen so großzügige Zuwendungen bekommen, dass er einen Teil seines Kapitals in österreichischen Bankaktien anlegen konnte.[29]

Beethovens Erfolg war für seinen treuen Mäzen wahrscheinlich genauso erfreulich wie die Ehrenrettung Rasumowskis wegen seiner anti-napoleonischen Haltung. Dessen Position beim Wiener Kongress war so herausragend, dass ein Berichterstatter ihn weiterhin als russischen Gesandten bezeichnete (ein Posten, den inzwischen von Stackelberg innehatte):

> «(Der Palast) war in der Tat eine fürstliche Wohnung. Man bewunderte sie als eine der geräumigsten und prächtigsten in Wien. (...) Mit der Eröffnung des Kongresses hatte Alexander sie mehrmals von seinem Gesandten entlehnt. In diesen weitläufigen Saalreihen hatte er einige jener glänzenden Feste gegeben, die an Pracht dem des österreichischen Hofes wenig nachgaben; hier hatte er, an einem Tisch von 700 Kuverts, die vornehmsten politischen Größen von ganz Europa vereinigt.»[30]

Sein gesellschaftlicher Erfolg war für Rasumowski ein gewisser Ausgleich für die Schwierigkeiten, mit denen er als Vertreter Zar Alexanders I. zu kämpfen hatte. Trotz der vielen Einladungen, die er in seinem Palais gab, konnte sein gesellschaftliches Geschick nicht die Tatsache überdecken, dass man Alexander unter den versammelten Delegierten mit Misstrauen begegnete. Kaum war der Zar in Wien eingetroffen, schlug er vor, ihn zum König eines erweiterten Polens zu machen; das zusätzliche Land sollte von Preußen und Österreich genommen werden. Alexander demonstrierte darüber hinaus seine diplomatischen Fähigkeiten, indem er sein Schwert auf einen Tisch warf und den österreichischen Minister, Fürst

Klemens von Metternich, zum Duell herausforderte. Der Vertreter des geschlagenen Frankreich, der Außenminister Charles-Maurice de Talleyrand, ergriff die Gelegenheit und wurde zu einem der einflussreichsten Diplomaten in Wien; mit großem Geschick machte er seinen Verhandlungspartnern klar, dass Russland und nicht Frankreich die größte Bedrohung für Europas Stabilität darstelle. Am 3. Januar 1815 unterzeichneten daraufhin England, Österreich und Frankreich ein geheimes Verteidigungsabkommen gegen Russland und Preußen.

Als vier Tage zuvor siebenhundert Gäste am Abend des 30. Dezember im Palais Rasumowskis versammelt waren, hatte man die Feindseligkeiten beiseitegeschoben, doch in den frühen Morgenstunden des 31. Dezembers kam es, nachdem die Gäste gegangen waren, zu einer Katastrophe. Der Graf hatte, um die vielen Zecher unterzubringen, das Gebäude um einen zusätzlichen Behelfsbau erweitert, der durch eine Heizröhre mit dem Palais verbunden war. Das französische Heizsystem, das mit Heißluft betrieben wurde, erhitzte die Rohre in den Wänden so sehr, dass die Holzkonstruktion in Flammen aufging. Rasch verbreitete sich das Feuer in den Hauptsälen des Gebäudes, wie sich ein zeitgenössischer Augenzeuge erinnert:

> «In Zeit von wenigen Stunden waren mehrere Zimmer dieses prächtigen Etablissements, an welches sein Schöpfer seit 20 Jahren alles, was Pracht, Kunstsinn und Liberalität vermögen,

> verwendete, ein Raub der wüthenden Flammen. Darunter befanden sich auch die kostbare Bibliothek und der unschätzbare Canova-Saal, welcher ganz mit Bildsäulen dieses Meisterkünstlers angefüllt war, die nun durch die einstürzende Decke des Zimmers zertrümmert wurden.»[31]

Die Kunde von der Katastrophe verbreitete sich rasch, und die Wiener Polizei musste die Menschenmassen zurückdrängen, die von dem dramatischen Schauspiel entsetzt, aber auch fasziniert waren. Die Diener Rasumowskis blieben, solange sie konnten, im Palais und warfen Kleidung, Silberzeug, Gemälde, Spiegel und Bücher von den oberen Stockwerken herunter. Vieles davon zerbrach beim Aufprall, war ruiniert in dem vom Löschwasser verursachten Matsch oder wurde von Plünderern weggetragen. Zwei Kaminkehrer, angespornt durch das Versprechen auf eine Belohnung für die Rettung wertvoller Dokumente, stürzten zu Tode, als die sengende Hitze die Kupferschicht vom Dach blies.

Obwohl Rasumowski begann, das Gebäude mithilfe eines Darlehens des Zaren wieder aufzubauen, hatte er seine Schulden bald nicht mehr im Griff. Der Graf konnte das Schuppanzigh-Quartett nicht länger halten. Bald entließ er die Gruppe. Trotz finanzieller Nöte garantierte er den Musikern eine Pension – seine letzte großzügige Geste als Förderer der Künste. Im November 1815 verlieh Zar Alexander Rasumowski den Fürstentitel in Anerkennung seiner Dienste während des Wiener Kongresses.

1823 kehrte Ignaz Schuppanzigh nach siebenjähriger Abwesenheit aus Sankt Petersburg zurück, er stellte seine Freundschaft mit Beethoven wieder her und erneuerte sein Quartett. Der Geiger Karl Holz ersetzte Mayseder auf dem Platz der zweiten Geige. Gab es vielleicht eine neuerliche wohlwollende Annäherung zwischen den Musikern und ihrem früheren Mäzen? In den Konversationsheften, die die Leute benützten, um mit Beethoven in seinen späteren Jahren zu kommunizieren, wird Rasumowski, der oft verreiste, immer einmal kurz erwähnt. Er hatte nach nur fünf Jahren aufgehört, dem Cellisten Joseph Linke seine Pension zu bezahlen;[32] auch Schuppanzigh bekam die Zahlung laut Holz nur unregelmäßig. Karl Holz bemerkte dazu: «Mylord glaubt auch, daß es nicht Unwillen ist, zu zahlen; doch hat er jetzt wahrscheinlich kein Geld, wie es oft der Fall ist.»[33] Zwischen Beethoven und seinem alten Gönner scheint es wenig Kontakt gegeben zu haben. Beethovens Neffe berichtet seinem Onkel nur bei einer Gelegenheit, dass Rasumowski wieder in der Stadt sei, «aber ohne Geld».[34]

Rasumowski starb 1836. Gräfin Lulu von Thürheim, seine Schwägerin aus zweiter Ehe, wohnte während seiner letzten Jahre im Palais und führte Tagebuch. Im Sommer 1835 saß sie «an einem wunderschönen Fischteich in seinem Park und las ein Buch». Sie hörte Rasumowskis Stimme, wandte sich um und sah ihn am Ende einer Terrasse in seinem Rollstuhl sitzen; dabei fürchtete sie, er könnte ihren Kummer wegen seines Zustandes bemerken: «In dieser Zeit teilten wir so viele sorgenvolle Gedanken, für die es dennoch keine Worte gab.»[35]

Ob der Fürst bei den Quartetten, die er in Auftrag gegeben hatte, wohl Trost gefunden hätte? Ob jene Werke ihn aufgerichtet hätten, die ein so außerordentlich breites Spektrum an Emotionen zum Ausdruck bringen, einschließlich des Gefühls von Orientierungslosigkeit und seelischem Zwiespalt, von dem einige Hörer dachten, dass es kein Recht auf einen Platz in einem Musikstück habe? Vor einigen Jahren, es war 2009, lief ich auf der Suche nach dem Palais die Rasumofskygasse auf und ab. Hinter Eisengittern, umgeben von Wohnungen und Bürogebäuden, stand der einzig mögliche Kandidat: verfallen, aber noch zu erkennen. Ein aufgegebenes, vernachlässigtes, überlebtes Objekt, ohne Hinweis auf seinen vormaligen Glanz.

Und doch war ich ein paar Jahre später, an einem grauen Nachmittag im Februar 2015, überrascht, eine Veränderung an dem Palais festzustellen; das sah man gleich an der frisch gestrichenen klassizistischen Fassade. Zwei private Kunstsammler hatten das Gebäude gekauft und den österreichischen Architekten Johannes Baar-Baarenfels beauftragt, ihn in eine Kunststiftung und Privatresidenz umzubauen. Die Räumlichkeiten im Erdgeschoss waren für eine Kunstgalerie eingerichtet worden, während die obere Ebene jetzt zu einer von Terrassen umgebenen Penthousewohnung ausgebaut worden war – mit Blick auf Gärten und umliegende Gebäude. Rasumowski, der Neuerungen immer bewundert hatte, hätte an dem raffinierten System von schattenspendenden Sonnenschutzlamellen wohl seine Freude gehabt haben, bestimmt aber hätte er die Architekten über die Zuverlässigkeit des neuen Luftzirkulationssystems befragt. Nach zweihundert Jahren war also die ursprüngliche Funktion des Gebäudes in einigen Aspekten wiederhergestellt worden – auch wenn es nach wie vor ein merkwürdiger Schauplatz für einen G7- oder G8-Gipfel gewesen wäre.

Doch Rasumowski wäre erfreut gewesen, wenn er gesehen hätte, wie später an diesem Abend, im Zentrum von Wien, etwa vierhundert Menschen zusammenkamen – mehr als zweihundert Jahre, nachdem sein Palais gebrannt hatte –, um eine Aufführung des ersten Streichquartetts von Opus 59 zu erleben. Auch wenn das zeitliche Ausmaß der Musik und die Extreme ihrer emotionalen Kontraste – zumindest in dieser speziellen Interpretation – nicht ganz dem Geschmack eines Zuhörers in der ersten Reihe entsprachen, der bei den lebhafteren Teilen der zwei ersten Sätze noch breit lächelte, aber dann, in der Mitte des ausgedehnten langsamen Satzes, seine Uhr betrachtete und die Frucht dieser seiner Forschung der weiblichen Begleitung, die neben ihm saß, mitteilte.

«Ein Trauerweiden- oder Akazien-Baum aufs Grab meines Bruders», so mag wohl die Überschrift auf einem von Beethovens Entwürfen für diesen Satz gelautet haben, aber für diesen Herrn hatte das Molto adagio vielleicht ein bisschen zu viel Dauerkummer an einem einzigen Abend geliefert.

4
Rekreation: Opus 127

Ein fantasievoller Lichtdesigner hätte keine bessere Stelle in Franz Schuberts Streichquartett «Der Tod und das Mädchen» für einen Stromausfall wählen können. Schubert lotete den Kampf zwischen dem Tod und einem entsetzten Mädchen zuerst in seinem früheren Lied mit dem gleichen Titel aus. 1824 wandte er sich dem Thema im Quartett wieder zu – zu einer Zeit, als er schon an der Krankheit litt, die wahrscheinlich die Ursache für seinen Tod vier Jahre später war, und als Beethoven seine letzten Streichquartette in Angriff nahm. In Schuberts Quartett wird die endgültige Aufgabe des Mädchens gegen Ende des langsamen Satzes durch ein langsamer werdendes Pulsieren in der Bratschenstimme zum Ausdruck gebracht:

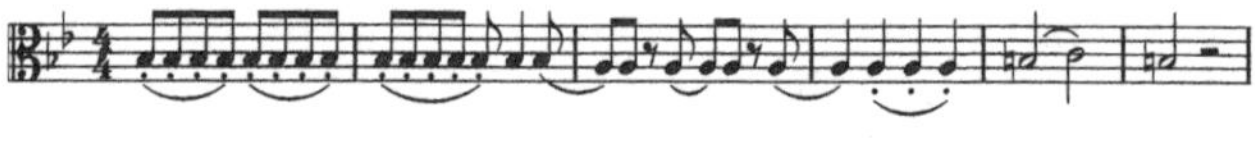

Als Roger das Ende dieser stockenden melodischen Linie erreichte, gingen die Lichter im Wohnzimmer des Hauses von Sasha und Thais Mark aus, die neben der National Cathedral in Washington D. C. wohnten. Im April 2000 hatten dreißig Freunde und Kollegen von Sasha einen großzügigen Eintrittsbeitrag für ein Hauskonzert bezahlt, um den Hilfsfonds des

Takács-Quartetts bei der Förderung unseres Projektes zu unterstützen, sämtliche Beethoven-Quartette aufzunehmen. Wären wir dreißig Sekunden früher in Dunkelheit getaucht worden, während eines aufwühlenden und rhythmisch komplexeren Teils, wäre die Musik rasch zum Stillstand gekommen; aber der ruhige Choral, der den Satz beendete, war leicht zu erinnern: einfache Akkorde, die in einem gleichförmigen Rhythmus gespielt werden.

Der Sinnesentzug erhöhte die Wahrnehmung. Obwohl der visuelle Austausch innerhalb des Quartetts und mit den Hörern kurz aufgehoben war, sorgte der Stromausfall an dieser Stelle für eine stärkere musikalische Verbindung zwischen den Interpreten und dem lauschenden Publikum. Die Dunkelheit intensivierte die körperlose Qualität der Musik und befreite die Aufführung für den Moment von den Äußerlichkeiten einer bestimmten Zeit und eines bestimmten Ortes.

Immer wenn wir mit einer Sitzung für eine CD-Produktion begannen, fragte ich mich, wie man die fehlende Unmittelbarkeit, die dieser Technik eigen ist, kompensieren kann. Der Prozess der Tonaufnahme für eine CD würde uns ganz von unseren Hörern loslösen, das Endresultat wird mindestens ein Jahr später elektronisch in Privathäusern oder Autos wiedergegeben, noch dazu viele Kilometer vom Aufnahmeort entfernt. Aber wenn die fehlende Sicht bei einem Hauskonzert die Hörerfahrung steigern kann, mag das vielleicht auch für eine CD zutreffen.

Kreisende oder schwingende Bewegung während eines Konzerts kann von der Musik ablenken. Eine verärgerte Hörerin hatte an unsere Londoner Managerin geschrieben und sich beschwert, dass der heftig hin und her pendelnde Fuß des Ersten Geigers ihr den Genuss des Konzerts verdorben habe. Sie drang darauf, dass ich meine ablenkende Gewohnheit unter Kontrolle bekäme, und drohte gleichzeitig, unsere Konzerte zu boykottieren, wenn wir ihr nicht kostenlos eine CD sendeten. Wenigstens war ich nicht der einzige Geiger, der solch eine Beschwerde provozierte. Der Musiker Johann Friedrich Reichardt hatte in seinen Kommentaren zu den Kammermusikkonzerten, die er 1810 hörte, viele Aspekte von Ignaz Schuppanzighs Spiel geschätzt, «nur störte er mich oft durch die hier allgemein eingeführte, verwünschte Art, mit dem Fuße Takt zu schlagen».[1]

Stampfende Füße, geräuschvolles Umblättern der Seiten, plötzliches Saitenstimmen und die Angewohnheit, die Augenbrauen mit einem nassen Taschentuch abzuwischen: das alles kann genauso ablenken wie das explosionsartige Aufhusten mit offenem Mund in einem hallenden Konzertsaal an einem Februarabend. Im Prinzip kann daher eine makellose akustische Umgebung ohne störende Einflüsse das konzentrierte Hören fördern. Und wenn unsere Förderer in Washington D. C. die Beethoven-CDs hören, haben sie womöglich noch mehr Freude daran, wenn sie sich klarmachen, dass sie das Projekt mit ihrer Großzügigkeit unterstützt haben – sofern sie mit dem Ergebnis zufrieden sind.

Die Jahrhundertwende war kein unproblematischer Zeitpunkt, um die Aufnahme eines weiteren Zyklus von Beethovens Streichquartetten in Betracht zu ziehen. Es gab ja bereits die wunderbaren Wiedergaben des Amadeus-Quartetts, des Hungarian Quartet, des Budapest Quartet, des Alban Berg Quartetts, des Cleveland Quartet, des Tokyo String Quartet, des Guarneri, Juilliard und des Emerson Quartet, um nur einige zu nennen. Als in den frühen Neunzigerjahren CDs die Schallplatten ersetzten, überschwemmten die Plattenfirmen den Markt mit neuen Aufnahmen von Standardrepertoire, aber der CD-Verkauf konnte die Produktionskosten nicht decken. Die Gewinnspannen der klassischen Labels, die oft nur Tochterunternehmen größerer Musikkonzerne waren, wurden einer genaueren Prüfung unterzogen, als Geschäftsführer und Manager versuchten, ihr Unternehmen zu verschlanken. Im September 1997 wurden die zwanzig Tontechniker, Ingenieure und Fahrer, die das fest angestellte Produktionsteam bei Decca bildeten, entlassen, denn ihre Muttergesellschaft Polygram versuchte, Geld zu sparen, indem sie Produzenten und Ingenieure auf freiberuflicher Basis beschäftigte. 1998 erwarb die Seagram Company, der weltweit größte Spirituosenhersteller, den Medienkonzern Polygram und kündigte weitere Entlassungen an. Aus Sorge um die Zukunft der weniger profitablen Projekte, etwa die Aufnahmen von Streichquartetten, drückte Evans Mirageas, der bei Decca für die Künstler und das Repertoire verantwortlich war, einen Vertrag für einen

Beethoven-Zyklus des Takács-Quartetts durch – eine seiner letzten Aktionen, bevor er beschloss, die Gesellschaft zu verlassen.

Dies war das erste Mal, dass wir aufgefordert wurden, irgendwelche Produktionskosten zu finanzieren, die mit einer Aufnahme verbunden waren. Decca bezahlte die ersten beiden der sieben Sitzungen – das reichte, um die Quartette Opus 59 und das Quartett Opus 74 aufzunehmen. Die Einspielungen stellten wir 2001 fertig. Doch um die Streichquartette Opus 18, Opus 95 und die späten Quartette aufzunehmen, hätten wir die Kosten für Hotelzimmer, die Saalmiete und für einen Toningenieur und einen Produzenten übernehmen müssen; das belief sich unserer Schätzung nach auf fast 100.000 Dollar. Auch wenn die finanziellen Vereinbarungen ein entmutigendes Hindernis zu sein schienen, entdeckten wir doch ein paar Vorteile, nachdem wir Unterstützer gefunden hatten, die bereit waren, uns zu helfen. Die Finanzierung von fast zwei Dritteln der Kosten ermöglichte uns mehr Kontrolle über das ganze Projekt. Wir konnten den von uns bevorzugten Ort bestimmen, mehr Zeit für jede Aufnahme einräumen und unsere wichtigsten Partner aussuchen: den Produzenten und den Toningenieur.[2]

In gewisser Weise spielt der Produzent einer Musikaufnahme eine ähnliche Rolle wie ein Theaterregisseur, der die Schauspieler durch jede Szene und Probe führt und sie bei der Gestaltung des Stückes unterstützt. Aber während der Regisseur die Darsteller auswählt, mit denen er seine Vision des Schauspiels umsetzen möchte, ist es die vorrangige Rolle des Musikproduzenten, den Musikern bei der Realisierung ihrer eigenen Interpretation der Musik behilflich zu sein. Der Toningenieur hat eine ebenso wichtige Aufgabe: Er liefert die Aufnahmetechnik und mischt den Klang. Während einer Sitzung ermöglicht der Ingenieur nicht nur die Aufnahme, sondern auch die Wiedergabe, das Playback, für das sich die Musiker in den Kontrollraum begeben, um ihre Arbeit zu bewerten.

Für die Beethoven-Aufnahmen baten wir den sehr angesehenen Produzenten Andrew Keener, mit uns zu arbeiten. Unser Bratscher, Roger Tapping, hatte früher sehr gerne mit ihm zusammengearbeitet, und unser bewährter Produzent bei Decca hatte sich kürzlich beruflich verändert. Toningenieur war Simon Eadon, einer der vielen ausgezeichneten Tontechniker, mit denen wir bei Decca zu tun hatten und der inzwischen seine eigene Firma führte. Um noch mehr Vorteile aus unserer neu gewonnenen Freiheit zu ziehen, gaben wir uns für jede CD-Aufnahme mehr Zeit. Die meisten Betriebe veranschlagen drei Tage für eine CD mit Musik von sechzig bis achtzig Minuten. Für den Beethoven-Zyklus gönnten wir uns großzügig fünf Tage pro CD und wählten als Aufnahmeort St George's Brandon Hill, eine Kirche in der Nähe von Bristol, in der keine Gottesdienste mehr stattfanden und die für ihre warme Akustik bekannt war.

Dank Sasha Marks Hauskonzerten und ähnlicher Initiativen von Freunden und Gönnern in Boulder konnten wir 2002 die Quartette Opus 18 einspielen. Als wir im Mai 2004 die Mittel aufgebracht hatten, die wir für die Komplettierung des Zyklus benötigten, bereiteten wir uns auf die Rückkehr nach Bristol vor, um das erste von Beethovens späten Quartetten, Opus 127, aufzunehmen.[3]

In den zehn Jahren, seit Roger zum Quartett gekommen war, hatten wir allmählich wieder einen dichten Tourneeplan mit Konzerten weltweit aufgenommen, organisiert von Christa Phelps und unserer nordamerikanischen Managerin Seldy Cramer, die uns 1997 übernommen hatte. Während wir zusammen unser Repertoire fieberhaft erweiterten, blieb wenig Zeit, um über die Frage zu diskutieren, die wir sehr häufig abblockten: Wie arbeiten zwei Engländer und zwei Ungarn miteinander? Allerdings konnten musikalische Meinungsverschiedenheiten in der Realität genauso häufig zwischen Karcsi und András oder zwischen Roger und mir auftreten wie entlang nationaler «Fronten». Auch wenn die Geschichte unseres Quartetts von Verlust und Wechsel geprägt war, inmitten dieser Veränderungen machten wir einfach weiter und konzentrierten uns aufs Spielen, so gut wir konnten, dankbar für all die vielen Hörer und Förderer, die offen waren für die Veränderungen. Häufig dachten wir an Gábor Ormai, auch wenn wir nicht oft über ihn sprachen. Wir stürzten uns in die Proben und Konzerte, wie er es von uns gewünscht hätte, und hatten vor einiger Zeit unsere Aufnahme der Bartók-Quartette ihm gewidmet.

Aus Kostengründen und weil es bequemer war, zogen wir es vor, zwei kleinere Autos zu mieten statt eines großen Transporters. Für Karcsi und András muss es eine Wohltat gewesen sein, dass sie sich dadurch auf Ungarisch unterhalten konnten, und ich genoss in dem anderen Auto Rogers Gesellschaft. Er war acht Jahre älter als ich und schloss so die Alterslücke zwischen mir und den Ungarn, und für mich war er fast wie ein älterer Bruder, einer mit einer gemeinsamen Herkunft, bei dem ich mich darauf verlassen konnte, dass er mich beim Scrabble schlug, mich über die Politik Englands auf dem Laufenden hielt und mir grundlegenden persönlichen und musikalischen Rat gab. An einem Abend nach einer anstrengenden Tagesreise bezweifelte ich in der Garderobe, dass ich die Energie für ein gutes Konzert aufbringen könnte. Rogers Äußerung war merkwürdigerweise ermutigend: «Es ist erst 19 Uhr 30, du musst frühestens in fünfundzwanzig Minuten in der Stimmung sein.»

Nach einer sechsunddreißigstündigen Reise, genervt von verpassten Flügen und verlorenem Gepäck, wurden wir bei unserer Ankunft in Christchurch, Neuseeland, vom Manager vor Ort empfangen, der Roger darüber informierte, dass es eine Änderung in der Organisation gebe: Er würde gerade noch Zeit zum Auspacken haben, bevor er einem eifrigen Studenten Bratschenunterricht geben sollte, der ganz kurzfristig eine Stunde beantragt hatte. Irgendwie gelang es Roger, seinen bleichen Gesichtsausdruck in gespannte Erwartung zu verwandeln.

«Ein Glück, dass das nicht dir passiert ist, Ed», sagte András. «Das hätte dir den Rest gegeben.»

Bevor Roger zu uns kam, hatte er sechs Jahre lang in dem in England ansässigen Allegri-Quartett gespielt – derselben Gruppe, deren Konzert in Cambridge auf mich als Junge einen so großen Eindruck gemacht hatte, allerdings mit einem anderen Bratschisten. Roger schenkte den Details einer Interpretation große Beachtung. So bestärkte er mich etwa, länger bei einem überraschenden Akkordwechsel zu verweilen, während ich vielleicht dazu tendiert hätte, zu schnell über ihn hinwegzuspielen. Oder er feilte an der inneren Balance der Gruppe, damit ein kurzer Melodiebogen in der zweiten Geige oder der Cellostimme sich deutlicher heraushob.

Vor den Aufnahmen der Quartette Opus 18 war Roger einer Frage in Bezug auf Wiederholungen in den dritten Sätzen nachgegangen, die ja meist aus Menuett und Trio bestehen. Beide Stücke, sowohl das Menuett als auch das Trio, haben am Ende jedes Teils Wiederholungszeichen, und es gilt die Standardregel: Wenn das Menuett nach dem Trio noch einmal gespielt wird (also «da capo»), dann ohne Wiederholung. Nachdem Roger sich mit anderen Musikern und Wissenschaftlern beraten hatte, plädierte er dafür, dass der kurze Anfangsteil des Menuetts auch nach dem Trio wiederholt werden sollte; sonst sei er zu kurz im Verhältnis zum übrigen Stück. Doch weil Roger uns von seinem Standpunkt nicht überzeugen konnte, dachte er sich einen seiner unverschämten Aprilscherze aus und erfand eine überzeugende Besprechung unserer CDs von Opus 18, die er unserer Managerin zufaxte: Die Freude des einfühlsamen Kritikers, der an anderen Aspekten unserer Interpretation durchaus Gefallen gefunden habe, sei bedauerlicherweise durch das unerklärliche Auslassen dieser ersten Da-capo-Wiederholungen getrübt worden.

Manchmal fragte ich mich, ob wir mit der Arbeit an Details zu viel Zeit verbrachten, beispielsweise mit einem bestimmten Problem in den späten Beethoven-Quartetten, bei denen die technischen Anforderungen ungeheuer sind und in einigen Sätzen praktisch jeder Takt voller Anweisungen des Komponisten ist. Wenn wir in bestimmten Abschnitten langsamer spielten, um an der Stimmung und der klanglichen Harmonie zu arbeiten, war das in Maßen von Vorteil, wurde es jedoch übertrieben, konnte das zu einer emotionslosen Probenatmosphäre führen. Nachdem wir ganze Zyklen zusammen aufgeführt hatten, lernten wir die gegensätzlichen Teile eines ausgedehnten langsamen Satzes besser miteinander zu verbinden und erkannten, welche Finalsätze besondere Vorbereitung erfordern, sodass wir sie am Ende eines zweistündigen Konzertes mit passendem Schwung und mit Energie vortragen konnten.

Auch wenn wir uns ungeheuer freuten, als unsere Aufnahmen von Opus 18 und von Opus 59 einen Grammy und Preise von der *Chamber Music America* und der *Japanese Recording Academy* sowie dem *Gramophone Magazine* gewannen, fühlten wir uns entmutigt, wenn wir daran dachten, die späten

Quartette aufzunehmen: Verglichen mit den früheren Werken war die Bandbreite der interpretatorischen Möglichkeiten bei den späten Streichquartetten ungeheuer groß. Beethoven hatte bescheiden seine Zufriedenheit über diese Musik zum Ausdruck gebracht, die mehr Fantasie zeige als seine früheren Kompositionen. Die Vielfalt und das abrupte Nebeneinanderstellen von Stimmungen waren beispiellos, während Beethovens zunehmend komplizierte Notation für die Spieler grundlegende Fragen über die Beziehung zwischen den vier Stimmen aufwarf – manchmal schien jede einzelne Stimme so wichtig, dass es schwer zu ermessen war, wie die ganze Gruppe in der Balance gehalten werden konnte.

Die bevorstehende Aufnahmesitzung führte zu einer hektischen Überprüfung aller Faktoren, die dem Gefühl nach meinen Ton beeinflussen konnten. Überall in meinem Haus lagen ausrangierte Packungen von Violinsaiten, und verworfene Saiten waren eine ständige Gefahr für unseren Staubsauger, als ich die letzten Neuheiten der Saitentechnologie ausprobierte. Die Saiten von Thomastik Infeld waren die neueste Marke, die meinen Puls rasen ließen; sie versprachen eine schwindelerregende Zahl von Alternativen: «rot» für einen wärmeren Ton, «blau» für einen helleren Klang – jede war so entwickelt worden, dass sie die andere ergänzen konnte, sodass es möglich war, eine Kombination von beiden für eine unterschiedliche klangliche Gewichtung zu benutzen. Vielleicht würden ein brillanterer Klang für die G- und die D-Saite und ein wärmerer Ton für die

A-Saite zu meiner Geige am besten passen? Oder das Gegenteil? Waren die «Infeld»-Saiten wirklich eine Verbesserung gegenüber dem dunklen, vollen Ton der «Vision Titanium Solo»-Saiten oder der subtilen Wärme der «Oliv»-Saiten von Pirastro? Es war eine anstrengende Zeit, nicht nur für mich, sondern auch für meine Frau Beth und unseren vierjährigen Sohn Sam. Sie versuchten, ihre übermäßige Begeisterung am Esstisch zu zügeln, als ich ihnen das Für und Wider der verschiedenen Saitentypen beschrieb und mich fragte, ob ich vielleicht noch einen kurzfristigen Termin in London einplanen sollte, um den Stimmstock justieren zu lassen.

Der Stimmstock – der kleine Holzstab in der Geige (und auch in den anderen Streichinstrumenten), der sich rechts unter dem Steg befindet – überträgt den Klang und die Schwingungen von der Decke auf den Boden des Instruments. Seine Position kann reguliert werden, um den Bass oder den Sopran hervorzuheben. Jedes Instrument reagiert anders auf die Stellung des Stimmstocks: Wenn er fest sitzt, vermag die Geige kraftvoller und klarer zu klingen; sitzt er allerdings zu fest, kann der Klang gedämpft werden, und das Holz kann reißen. Für das trockene Klima in Boulder war der etwas lockerere, von dem erfahrenen lokalen Geigenbauer David Goodrich justierte Stimmstock ideal, in einem feuchteren Klima aber entstand manchmal ein etwas verschwommener Ton. Wenn wir in London konzertierten, eilte ich oft zu einem anderen Geigenbauer, Mark Robinson. Er schob den Stimmstocksetzer, ein metallenes Werkzeug, in das Instrument und zog den Stimmstock vorsichtig an, indem er ihn einen Millimeter nach rechts oder links klopfte. Ich war froh, dass Mark diese heikle Operation in meiner Gegenwart ausführte. Es gibt die Erzählung, dass sich ein Geigenbauer einmal, um einen besonders anspruchsvollen Kunden zufriedenzustellen, in einen Nebenraum zurückzog und dort überzeugende Klopfgeräusche an der Wand machte; danach kehrte er in den Ausstellungsraum zurück – und wurde vom Kunden zu der wundersamen Klangverbesserung beglückwünscht.

Am Esstisch fragte ich Beth und Sam, ob ich in London einen Termin für eine Stimmstockjustierung planen oder es dem Zufall überlassen und hoffen sollte, dass die Feuchtigkeit in Bristol diesmal nicht zu hoch sei. Sam schenkte diesem Dilemma die Aufmerksamkeit, die es verdiente: «Gibt's noch mehr Makkaroni und Käse? Wann gehst du auf Tournee, Dad?»

Die Konzentration auf die greifbaren Aspekte, die den Klang der Violine betrafen, verdrängte eine ernstere Sorge. Während unserer Vorbereitungen auf die Aufnahme der frühen und der mittleren Beethoven-Quartette hatten wir eine relativ klare Vorstellung vom musikalischen Charakter der Stücke entwickelt, ebenso von den jeweiligen Tempi, in der wir sie spielen wollten, doch bei Opus 127, das wir über mehrere Jahre immer wieder in unserem Konzertprogramm hatten, änderte sich meine Vorstellung, wie es gespielt werden sollte, weiterhin von einem Tag auf den anderen. Während die Konzertaufführungen Abend für Abend modifiziert werden konnten, um einen anderen Charakter oder ein anderes Tempo auszuprobieren, verlangt eine Aufnahme mehr Eindeutigkeit – es ist eine Momentaufnahme, die eine Interpretation festlegt und fixiert; notgedrungen wird genauso viel weggelassen, wie andererseits zum Ausdruck kommt. Waren wir bereit, kühne Interpretationsentscheidungen zu treffen, die unserer Einspielung einen persönlichen Stempel aufdrücken würden, der sie von den bereits vorhandenen Aufnahmen unterscheidet?

Als Ignaz Schuppanzigh im April 1823 nach siebenjähriger Abwesenheit, die auch Konzertreisen nach Norddeutschland, Polen und Preußen beinhaltet hatte, von Sankt Petersburg nach Wien zurückkehrte, plante er, sich wieder als Wiens führender Geiger und Förderer der Kammermusik zu etablieren, indem er neue Konzertreihen einführte, in denen es vorrangig um Streichquartette von Haydn, Mozart und Beethoven ging. Schuppanzigh war eng in die ersten Proben und Aufführungen der vorhergehenden Quartette Beethovens involviert gewesen, und jetzt drängte er ihn, ein neues zu schreiben. Der ehrgeizige Geiger erwartete von Beethoven, dass er ihm die Uraufführung aller neuen Quartette anvertraute, doch der sollte sich als launischer und verletzender Partner entpuppen.

Beethoven war von den Belastungen bezüglich seines Zeitplans und seiner seelischen Kräfte überfordert und regelte seine geschäftlichen Angelegenheiten in seinen letzten Lebensjahren chaotisch und manchmal in undurchsichtiger Weise. Er war von Krankheit geplagt und fühlte sich von der finanziellen Verantwortung für seinen Neffen Karl erdrückt, dessen Vormundschaft er 1820 nach einer längeren gerichtlichen Auseinandersetzung mit seiner Schwägerin übernommen hatte. Durch schlechte Haushaltsführung verschlimmerte er seine Situation noch, indem er sich zwei Bedienstete hielt und manchmal mehr als eine Wohnung zur gleichen Zeit hatte. Weil er Karl unterstützen wollte, war er so sehr darauf aus, Ersparnisse zurückzulegen, dass er für seine unmittelbaren finanziellen Bedürfnisse Schulden machte, und strapazierte dadurch die Geduld der Menschen, die bereit waren, ihm zu helfen. Im Dezember 1820 klagte der Wiener Verleger Steiner, dass er selbst in Geldnöten sei, und bat den Komponisten, eine Schuld so schnell wie möglich zu begleichen.

Zwar bekam Beethoven aus Wiener Adelskreisen immer noch eine Leibrente, aber in den 1820er-Jahren spielte das Mäzenatentum für eine Karriere keine so bedeutende Rolle mehr wie dreißig Jahre zuvor, als er in Wien seinen Ruf begründet hatte. In seiner Korrespondenz war er zu der Zeit vor allem mit dem Bewerben, der Verbreitung und dem Verkauf seiner Werke beschäftigt. In diesem sich entwickelnden freiberuflichen Umfeld war die Unterstützung, die er von seinem Bruder Johann und seinem persönlichen Gehilfen Anton Schindler bekam, oft von zweifelhaftem Wert; beide versuchten, Beethovens

Interessen zu vertreten, und erfüllten damit Aufgaben, die später im 19. Jahrhundert mehr und mehr von Impresarios und professionellen Künstleragenten übernommen wurden.

Im Juni 1822 versuchte Beethoven, den Leipziger Verleger Carl Friedrich Peters für den Kauf eines neuen Streichquartetts zu interessieren. Er hoffte auch, Peters zur Publikation einer Gesamtausgabe seiner Musik überreden zu können oder, falls ihm das nicht gelang, immerhin zum Druck einiger seiner unveröffentlichten Werke, unter anderem einer Messe für Chor, Solisten und Orchester (der Missa Solemnis, Opus 123), einiger Lieder, von vier Militärmärschen und einer Klaviersonate. Für ein neues Streichquartett schlug Beethoven die Summe von fünfzig Dukaten vor – ein hoher Betrag für ein einziges Werk. Einen Monat später erwähnte er das Werk und bezeichnete es als «nicht ganz vollendet»; er erläuterte Peters, dass er für solche Arbeiten immer hervorragend bezahlt worden sei und es ihm schwerfalle, ein geringeres Honorar anzusetzen.[4] Tatsächlich sollte Beethoven erst zwei Jahre später, im Mai 1824, ernsthaft mit der Arbeit an dem Quartett beginnen, das dann Opus 127 wurde; zu diesem Zeitpunkt hatte er noch nicht einmal entschieden, in welcher Tonart es stehen sollte.[5]

Ein Streichquartett von Beethoven stand auf Peters' Prioritätenliste ganz unten. Nie zuvor hatte er für ein Quartett so viel bezahlt, und er fürchtete, keinen Gewinn zu machen.[6] Stattdessen bevorzugte er es, einige «schöne, vorzügliche» Streichquartette von anderen Komponisten zu drucken: von dem deutschen Geiger und Dirigenten Louis Spohr, von Bernhard Romberg (demselben Cellisten, der zuerst so negativ auf Opus 59, Nr. 1 reagiert hatte) und von Pierre Rode, dem französischen Geiger, der heute vor allem für seine Geigenetüden bekannt ist. Peters hätte es vorgezogen, wenn Beethoven ein Quartett für Streicher und Klavier komponiert hätte.

> «Und wenn Sie einmal ein solches (Klavierquartett) componiren, so soll es mir willkommen sein, dann bitte es aber ja nicht gar zu schwer zu machen, damit sich auch gute Dillettanten desselben erfreuen können, denn bei dem jetzt verdorbenen Geschmacke, muß man die Liebhaber durch nicht zu schwere sondern mehr angenehme Werke guter Meister auf den bessern Geschmack zurück führen.»[7]

Der umsichtige Verleger hoffte also, durch das Verlegen der Quartette von Spohr, Romberg und Rode, die weder zu schwer zu spielen waren noch großes Verständnis verlangten, den Geschmack des Musikpublikums zu erziehen. Durch Peters angespornt, war Beethoven vielleicht für das Interesse eines neuen Gönners empfänglicher. Im Januar 1823 erhielt er fünfzig Dukaten als Vorauszahlung für eines der drei Quartette, die Fürst Nikolai Galitzin, ein Amateurcellist aus Sankt Petersburg, in Auftrag gegeben hatte. Dieser war auch an der Finanzierung und den Erstaufführungen der Missa Solemnis beteiligt. (Beethoven sollte später denselben Betrag von dem

Verleger Schott für die Publikationsrechte von Opus 127 erhalten.)

Während der nächsten zwei Jahre war Beethoven zum großen Teil mit der Komposition und den ersten Aufführungen der Missa Solemnis und der Neunten Sinfonie beschäftigt, sodass das neue Quartettprojekt beiseitegeschoben wurde. Im Januar 1825 kündigte ein optimistischer Schuppanzigh es unter dem Eindruck, dass Beethoven ihm die Uraufführung versprochen hatte, als Teil seiner bevorstehenden Konzertreihe an.[8] Aber Beethovens Bruder Johann hatte gleichzeitig die Rechte für die erste Aufführung, wozu auch ein Gewinnanteil der Einkünfte des Kartenverkaufs zählte, dem Cellisten des Schuppanzigh-Quartetts, Joseph Linke, versprochen. Beethoven versuchte nun, sich der Verpflichtung Schuppanzigh gegenüber zu entziehen; dabei unterstützten ihn Johann und sein Neffe Karl, die besorgt waren, dass Schuppanzighs Bauchumfang ihn beim Geigenspiel behindern könnte.[9] Schuppanzigh beschwerte sich bei Beethoven: «Das ist eine verdammte Geschichte mit dem Quartett. (...) Ich würde ja nichts dazu sagen, wenn es nicht schon in der Zeitung wäre, ich kann es ja nicht wiederruffen.»[10]

Die Tatsache, dass Beethoven einem Cellisten den Vorzug gab, muss doppelt verletzend für einen Ersten Geiger gewesen sein, der sich als die treibende Kraft hinter jedem Ensemble fühlte. Sollte Linke das Uraufführungsrecht bekommen, so hätte er Schuppanzigh nicht einmal als Mitspieler wählen müssen und womöglich einen der Geiger bevorzugen können, die davon profitiert hatten, dass der berühmte Künstler immerhin sieben Jahre lang abwesend war. Schuppanzigh hatte schon Erfahrung darin, übersehen zu werden: In der Hoffnung, eine geregelte Anstellung zu bekommen, hatte er sich im Jahr zuvor für eine Lehrtätigkeit beworben, doch ein fünfundzwanzigjähriger Geiger wurde ihm vorgezogen.

Schuppanzighs Unmut zeigte Wirkung: Beethoven gestattete ihm, die Uraufführung von Opus 127 zu übernehmen, während Linke das Uraufführungsrecht für das nächste Quartett, Opus 132, erhielt. Schuppanzigh verkaufte Konzertbillets für eine erste Präsentation, die im Februar 1825 stattfinden sollte, aber Beethoven vollendete Opus 127 zu spät für das Konzert und mehr als zwei Jahre, nachdem Fürst Galitzin ihn dafür bezahlt hatte.

Als Beethoven lediglich zwei Wochen vor der auf den 6. März 1825 verschobenen Erstaufführung den Musikern die Partitur lieferte, fügte er dieses erheiternde Schreiben bei:

> «Beste!
> Es wird Jedem hiemit das Seinige gegeben, und wird hiemit in Pflicht genommen, und zwar so, daß man sich anheischig mache, bey Ehre sich auf das beste zu verhalten, auszuzeichnen, und gegenseitig zuvor zu thun.
> Dieses Blatt hat Jeder zu unterschreiben, der bey der bewußten Sache mitzuwirken hat.»[11]

Der Vertrag wurde von Beethoven und den vier Musikern, die das Stück als Erste in Angriff nahmen, unterschrieben – neben Schuppanzigh waren das der Geiger Karl Holz, der Bratschist Franz Weiss und der Cellist Joseph Linke. Obwohl die Musiker daran gewöhnt waren, neue Musik schnell einstudieren zu müssen, war möglicherweise Beethovens Sorge angesichts der Anforderungen von Opus 127 der Anlass zu diesem Vertrag, der die Musiker ermahnte, ihr Bestes zu geben.

In den verbleibenden zwei Jahren seines Lebens widmete sich Beethoven dann vor allem der Komposition von Streichquartetten. Nach Opus 127 vollendete er noch Opus 132 und Opus 130 für Fürst Galitzin sowie zwei weitere Quartette, Opus 131 und 135.

Wir versammelten uns im Kontrollraum, der sich unter dem Kirchenschiff von St George's Brandon Hill in Bristol befand, und waren sehr darauf bedacht, unsere Sache so gut wie möglich zu machen. Andrew Keener, unser Produzent, saß neben dem Toningenieur Simon Eadon, vor sich hatten sie ein Kontrollpult, einen Laptop und Lautsprecher. Für den ersten Soundcheck hatten wir zwei gegensätzliche Ausschnitte aus der Musik aufgenommen und wollten sie jetzt anhören, um die Tonqualität und die Balance zwischen den vier Instrumenten beurteilen zu können. Simon hatte die Stühle und Mikrofone auf der Bühne genau in der gleichen Position angeordnet, die er am Ende unserer vorherigen Sitzung abgemessen hatte.

Die Technik der elektronischen Tonaufnahme bietet mehr Möglichkeiten, die obsessive Persönlichkeit des Interpreten zufriedenzustellen. Die Akustik des Aufnahmeraumes, die Art der Mikrofone und ihre Position sowie die Fähigkeiten des Produzenten oder des Toningenieurs – alle diese Aspekte können willkommene Sündenböcke für einen unzufriedenen Musiker sein. Es gilt aber auch umgekehrt: Wie ein klug positioniertes Mikrofon in einer guten Akustik zu einer ausgezeichneten Tonqualität beizutragen vermag, so können auch die kleinsten und unbewussten Korrekturen der Spieler, nachdem sie sich zum ersten Mal über die Lautsprecher gehört haben, den Klang wiederum beeinflussen. Wie Bühnenschauspieler, die es gewohnt sind, mit ihrer Stimme die letzte Reihe zu erreichen, ihre Techniken unter dem kritischen Blick einer Filmkamera verändern müssen, sind auch Musiker, die gelernt haben, den Ton bis in den hintersten Winkel eines Konzertsaals zu projizieren, gezwungen, sich auf den geringen Abstand der Mikrofone einzustellen. Die Bogenartikulation, die den Tonansatz klar über eine größere Distanz hinweg trägt, kann sich rau und kratzig anhören, wenn die nah positionierten Mikrofone sie aufzeichnen. Und hohe Geigentöne, die aufgrund ihrer Brillanz den Raum ausfüllen und für einen weiter entfernt sitzenden Konzertbesucher angenehm sind, klingen bei der prüfenden Kontrolle durch das Mikrofon möglicherweise zu schrill.

In dem zuerst aufgenommenen Ausschnitt aus dem ersten Satz von Opus 127 spielten alle Stimmen in wildem Kontrapunkt gegeneinander. Dieser Teil war ein guter Test, ob man die vier Stimmen deutlich hören konnte.

«Ich möchte, dass der Ansatz meiner Töne den gleichen Biss hat wie bei Ed.»

«Bist du sicher, András? Die Balance in der Gruppe ist gut. Möchtest du das wirklich ändern nur wegen des Cellotons?», fragte ich. Vor uns lagen fünf Aufnahmetage, und ein früher Feierabend schien mir wichtiger, als über die Position des Mikrofons herumzudiskutieren; ich war mit dem endgültigen Soundmix, den Andrew und Simon zustande brachten, immer zufrieden.

«Insgesamt ist der Klang gut. Mir fehlt nur ein bisschen mehr Klarheit für meine tiefen Saiten», sagte András.

«Wir sind gut aufeinander abgestimmt», meinte Roger. «Ich hätte nicht gern, dass der Klang noch direkter ist.»

«Versucht es mit den Kopfhörern anzuhören», schlug Andrew vor. Jeder Kontrollraum hat seine eigene, individuelle Akustik. Die leicht schimmelig riechende Krypta in St George mit ihren Steinwänden und einer niedrigen Deckenwölbung war für den Bass ungünstig.

«Es ist besser, aber es fehlt immer noch etwas Biss.»

Beethoven experimentierte in den späten Quartetten, die zwischen 1824 und 1826 entstanden, mit einer «neuen Art von Stimmführung», wie er es später seinem Freund Karl Holz gegenüber beschrieb[12] – er veränderte und erweiterte die Methode, wie die vier Stimmen zusammenwirkten und sich gegeneinander behaupteten. Im Gegensatz zu seiner früher bevorzugten Methode, die Skizzen auf eine oder zwei Notenlinien zu setzen, ließ er sich schon in einem frühen Stadium der Arbeit an Opus 127 zusätzlich Platz für vier individuelle Notenzeilen, sogenannte «Partiturskizzen», und unterstrich damit die Unabhängigkeit der einzelnen Instrumente. Die stärkere Autonomie der Stimmen kann den Spielern und dem Toningenieur Probleme hinsichtlich der Balance bereiten; die zweite Geige, die Bratsche und das Cello sind in noch stärkerem Maße gleichberechtigte Partner, als das in den Quartetten Opus 59 der Fall ist. Kein Wunder, dass der Cellist Joseph Linke in Konkurrenz zu Schuppanzigh lieber seine eigene Konzertreihe starten wollte: Warum sollte nur der Erste Geiger das Vergnügen haben?

«Bist du sicher, dass du so laut wie sonst spielst?», fragte ich András und dachte daran, wie schwierig es sein würde, in einem Restaurant mitten in Bristol an einem Freitagabend einen Tisch zu finden. Vielleicht wäre Zimmerservice die bessere Lösung. Meine Sorge richtete sich auf das abendliche Problem und machte mich gegenüber Meinungsverschiedenheiten intolerant.

«Ich möchte nicht, dass mein Ton aus einer weiteren Entfernung kommt, wenn wir den Celloklang verändern», sagte Karcsi.

Andrew hörte höchst konzentriert zu, er wägte die Atmosphäre der Diskussion ab und überlegte, wie er eine Lösung finden könnte. Seine freundliche Kooperationsbereitschaft war vorbildlich – daran konnte ich mir durchaus ein Beispiel nehmen. «Simon, meinst du, wir könnten András' Spotmikrofon ein bisschen näher rücken?», fragte er. «Wenn es uns nicht gefällt, können wir es wieder zurückstellen.»

Simon baute um, und wir gingen in den Kirchenraum zurück und nahmen die Passage noch einmal auf. Als wir es wieder anhörten, räumten alle ein, dass es eine Verbesserung war. András war mit der Klarheit seiner tieferen Töne zufriedener, und wir übrigen waren erleichtert, dass wir es ohne Nachteil für die anderen Stimmen erreicht hatten.

Wir hörten uns den nächsten aufgenommenen Ausschnitt an: den lyrischen Schluss des ersten Satzes; er würde uns mehr über das Timbre des Aufnahmeklangs aussagen. Diese Passage war ein Beispiel dafür, wie Beethoven einen ungewöhnlich großen Melodiebogen spannt, der nacheinander von allen Interpreten gespielt wird. Als Ausgangspunkt nahm Beethoven die letzte Geste des Eingangsthemas aus dem ersten Satz und begann mit der ersten Geige:

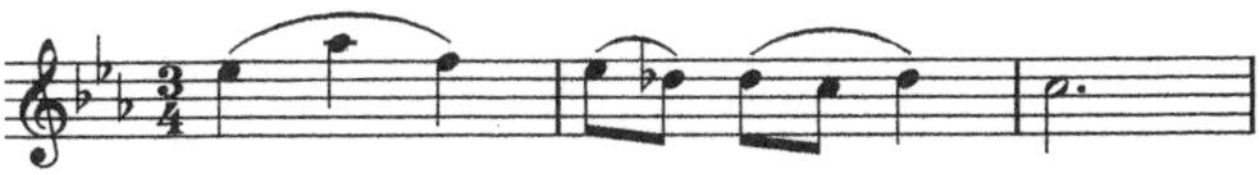

Dann wechselte er zur zweiten Geige und weiter zur Bratsche, die den Abschnitt zu einer längeren Aussage erweiterte. Die erste Geige übernahm wieder, dann schmückte die zweite Geige den Gedanken aus – was als elegante, anmutige Art, an eine Melodielinie anzuknüpfen, begonnen hatte, wurde so zum Hauptereignis:

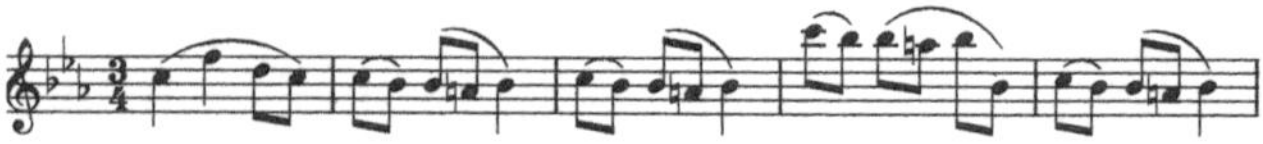

Es war, als ob das Bruchstück eines Gedankens, der zuerst zögernd vorgetragen wurde, nun zur ausgedehnten Reminiszenz, der Erinnerung des Eingangsthemas, führte. Im Gegensatz zur Tonaufnahme des ersten Beispiels, bei dem die vier Stimmen miteinander wetteiferten, verlangte diese Musik ein einfühlsames Zusammenarbeiten.

Beethoven wandte einen ungewöhnlichen dynamischen Kunstgriff an, um die Melodielinie halten zu können. Als ein Crescendo gerade einen Endpunkt zu erreichen schien, brachte ein plötzlicher Rückgang zum Piano die Erwartungen durcheinander – wie bei einem Schauspieler, der Spannung aufbaut und dann seine Stimme senkt, um uns zu fesseln –, bevor die Handlung weiterging. Nach mehreren Crescendi zog sich die Musik zurück, bis sie in einem letzten Flüstern endete.

«Reicht der räumliche Klang für die Musik aus?», fragte Roger, als er in den Kontrollraum zurückkam.

«Ich denke doch», sagte Andrew. «Ich glaube nicht, dass wir mehr Resonanz wollen.»

Da CDs üblicherweise in kleinen Räumen oder mit Kopfhörern gehört werden, wäre der Versuch unklug, die akustische Erfahrung eines Hörers wiederzugeben, der in der Mitte der Kirche sitzt. Als Andrew zum ersten Mal mit uns arbeitete, stellten er und Simon die Mikrofone näher zu uns, als wir es von früheren Aufnahmesitzungen gewöhnt waren, um mehr vom individuellen Charakter der einzelnen Instrumente und etwas weniger von der Akustik der Umgebung einzufangen. Sie richteten die Mikrofone so ein, dass zum Teil die Resonanz und die Wärme des Kirchenraums in St George aufgefangen wurde und trotzdem die Klarheit erhalten blieb.

«Ich denke, ihr könnt mehr aus den dynamischen Kontrasten machen», sagte Andrew. «Aber lassen wir es für morgen.»

«Simon, András klingt großartig», sagte Karcsi. «Ich lade dich zu einem Drink ein, wenn du das Cellomikrofon morgen ausschaltest.»

«Vielleicht habe ich es nie angemacht.»

Obwohl wir überzeugt waren, dass Simon scherzte, waren Täuschungsmanöver manchmal wirkungsvoll. Ein anderer Toningenieur erzählte uns einmal, dass ein berühmter Opernsänger darauf bestand, zwei Mikrofone vor sich zu haben, weil er überzeugt war, dass nur durch dieses Arrangement der Charakter seiner Stimme voll zur Geltung kommen könne. Seinem Verlangen wurde stattgegeben, aber der Tontechniker schaltete nur eines der Mikrofone an. Danach folgte eine Aufnahme in einträchtiger Atmosphäre.

Aus langjähriger Erfahrung im Umgang mit dem empfindlichen Ego von Musikern hatten Andrew und Simon ihr Verhalten genau darauf abgestimmt. Andrew nahm unsere Bemerkungen ernst, aber er wusste, wann er die nervliche Verfassung oder die Müdigkeit dabei berücksichtigen musste. Simon verband seinen ruhigen, maßgebenden Sachverstand gelassen mit Humor und brachte im richtigen Augenblick Scherze von unterschiedlicher Qualität ein, um die Stimmung aufzuhellen. Seiner Meinung nach resultierten fünfzig Prozent einer Verbesserung aus den instinktiven Korrekturen, die die Interpreten vornahmen, nachdem sie sich hinterher gehört hatten, obwohl ja beim Soundcheck die Position des Mikrofons beurteilt werden soll.

Der Erfolg der nächsten Tage würde weitgehend von unserer Fähigkeit abhängen, solche Änderungen vorzunehmen. Über die Lautsprecher war nichts von der flüsternden Tonqualität zu hören gewesen, die ich mir für das Ende des ersten Satzes gewünscht hatte. Der Klang war zu präsent, als dass er ein Gefühl von Reminiszenz hätte hervorrufen können, wenn sich die Eingangsmelodie zunächst noch einmal ausweitet und sich dann in die Stille hinein auflöst. Die Nähe der Mikrofone konnte einerseits für Klarheit und Deutlichkeit sorgen, sie konnte uns andererseits auch zu gewagteren Experimenten im leisesten Spektrum der Dynamik ermutigen. Am nächsten Tag wollte ich daher versuchen, diesen Abschnitt näher am Griffbrett und mit schnellerem Bogenstrich zu spielen, und hoffte, dadurch einen schwebenden, zerbrechlichen Klang zu erzeugen, mit dem man einen ausgeprägteren musikalischen Charakter wiedergeben kann: das Bedauern um eine verlorene Melodie.

Später am Abend war es eher die Wahl meiner Lektüre, die ich bedauerte. Beethoven war der Uraufführung von Opus 127 am 6. März 1825 ferngeblieben

– vielleicht weil er fürchtete, seine Taubheit könnte ihm die Freude verderben, vielleicht aber auch aus einer bösen Vorahnung heraus. In seinem Bericht über das Konzert an seinen Onkel schob Beethovens Neffe Karl dem Geiger Schuppanzigh den Schwarzen Peter zu:

> «Ich weiß aber, daß es bloß dadurch nicht durchaus verständlich wurde, weil die Primstimme so schlecht ging. (...) Es geschahen viele Störungen. Erstlich gings nicht recht zusammen, dann sprang dem Schuppanzigh eine Saite, was auch viel beytrug, da er nicht einmahl eine 2te Violine bey der Hand hatte.»[13]

Schuppanzigh hatte sicher auf Darmsaiten gespielt, die viel empfindlicher gegenüber Temperaturschwankungen sind als moderne, synthetische Alternativen. Es übersteigt das Vorstellungsvermögen, dass irgendjemand nach dem Reißen einer Saite weitermacht und versucht, diese wahnsinnig schwere Musik auf drei Saiten vor einem zahlenden Publikum zu spielen. Wo also war Schuppanzighs Reservepäckchen mit «Infeld Reds» oder «Vision Titanium»-Saiten?

Das Urteil, dass Schuppanzigh allein für die Unzulänglichkeiten der Erstaufführung verantwortlich gewesen sei, wurde durch die Aktionen der anderen drei Spieler des Ensembles noch bestärkt. Kurz nach dem ersten Konzert begannen der Geiger Karl Holz, der Bratschist Franz Weiss und der Cellist Joseph Linke, das Opus 127 zusammen mit dem in Ungarn geborenen Geiger Joseph Böhm zu proben, einem Professor am Wiener Konservatorium, der später so herausragende Geiger wie Joseph Joachim und Jenö Hubay unterrichten sollte. In dieser Gruppierung wurde das problematische neue Werk am 23. März wieder aufgeführt, dieses Mal mit einer radikalen Änderung, die sowohl für die Spieler als auch für die Hörer eine Hilfe sein sollte: Das ganze Konzert war allein der Präsentation von Opus 127 vorbehalten, das die Musiker zweimal spielten, nur von einer kurzen Pause unterbrochen. Ein Kritiker, der von seiner Erfahrung beim Hören beider Konzerte berichtete, schloss, dass Beethoven «seinem Ruhm durch das dreimalige Spiel dieses ungemein schwierigen Quartetts einen ausgiebigen Zuwachs verschafft habe».[14]

Schuppanzigh wurde weiterhin für den Misserfolg bei der Erstaufführung von Opus 127 verantwortlich gemacht. Auch als er um eine zweite Chance bat, wurde er nicht berücksichtigt; stattdessen wurde sein ehemaliger Schüler, Joseph Mayseder, bevorzugt (der vormals Zweiter Geiger im «Rasumowski»-Quartett gewesen war). Unter Mayseder kam es zu zwei erfolgreichen Aufführungen des Stückes.

Dieses Werk warf Fragen über die Rolle des Ersten Geigers auf: War einem Stück, das durch so kompliziert miteinander verwobene Melodien und Begleitungen gekennzeichnet ist, am besten durch das genaue und bestimmende Spiel von Mayseder gedient oder eher durch Böhms ausdruckvollere und weniger richtunggebende Herangehensweise? Diese neue Art der Stimmführung, die Beethoven als wichtigen Bestandteil seiner späten Quartette beschrieb, hatte zu einer größeren Unabhängigkeit der drei anderen Stimmen geführt. Wie konnte man denn eine Wiedergabe von Opus 127 allein nach dem Spiel des Ersten Geigers beurteilen? Und doch drehten sich die meisten Diskussionen in Beethovens Konversationsheften um die unterschiedlichen Eigenschaften der Ersten Geiger. Karl Holz bevorzugte Mayseder: «Er führt die anderen Spieler, während Böhm sich führen lässt.» Der Neffe Karl meinte, dass Schuppanzigh durch weiteres Üben so gut wie die anderen spielen könnte, hielt aber Mayseders Spiel für das brillanteste und Böhms für das ausdrucksvollste.[15]

Während ich die Fenster meines Hotelzimmers öffnete und meinen Koffer nach einem Mittel gegen Sodbrennen durchwühlte, fragte ich mich, warum man den Ersten Geiger allein verantwortlich machte. Schuppanzigh, der sich durch das Missgeschick bei der Uraufführung gedemütigt fühlte, war gezwungen, sich zu verteidigen: «Ich müßte lügen, daß es für mich in Passagen zu schwierig sey, das ensemble ist schwer.»[16] Ob Schuppanzigh nun in Bezug auf die persönlichen Schwierigkeiten schwindelte oder nicht, er war nicht der Einzige, der die Probleme anderer hervorhob. Holz, der vielleicht bekümmert darüber war, dass Schuppanzigh die ganze Wucht der Schande wegen der Erstaufführung abbekommen hatte, gestand Beethoven später: «Wenn Sie es gehört hätten, wir hätten alle 4 zusammen unsere Prügel gekriegt.»[17]

Sogar Beethovens Bruder Johann, einer der schärfsten Kritiker Schuppanzighs, erkannte die ungewöhnliche Art der Stimmführung: «Die Verwebungen sind so groß, daß jeder nur zu thun hat ein Instrument zu betrachten daher wünscht jeder 4 mal das Quartette zu hören.»[18] Holz berichtete Beethoven noch fünfzehn Monate später, dass ein bestimmtes Quartett sogar einen zusätzlichen Mann anstellte, der für die Spieler den Takt schlug.[19]

Ich lag im Bett und versuchte, die Geschichte von Schuppanzighs Versagen und die sich ständig wiederholenden Melodiefragmente der Begleitfiguren von Opus 127, die durch meinen Kopf wirbelten, loszuwerden, und ließ mir vom Sänger und Liedermacher Jamie Cullum die neueste CD «Twentysomething» durch die Kopfhörer schmettern – der momentane Hit für Deccas neue Mutterfirma, Universal Music Group. Hoffentlich würde Decca mit solchen wirtschaftlichen Verkaufshits im Hintergrund weiterhin gewillt sein, die Aufnahmen von weniger erfolgreichen Streichquartetten herauszubringen – solange sie nicht auch noch für einen Dirigenten aufkommen mussten, der dem Ensemble den Takt schlug.

In der warmen Akustik von St George bildete am nächsten Morgen der überschwängliche Es-Dur-Akkord in Forte ein beruhigendes Gegengewicht zu den nervigen Mikrofonen. Es war ein homogener Quartettklang, der noch vom relativ engen Abstand von lediglich zwei Oktaven zwischen András' tiefstem Ton und meinem höchsten unterstützt wurde. Dieser Beginn einer Akkordsequenz war mit «Maestoso» bezeichnet. Beethoven entlockte dem Quartett sinfonischen Klangreichtum, indem er drei der vier Stimmen Doppelgriffe zuwies. Worum sollte ich mir Gedanken machen? Während einer Aufnahmesitzung konnten wir ja einen Lauf so oft wiederholen, wie wir wollten. Wir planten, den ersten Satz während der Morgensitzung aufzunehmen, und wollten ihn jetzt erst einmal ganz durchspielen, bevor wir uns in den Kontrollraum zurückzogen, um unsere eigene Arbeit zu bewerten.

Wenn der langsame Anfangsteil doch nur länger als dreißig Sekunden dauerte! Stattdessen erforderte ein neues «Allegro» eine völlige Veränderung des Klangs und des Charakters. Alle Stimmen waren mit *sempre piano e dolce* («immer leise und lieblich») bezeichnet; über der Melodie der ersten Geige fügte Beethoven die Anweisung *teneramente* («zärtlich») hinzu. Dieser plötzliche, so frühe Wechsel in dem Stück war bisher ohne Beispiel in Beethovens Quartetten. Selbst bei dem kontrastierenden Pianissimo-Thema am Anfang von Opus 59, Nr. 2 konnte man erkennen, dass es aus den wilden Eröffnungsakkorden hervorging. Doch hier, nach nur einem einzigen Takt des Übergangs, ignorierte eine intime Melodie den ganzen majestätischen Beginn – eine öffentliche Aussage, die von einem persönlichen Lied verdrängt wurde.

Beethovens Neffe Karl berichtete, dass auch Böhm und seine Quartettkollegen am Anfang des erfolgreicheren zweiten Konzertes stockten und mit dem Stück noch einmal anfangen mussten. Immerhin – wenn man während einer Aufnahmesitzung noch einmal beginnen musste, war das weniger peinlich als im Konzert. Für mich bedeutete die Herausforderung bei der Vorschrift «teneramente», wie ich die Veränderung der Bogentechnik kontrollieren sollte: von den lang ausgehaltenen Strichen nahe am Steg, die für die «Maestoso»-Akkorde notwendig waren, zum schnelleren Strich über dem Griffbrett, der für die zarte Melodie erforderlich war. Mein Ziel war ein transparenter Ton, aber das zusätzliche Adrenalin, das durch die Anwesenheit der Mikrofone produziert wurde und durch den Tee, den ich beim Frühstück literweise in mich hineingeschüttet hatte, führte zu einem zu schnellen Strich. Jeder Anflug von Zartheit wurde durch ein hohles, pfeifendes Geräusch zunichte gemacht, als mein Bogen über die Saiten schlitterte.

Das können wir nicht nehmen. – Es ist nur ein erster Aufnahmeversuch – genug Zeit zum Bessermachen. – Verstimmt! – Aufhören zu bewerten; spiel einfach. – Karcsi und ich sind nicht zusammen. – Mikrofone sind so hinderlich. – Was für eine großartige Chance, diese Musik aufzunehmen. – Zu süßlich! – Konzentrier dich! – Entspann den Bogenarm. – Das Arpeggio ist nicht klar. – KONZENTRIER DICH EINFACH AUF DIE MUSIK!

Es fiel mir schwer, diesen verwirrenden Kontrapunkt von ungezügelten inneren Stimmen loszuwerden. Kaum hatte ich ein passenderes Tempo mit dem Bogen erreicht, da änderte sich der Charakter der Musik schon wieder; nach etwa zehn Sekunden führte ein Crescendo zu ein paar Takten mit kraftvollem, rhythmischem Spiel – eine heldenhafte Stimmung, die das Teneramente weit hinter sich ließ. Nach einer kurzen Pause übernahm András die gleichen Töne und den Rhythmus, die ich gerade gespielt hatte, doch jetzt in einer ruhigen, tänzerischen Stimmung. Vier verschiedene musikalische Charaktere in weniger als einer Minute.

Beethoven ließ einem keine Zeit, sich an die Stimmung oder an den Klangcharakter zu gewöhnen. Ein kurzes Stück weiter innerhalb des Satzes tauchten die «Maestoso»-Akkorde des Anfangs wieder auf, die völlig unerwartet in eine Pianissimo-Stelle hineinbrachen und diesmal in der Tonart G-Dur standen. Der erste Akkord umfasste jetzt drei Oktaven, vom tiefen G im Cello zum höchsten G im Akkord der ersten Geige; dadurch entstand ein hellerer Klang. Und wieder wich das «Maestoso» der gleichen süßen Teneramente-Melodie, die die vorige majestätische Stellungnahme vertrieben hatte – und weiter ging es zur Durchführung.

Obwohl wir Opus 127 seit Jahren geprobt und aufgeführt hatten, wurde ich von diesen Wechseln immer wieder völlig überrascht. Die Mikrofone steigerten mein Unbehagen, sie erwischten Fehler, die ich mir bald wieder im Kontrollraum anhören musste. Ich war allmählich auf die kleinsten Makel fixiert: ein kurzes Kratzen mit dem Bogen, ein Verrutschen der linken Hand zwischen zwei Tönen, was dann ein bisschen verschwommen klang und nicht sauber artikuliert war.

Wir erreichten den dramatischsten und emotional unbeständigsten Abschnitt dieses Satzes, der sich durch ein wildes Fortissimo-Gerangel zwischen den Stimmen ankündigt und den wir bereits bei unserem Soundcheck aufgenommen hatten. Endlich konnte ich etwas Adrenalin ablassen, kurz vergaß ich die Mikrofone und spielte ungehemmt drauflos. Nach so vielen quecksilberartigen Veränderungen war es eine Befreiung, immer wieder auf demselben Ton herumzutrommeln, wobei diese beharrlichen Wiederholungen derselben Note durchsetzt waren mit herausgeschleuderten Arpeggien, die den ganzen Tonumfang meiner Geige abdeckten:

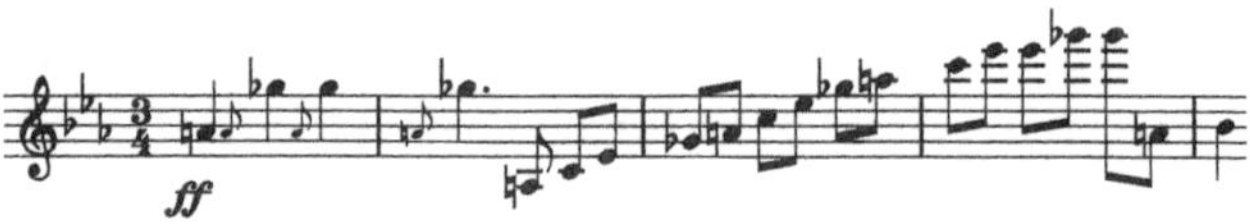

Wieder versuchten die «Maestoso»-Akkorde, jetzt ebenfalls mit «fortissimo» bezeichnet, Kontrolle über die Musik zu bekommen; der besonders kräftige und intensive Klang des Quartetts stützte sich dabei auf András' klangvolle leere C- und G-Saite, die er als Akkord spielte. Der Tonumfang zwischen András' tiefem C und meinem hohen C betrug jetzt vier Oktaven, zweimal so viel wie am Anfang des Stücks.

Dieses «Maestoso» war etwa um ein Drittel kürzer als bei den vorangegangenen Wiederholungen – dadurch hatte man noch weniger Zeit, um in der Stimmung zu bleiben. Als die erste Geige, die Bratsche und die zweite Geige in rascher Folge versuchten, die erste lyrische Melodie wieder zu etablieren, unterminierte eine schnelle, stachelige Begleitung den Charakter. Es kam zu einer musikalischen Krise; keines der Elemente, auf denen die vorherigen Abschnitte aufgebaut waren, konnte die Oberhand gewinnen. Nach einem plötzlichen Forte-Akkord gelangten wir zum ungewöhnlichsten Teil des Satzes: Wie besessen wurden Fragmente der Eingangsmelodie wiederholt – die drei unteren Stimmen spielten den gleichen, monotonen Rhythmus neunzehnmal nacheinander, während ich mit einem anderen Melodiefragment dagegenhielt. Nach der so großen Vielfalt, die zuvor im Satz herrschte, waren diese Wiederholungen besonders verblüffend: wie ein unerwünschter Gedanke, der sich mitten in der Nacht schonungslos und quälend festsetzt. Nach diesem entnervenden Abschnitt brachte die Rückkehr zur vollständigen «Teneramente»-Melodie eine Erleichterung.

Der letzte Abschnitt stand im Kontrast zu den plötzlichen Stimmungswechseln, die einen großen Teil des Satzes beherrscht hatten. Jetzt war das Maestoso endgültig verbannt, und das melodische Fragment wurde zu einer zärtlichen Reminiszenz erweitert (der zweite Teil, den wir beim anfänglichen Soundcheck getestet hatten); es gestattete uns, eine ganze Minute lang die gleiche Stimmung zu genießen, etwa ein Sechstel des ganzen Satzes. Mir fällt kein einziger erster Satz mit einem derart magischen

Schluss ein; er war ganz außergewöhnlich in der Art, wie er sich in das Schweigen zurückzog. Dieser Abschnitt war nicht so sehr ein Ende als vielmehr eine Frage, ein Auftakt für das, was als Nächstes kam – was auch immer das sein mochte.

Nachdem wir unser Spiel im Kontrollraum angehört hatten, entstand eine Pause. Keiner wollte als Erster sprechen.

«Es ist ein heikler Punkt, aber ich denke, wir könnten im Teneramente noch einen leuchtenderen Ton zustande bringen – duftiger, weniger direkt», sagte Roger.

«Das Ende der Phrase könnte mehr *grazioso* sein», fügte ich hinzu.

«Das nächste Crescendo wird zu schnell zu laut», sagte Karcsi.

Wie so häufig führte das Anhören der ersten Aufnahme dazu, dass wir Prioritäten neu bewerteten. Die Mikrofone warfen ein anderes Licht auf unsere Interpretation und riefen neue Fragen hervor, während andere Aspekte in den Hintergrund traten. Wir hörten uns besser an, als es mir auf dem Podium vorgekommen war, und meine technischen Ausrutscher waren nicht so deutlich wie von mir befürchtet.

Andrew kritzelte Notizen in seine Partitur, hörte zu und nickte manchmal mit dem Kopf. Unsere Kommentare gaben ihm eine bessere Vorstellung, wie er die Aufnahmesitzung leiten sollte, wenn wir auf die Bühne zurückgingen.

«Was können wir bei dem anfänglichen Maestoso ändern, damit es erhabener klingt?», fragte András.

«Wie wäre es, wenn ihr der Mitte der Töne mehr Beachtung schenken würdet?», fragte Andrew. «Man hört den Ansatz, den Beginn der Töne, sehr stark. Simon, könnten wir uns den Anfang noch einmal anhören?»

Wir profitierten von Simons ruhiger Konzentration, während er uns zuhörte; er hatte das Material der Anfangssequenz schon in seinem Laptop herausgesucht und zum Abspielen vorbereitet, bevor Andrew mit seinem Kommentar fertig war. Wir waren uns mit Andrew einig, dass die Anfangsakkorde zu aggressiv waren; jeder Ton klang im Ansatz wie ein harter Konsonant. Der Fortissimo-Ausbruch, den ich mit solcher Hingabe und Lust gespielt hatte, klang wütend und chaotisch: Es hörte sich an wie vier bellende Hunde, die nach den Hinterläufen ihrer Kameraden schnappten. Wir mussten alle über die Wirkung schmunzeln – gewiss war das nicht der Effekt, den Beethoven erhofft hatte. Obwohl der ganze Abschnitt mit «fortissimo» bezeichnet war, beschlossen wir, die Dynamik zu differenzieren: Statt jeden Ton meiner Arpeggien mit derselben Intensität zu spielen, sollte ich auf den höchsten Ton hinspielen; gleichzeitig sollten die sich wiederholenden einzelnen Töne leiser beginnen und die Lautstärke zum Ende jeder Notengruppe hin zunehmen. Beethoven hatte uns in der Stimmenführung ganz frei und unabhängig gelassen, und als ich verhaltener spielte, konnte der Höhepunkt einer anderen Linie klarer zum Vorschein kommen. Auf der Bühne mag es etwas Befreiendes haben, wenn man ungezügelt drauflosspielt, aber Beethovens komplexe Strukturen verlangten sorgfältige Organisation.

Alle unsere bisherigen Kommentare richteten sich auf ein gemeinsames Ziel: Wie konnte man die Veränderungen von Charakter, Dynamik und Klangfarbe dramatischer gestalten, damit die Musik unmittelbarer und spontaner klang? Auf dem Podium fühlte ich mich von der außerordentlichen Vielfalt der Musik hin- und hergerissen, und doch klang unsere Interpretation im Kontrollraum oft zu sehr vorhersagbar. Wenn die Musik mich erschütterte, führte das noch nicht zu einer lebendigen Interpretation. Wir hofften, den Geist der Fantasie, den Beethoven in seinen späten Quartetten so schätzte, überzeugender vermitteln zu können, wenn wir alle Gegensätze plastisch herausarbeiteten.

In der zweiten Hälfte des Satzes stellte sich eine Frage nach der Balance. Ich spielte über Karcsi eine ziselierte Version seiner Melodie.

«Karcsi hat die Melodie. Ed, könntest du dich etwas zurücknehmen?», fragte András.

«Ich kann lauter spielen.»

«Ich weiß nicht, Karcsi, dann wird die Lautstärke insgesamt angehoben», sagte András.

«Aber meine variierte Oberstimme ist neu und interessant», sagte ich. «Willst du, dass wir alle die ganze Zeit leiser spielen? Dann klingen wir einfach nur zögerlich.»

Es war ein billiger Trick, den unwillkommenen Vorschlag eines Kollegen zu übertreiben, damit er weniger wert schien. Manchmal fiel es mir schwer, die Anforderungen einer Aufnahmesitzung auszuhalten, und ich ließ meine plötzlich aufflammende Ungeduld an meinen Kollegen aus. An einem Konzerttag konnten wir uns ganz auf die Abendveranstaltung einstellen und verbrauchten vorher, während des Tages, weniger Energie und Adrenalin – bei einer Aufnahmesitzung dagegen war es nicht nur erforderlich, dass wir dieselbe Musik wieder und wieder mit gleichbleibendem emotionalem Einsatz spielten, sondern auch unsere Interpretation in entschieden heiterer Stimmung neu beurteilten und die Vorschläge der anderen gerne annahmen. Ich musste an die lakonische Feststellung eines Kammermusikers denken, das Schwierigste am Quartettspiel sei, dass man die Meinungen eines Kollegen gezwungenermaßen immer respektieren müsse. Manchmal wollte ich mich mit meiner eigenen Idee durchsetzen und war ungeduldig angesichts der Schwierigkeiten, die zwangsläufig entstehen, wenn man mit drei anderen Musikern so eng zusammenarbeitet.

«Vielleicht ist es Zeit für eine weitere Aufnahme», schlug Andrew vor. Er ahnte die Gefahr einer längeren Diskussion. Vor vielen Jahren wurden die Mitglieder eines berühmten Streichquartetts bei einer Aufnahme für Decca im Kontrollraum handgreiflich. «Ihr könnt für diese Stelle ein paar unterschiedliche Versionen ausprobieren. Danach kommt ihr runter und seht, welche ihr vorzieht.»

Wir gingen wieder in den Kirchenraum und konzentrierten uns auf das Spiel, so gut wir konnten. Unser Produzent war nicht der fünfte Mann, der für uns den Takt schlug, aber seine Ohren und seine Fähigkeit, unser Tun einzuschätzen, enthoben uns ein bisschen der Verantwortung. Andrew würde schon beurteilen können, ob unser Niveau hinsichtlich Intonation und Zusammenspiel hoch genug war, und uns dabei helfen, unser musikalisches Ziel zu erreichen.

Nachdem wir den Satz mehrere Male durchgespielt hatten, teilten wir ihn in kleinere Abschnitte auf; das gab uns die Möglichkeit, uns auf die besprochenen Details zu konzentrieren. Es war angenehm, Andrews fröhliche Stimme durch den Lautsprecher auf dem Boden vor uns zu hören, wenn wir spontan versuchten, eine Phrasierung ein wenig anders zu gestalten: «Das passt! Ich habe einen Vermerk daneben gemacht.» Zwei Stunden lang genoss ich zufrieden während der Sitzung den Aufnahmeprozess und die Möglichkeit, sich alles abzuverlangen, um eine Interpretation zu verbessern; und ich merkte dabei, dass die Mikrofone nicht immer einengen müssen, sondern auch ein Katalysator zum Experimentieren sein können.

Meine nächtlichen Sorgen wegen der Rolle des Ersten Geigers schienen weniger Bedeutung zu haben. Abgesehen von gelegentlichen Fragen zum Klanggleichgewicht lag der Schwerpunkt auf der gemeinsamen Interpretation der Gruppe und wie das Wesen der Musik für die Mikrofone deutlicher herausgearbeitet werden konnte.

Gegen Ende der Sitzung nahm Andrew ein paar kurze Augenblicke schlechter Intonation und schlechten Zusammenspiels, die uns entgangen waren, ins Visier. Taktvoll und mit ein paar Tricks half er uns, auf einem höheren Niveau zu spielen. «Das E schwebt ein bisschen zu tief durch die Luft» – mit dieser geschickten Art vermied er, dass der Spieler blamiert wurde: Der Ton war zweifellos absolut sauber gewesen, als er meine Geige verließ, erst unterwegs wurde er durch Unreinheiten etwas verdorben.

Dann bat uns Andrew, eine schwierige Passage zu üben, bei der wir nicht genau zusammen waren. Wir teilten sie auf, und immer nur zwei spielten gleichzeitig; dabei stellten wir fest, dass die Bogenstriche nicht ganz einheitlich waren. Danach fügten wir die Passage wieder zusammen und spielten noch eine Version gemeinsam, bevor wir Andrew fragten, ob er glaube, dass man jetzt aufnehmen könne. «Wir haben die Mikrofone angelassen – es klingt gut. Wir haben es schon im Kasten», sagte er fröhlich.

Bei einer Einspielung setzt man sich der Kritik aus, dass man eine Menge Material aufnimmt und es dann dem Tonmeister überlässt, die beste Version zusammenzubauen; dass man diese raffinierte Technik benützt, um eine falsche Note in einer Phrase durch eine Note aus einer späteren Version zu ersetzen – dadurch, so der Einwand, gehe den Interpreten bei einer Aufnahme jedes Gespür für Spontaneität verloren. Aber da Andrew die Freiheit hatte, das Material aus vielen verschiedenen Versionen auszuwählen, konnte er einiges von unserem eher experimentierfreudigen oder ungewöhnlichen Spiel einbauen, wie ein Filmregisseur, der eine Szene aus den vielen Fassungen, die ihm zur Verfügung stehen, zusammensetzen kann. Gegen Ende der Sitzung spielten wir eine freiere, eher suchende Version des letzten Abschnitts dieses Satzes – in dem sicheren Gefühl, dass wir ja bereits eine Fassung eingespielt hatten, die gut genug war. Das Aufnehmen machte es uns möglich, tiefer in eine Musik einzudringen, die wir schon oft aufgeführt hatten. Über mehrere Tage hinweg bereicherte es unser Verständnis für ein Stück, und wir gewannen neue Ideen, die wir, wenn wir wollten, in künftigen Konzerten anwenden konnten.

Auch wenn ich die letzten Phasen der Einspielung genoss, hatte ich danach doch ein deutlicheres Bewusstsein der vielen Widersprüche im ersten Satz von Opus 127. Die Streichquartette Opus 59 zeichneten sich ebenfalls durch eine Fülle von Kontrasten und Konflikten aus, die manchmal das Verständnis herausforderten, doch bei allen drei Werken wurde durch ihren jeweils entschiedenen Schluss eine Wirkung erzeugt, als binde man lose Enden zusammen. Dagegen konnte in Opus 127 das Erlebnis der drei «Maestoso»-Abschnitte und des dramatischen Fortissimo-Ausbruchs mit seiner quälenden Nachwirkung durch eine sanfte Melodie und ein ruhiges Ende nicht ausgelöscht werden. Wir hatten uns darauf konzentriert, die Details so lebendig wie möglich herauszustellen und genau jene Widersprüche hervorzuheben, die dazu beigetragen hatten, dass Opus 127 so schwer verständlich war, als es zum ersten Mal aufgeführt wurde, aber mir blieb der Gedanke, dass einige Elemente dieser Musik sich wohl nie ganz miteinander vereinbaren ließen.

Die ersten Reaktionen auf Opus 127 wurden vom Problem des Verständnisses beherrscht. Als Böhms Quartett den radikalen Schritt wagte und das Stück zweimal hintereinander aufführte, gab das den Interpreten und Hörern gleichermaßen eine zusätzliche Möglichkeit, die komplizierten Feinheiten zu erfassen. Dass man dasselbe Stück auf diese Weise anhören musste, war ein Zwangsmittel; es stellte den Brauch der damaligen Zeit auf den Kopf, dass die Hörer beharrlich klatschen konnten, um dadurch Wiederholungen eines Satzes zu verlangen, der ihnen besonders gefallen hatte. Gut möglich, dass einige Hörer am Ende der zweiten Aufführung von Opus 127 eher zurückhaltend Beifall spendeten – aus Furcht, es könnte zu weiteren Wiederholungen führen. Auch die ersten Interpreten mochten wegen der doppelten Vorführung gemischte Gefühle gehabt haben; obwohl es keine weiteren Stücke im Programm gab, die Energie abgezogen hätten, berichtete Neffe Karl doch: «Damahls waren sie kaum im Stande, es 2 Mahl zu spielen. (...) Die Hitze war auch sehr groß, sie haben sehr geschwitzt.»[20] Aber Karl teilte seinem Onkel auch mit, dass die Musik auf diese Weise leichter zu verstehen war.

Schuppanzigh bekam 1826 schließlich noch einmal die Chance zur Aufführung von Opus 127. Holz berichtete Beethoven, dass die Proben immer noch problematisch seien, Schuppanzigh aber «sagte, daß er erst gestern das Adagio recht begriffen habe, und daß er vor Wollust es kaum wird spielen können».[21] Leider gibt es keine Berichte darüber, wie seine Begeisterung über seine Erkenntnis die folgende Aufführung beeinflusst hat. Gewiss hat Schuppanzigh davon profitiert, dass er mehr Zeit hatte, sich vorzubereiten, aber möglicherweise hatte Holz in seinem Bericht übertrieben, um Beethoven davon zu überzeugen, dass Schuppanzighs zweite Aufführung besser sein würde als die erste.

In Anbetracht der Schwierigkeiten, die andere mit Opus 127 hatten, muss Fürst Galitzins Antwort aus Sankt Petersburg für Beethoven eine Freude gewesen sein:

> «Ich habe Ihnen meinen Dank auszusprechen, geschätzter Herr van Beethoven, für die wertvolle Sendung, die Sie mir mit dem erhabenen Quartett zukommen ließen, das ich erhalten habe. Ich habe es einige Male gespielt und das ganze Genie des Meisters erkannt, und wenn die Ausführung noch besser werden wird, wird sein Charme noch größer sein.»

Instinktiv erkannte Galitzin die Vorteile des wiederholten Spielens und Hörens, und alle Unvollkommenheiten schrieb er mehr der Ausführung zu als der Komposition. Er drängte Beethoven, Opus 127 so schnell wie möglich drucken zu lassen. «Solch ein wunderbares Meisterwerk sollte keinen einzigen Moment verborgen bleiben.»[22]

Zwei Monate später schrieb Galitzin wieder an Beethoven und stellte eine Frage, die während des Probens aufgekommen war. Es ging darum, ob ein Ton in der Bratschenstimme ein Des oder ein C (also einen Halbton tiefer) sein sollte, Die Tatsache, dass dieser Ton nicht Teil einer führenden Melodie war, sondern ein Zweiunddreißigstel – das im Nu vorbei ist –, zeigt, mit welchem Ernst die Musiker in Sankt Petersburg an das neue Quartett herangingen. Beethoven antwortete mit einer ausführlichen Erklärung, warum einer der Musiker recht habe in der Annahme, dass der Ton ein Des sein sollte; er sei erfreut, dass die Absicht des Komponisten erkannt worden sei.[23]

Die positive Reaktion Galitzins auf Opus 127 war wahrscheinlich auch durch die persönliche Beziehung beeinflusst, die er inzwischen zu Beethoven hatte. Berücksichtigt man den besonderen Charakter des Briefwechsels zwischen ihnen, der einen Zeitraum von fast drei Jahren umfasste, während dessen der Fürst auf Opus 127 wartete, war Beethovens Gönner wohl nur zu leicht geneigt, von der Musik, die er in Auftrag gegeben hatte und die ihm gewidmet war, begeistert zu sein. Am 3. August 1823 entschuldigte sich Galitzin bei Beethoven, nicht eher geschrieben zu haben; er sei wegen einer lebensbedrohlichen Krankheit seines einzigen Kindes beunruhigt gewesen. Im weiteren Verlauf des Briefes schrieb er über finanzielle Übereinkommen wegen einer Manuskriptausgabe der Missa Solemnis, die er vorbestellt hatte, und dankte Beethoven dann für die

Übersendung zweier neuer Klavierstücke: «Meine Frau, die dieses Instrument spielt, und die auch eine Ihrer größten Bewunderinnen ist, freut sich schon sehr darauf.»[24]

Die Vorfreude war groß – allein der Gedanke, Beethovens jüngste Klaviermusik zu bekommen, war ein Trost für den Fürsten und seine Gemahlin. Am 3. Oktober 1823 vertraute Galitzin Beethoven an, dass er und seine Frau durch den Verlust ihres Kindes am Boden zerstört seien und eine lange Reise in die südlichen Provinzen Russlands unternommen hätten, um die stark beeinträchtigte «Gesundheit meiner Gattin dort wieder etwas herstellen zu lassen». Galitzin erinnerte sich an Beethovens eigene Probleme: «Ich hoffe, dass die Krankheiten, an denen Sie leiden, durch Ihren Kuraufenthalt in Baden, das mir durch meinen Aufenthalt in Wien in meiner Kindheit zwischen 1804 und 1806 gut bekannt ist, etwas gelindert werden.»[25]

Im nächsten Brief brachte Galitzin seine Ungeduld zum Ausdruck, Opus 127 endlich zu erhalten, aber gleichzeitig bat er Beethoven, sein Flehen zu ignorieren: «Ich bin sehr ungeduldig auf ein neues Quartett von Ihnen, aber ich bitte Sie, dem keine Beachtung zu schenken und nur Ihrem Geist und Ihrer Inspiration zu folgen, denn bessere Menschen als ich wissen, dass man ein Genie nicht zwingen kann, sondern es walten lassen muss.»[26] Das war allerdings eine Weisung, die Galitzin nur schwer durchhalten konnte, wie seine Briefe im Folgejahr zeigten:

> 16. Juni 1824: «Mit wirklicher Ungeduld erwarte ich die Sendung des Quartetts, das Sie mir versprochen haben.»
> 28. Juli 1824: «Was meine Quartette betrifft verlangt meine Ungeduld von Ihnen als Freund danach.»
> 5. Dezember 1824: «Ich kann Ihnen nicht ausdrücken, mit welcher Ungeduld ich Ihr erstes Quartett erwarte.»[27]

Kein Wunder, dass der Fürst so dankbar war, als die wertvolle Sendung mit Opus 127 im April des Folgejahres endlich ankam.

Für Beethovens Zeitgenossen hatte das Kennenlernen eines seiner späten Quartette etwas von der Begegnung mit einem politisch subversiven Neuankömmling, der gerade in die Stadt gezogen ist: Viele werden seine radikalen Ideen unmittelbar ignorieren, und diejenigen, die ihm eine Chance geben wollen, kämpfen gegen widersprüchliche Gefühle an und sind sich nicht sicher, ob sie seine Originalität bewundern oder ihr misstrauen sollen; sein unberechenbares Verhalten irritiert und fasziniert sie zugleich. Wie auch immer – wenn einem der Neuankömmling erst einmal etwas vertrauter ist und man sich denjenigen anschließt, die behaupten, ihn zu verstehen, bekommt dieser endlich Zugang zu einem exklusiven Kreis.

Nach Böhms Doppelaufführung von Opus 127 berichtete ein Musikkritiker, dass «die Nebeldecke schwand und das herrliche Kunstgebilde in blendender Glorie erstrahlte».[28] Wie viele Hörer oder Interpreten würden es angesichts einer solchen Erklärung wohl gewagt haben zuzugeben, dass sie noch immer im Nebel herumtappten? Schuppanzigh mag in der Tat aufrichtig erfreut gewesen sein, als er meinte, das Adagio endlich verstanden zu haben, aber es ist unwahrscheinlich, dass der stolze Geiger, dessen Ruf durch die katastrophale Uraufführung gelitten hatte, während der Proben einräumte, noch immer mit dem Stück zu kämpfen.

Beethovens Freunde und Mäzene sowie Kammermusikliebhaber im Allgemeinen wurden von der Vorstellung angespornt, dass ein weiteres Aufhellen und tiefere Einblicke in die späten Quartette zu einem größeren Verständnis führten. Prominente Kritiker wie E. T. A. Hoffmann veröffentlichten Analysen von Beethovens Musik, um das Verständnis zu fördern. Und als Bernhard Schott 1826 das Opus 127 herausgab, ermöglichte die Publikation es den Amateurstreichern, sich mit dieser Musik in privater Atmosphäre ungestört auseinanderzusetzen. Von einigen der späten Quartette wurden auch Arrangements für Klavier zu vier Händen veröffentlicht, sodass auch den Pianisten die Möglichkeit gegeben wurde, sich näher damit zu beschäftigen.

In einer «späteren Zeit» wurden Schallplatten dann ein ideales Mittel, um das Verständnis zu vertiefen; sie erlaubten Wiederholungen der Aufnahmen, man konnte verschiedene Interpretationen vergleichen und hatte die Möglichkeit, einen Lieblingssatz so oft abzuspielen, wie man wollte, ohne befürchten zu müssen, dass die Interpreten oder anwesende Hörer ermüden.

Das Holzpodium in St George erstrahlte golden im Abendlicht, als wir mit der Aufnahme des Adagios von Opus 127 begannen. Wir sparten die langsamen Sätze lieber für die Abende auf: Die Müdigkeit von vorangegangenen Sitzungen verringerte den Adrenalinausstoß und machte es leichter, die eher meditative Atmosphäre hervorzubringen, die von der Musik oft verlangt wird. Nachdem wir unsere Erstaufnahme angehört und besprochen hatten, spielten wir den Satz zweimal hintereinander, ohne dazwischen etwas zu sagen; das erlaubte es uns, tiefer in die Stimmung einzutauchen.

Die Anfangsmelodie der Geige beginnt mit einer einfachen Tonleiter, getragen von einem langsamen, schwingenden Rhythmus, und öffnet sich dann in zunehmend weite, ausdrucksvolle Intervalle. Am Ende des sechsten Taktes übernahm András das Thema von mir, während ich über dem Cello eine mäandernde Melodie spielte. Dieser Moment veranlasste den Cellisten zu unterbrechen – wahrscheinlich nicht nur in unserem Aufnahmestudio – und den Ersten Geiger mit mehr oder weniger großer Geduld zu fragen, wer denn hier die Hauptmelodie habe. Wie sind Ignaz Schuppanzigh und Joseph Linke wohl mit dieser Frage umgegangen? Ob der Cellist, nachdem er das Recht der Uraufführung aufgegeben hatte, etwa von Schuppanzigh erwartete, dass dieser ihn einfühlsam begleite, oder ob er gegenüber den unvermeidlichen Geltungsansprüchen eines Erste-Geiger-Egos resigniert hatte? Wenigstens hatte Beethoven Linke das Erstaufführungsrecht für sein nächstes Quartett, Opus 132, zugestanden; und Linke entwarf schließlich ein Konzertprogramm, auf dem er im günstigsten Licht erschien.

Was für eine großartige Oberstimme! Während András einen langen Ton spielte, führte ich die Linie in einer kleinen Sept nach oben, ein ausdrucksvoller gesanglicher Effekt, der gleichzeitig Sehnsucht und Dank offenbarte. Als András' Lauf auftauchte, spielten wir beide den gleichen schwingenden Rhythmus. Um eine befriedigende Balance (wenigstens dachte ich so) zu erreichen, betonte ich die größeren, expressiveren Intervalle in meiner Linienführung, variierte aber die Klangfarbe, um die Melodie des Cellos im Auf und Ab zu umspielen. Das Gewebe musikalischen Materials in diesem Eingangsthema bildete den Auftakt für einen ausgedehnten Satz, der aus sechs Variationen besteht.

In der ersten Variation des Adagios wechselten Führung und Gefolgschaft von Takt zu Takt. Alle vier Stimmen spielten denselben Rhythmus, dieselbe Dynamik, bevor die erste Geige mit einem leidenschaftlichen Solo auftauchte und zwei Oktaven höher als die zweite Violine stieg. Sekunden später hob das Cello mit der bedeutungsvollsten Melodie an und stieg bis in die höchste Lage, was von den abfallenden Tönen der anderen, darüberliegenden drei Stimmen plastisch hervorgehoben wurde. Dann war kurz die

Melodie der ersten Geige führend, bis die Bratsche in der Hälfte des nächsten Taktes übernahm. Die Variation endete damit, dass alle vier Stimmen jeweils zwei Töne im selben Rhythmus spielten, von Pausen unterbrochen, die nach solch einem Gefühlsausbruch Luft und Klarheit brachten. Durch die ganze Variation hindurch schuf Beethoven eine neue Form der Beziehung zwischen vier Melodielinien, die sich in einer so verschlungenen Weise vermischten, dass man weniger das Gefühl einer klar artikulierten Konversation zwischen Individuen als vielmehr eines Austauschs von inneren Stimmen hatte.

Duette, die im Austausch zwischen Cello und Geige zu Beginn des zweiten Satzes ihren Ursprung hatten, blieben den ganzen Satz hindurch ein wichtiger Bestandteil. Während das Cello und die Bratsche in der zweiten Variation einen beschwingt-fröhlichen Rhythmus beisteuerten, antworteten sich die beiden Violinen mit flüchtigen Läufen – wie Liebende, die sich noch nicht voneinander gelöst haben und ihren heiteren Flirt fortsetzen. In der fünften Variation, während eines geflüsterten Duetts zwischen Bratsche und erster Geige, suchte die Musik zögernd nach einer neuen Richtung. Und gegen Ende des Satzes, während die Stimme der ersten Geige weit oben schwebte, spielten die zweite Geige und die Bratsche gedämpfte, wiederholte Töne, die ein bedrohliches Schreiten einleiteten – ein Rhythmus, der mich an das monotone Pochen der Bratsche am Ende des langsamen Satzes von Schuberts Quartett «Der Tod und das Mädchen» erinnerte.

In all diesen Beispielen schienen die Duette mehr private Unterhaltungen als dramatische Konversationen zu sein. Das war ein Aspekt, der hier in der Kirche noch dadurch verstärkt wurde, dass ein bestimmtes Publikum fehlte. An dem Abend in St George hatten wir das Gefühl, nur für uns zu spielen, obwohl wir eine kommerzielle Aufnahme für Decca machten. In gewisser Weise schien es passender, dass unsere Einspielung später in Wohnzimmern, an Schreibtischen und in Autos gehört würde – an Orten, die eher privat als öffentlich sind. Während die Streichquartette Opus 18 im Umfeld aristokratischer Salons entstanden waren und das Drama der «Rasumowski»-Quartette auf größere öffentliche Räume ausgerichtet war, gingen die späten Quartette über solche offensichtlichen Grenzen der Räumlichkeit hinaus. Vielleicht könnte dieser meditative, suchende Satz von Opus 127 besser in einer Umgebung gewürdigt werden, die von stampfenden Füßen, feuchten Augenbrauen, plötzlichen Hustenanfällen und sonstigen Äußerlichkeiten der Konzertetikette weit entfernt war.

Nachdem sich Virginia Woolf 1941 das Leben genommen hatte, war ihr Mann, Leonard, so tief getroffen, dass er nicht die Kraft hatte, die Musik für ihr Begräbnis zu organisieren. Leonard hatte zuvor die Überzeugung seiner Frau geteilt, dass die Cavatina aus Beethovens letztem «Galitzin»-Quartett, Opus 130, eine passende Musik für eine Kremation sei. Als es jedoch so weit war, brachte es Leonard nicht über sich, dem Mann, der das Begräbnis organisierte, die Cavatina vorzuschlagen. Stattdessen hörte er sich allein zu Hause eine Aufnahme dieses Stücks an.

Als ich mich nach fast einem Jahr seit unserer Aufnahme hinsetzte, um die CD von Opus 127 anzuhören, beehrte mich unsere stürmische Border Collie Hündin, die meinte, ich säße einzig deswegen auf dem Boden in unserem Wohnzimmer, um mit ihr zu spielen. Als die ersten Akkorde erklangen, spannte ich mich an wie ein Patient im Zahnarztstuhl. Es war absurd, dass ich eine so defensive Haltung einnahm, aber ich konnte mich nicht daran erinnern, wie unser Klang war: Würde die erste Umwandlung von majestätischen Akkorden in ein intimes Gespräch oder unser entfesseltes Spiel im wilden und wetteifernden Fortissimo-Abschnitt überzeugend sein? Es war selten entspannend, sich eine unserer CDs anzuhören: Unzulänglichkeiten nervten, während ich mich bei allem, was überraschend gut klang, fragte, ob ich immer noch auf diesem Level spielen könnte.

Der erste Satz kam überzeugender herüber, als er sich während der Aufnahmesitzung angehört hatte; die Kontraste waren dramatisch, ohne zusammenhanglos zu wirken. Andrew hatte seine ganze Kunst angewandt und unsere besten Stellen zusammengefügt, und Simons Arrangement schien mir eine überzeugende Klangmischung aus Klarheit und Wärme zu sein – obwohl ich mich ab und zu fragte, ob die erste Geige, wer auch immer sie spielte, wohl deutlich genug durchkam.

«Magst du diese Saiten noch?», fragte Sam höflich, während ein Hundeschwanz über mein Gesicht wedelte und mir ein schleimiges Etwas in den Schoß fiel, das eher einem Hundekauknochen glich.

Die Wehmut am Ende des Satzes hatte seit der Aufnahmesitzung an Schmerzlichkeit zugenommen. Einige Wochen, nachdem wir die Aufnahmen aller Beethoven-Quartette abgeschlossen hatten, teilte Roger uns mit, dass er das Takács verlassen und mit seiner Familie nach Boston ziehen werde. Er wollte nach zehn Jahren Umherreisens die Möglichkeit haben, mehr Mahlzeiten gemeinsam mit seinen kleinen Töchtern und seiner Frau Natasha Brofsky einzunehmen, die Cellistin im Peabody Klaviertrio war und gerade einen Lehrauftrag am New England Conservatory erhalten hatte.

Es ist eine bittere Erfahrung für alle Betroffenen, wenn jemand aus einem Quartett ausscheidet, mag er auch noch so gute Gründe dafür haben. Für den, der geht, ist es eine Herausforderung, die künstlerische Befriedigung, die ein so erfüllendes Leben mit sich bringt, zu ersetzen oder ohne sie auszukommen; und die Zurückbleibenden müssen noch mal von vorne anfangen und das Quartett wieder aufbauen. Natürlich hatten wir das Gefühl, unser Quartettleben sei eingestellt worden, obwohl wir mit Roger weiterhin unsere letzte Konzertsaison spielten und wir dabei waren, drei ausgezeichnete Finalisten auszuwählen, die mit uns in Boulder ein Probekonzert geben sollten.

Auch wenn wir offene Fragen in Bezug auf den

Charakter, die Balance und die Tempi in einer bestimmten Weise für die CD geklärt hatten, so könnte doch keine einzige Aufnahme die vielen Interpretationsmöglichkeiten, die die Musik nahelegt, angemessen ausloten. Das schien besonders auf das Ende des ganzen Stücks zuzutreffen – ein Abschnitt, den Beethoven selbst zwischen der ersten und der zweiten Aufführung modifiziert hatte. Der Geiger Joseph Böhm berichtete, dass Beethoven, nachdem er dessen Quartettprobe miterlebt hatte, sich angeregt fühlte, die Tempobezeichnung für den letzten Abschnitt des Finalsatzes zu ändern. Nach einem fröhlichen und manchmal ungestümen Allegro windet sich die Musik in Tempo und Dynamik abwärts, der pochende Rhythmus wird kurz unterbrochen, während die beiden Violinen auf einer langen Note Triller haben. Aus dieser Zäsur tauchen flüchtige Pianissimo-Läufe und die Anfangsmelodie des Satzes auf, und dieser umgewandelte Rhythmus bringt nun Heiterkeit und Schwung in den vormals sanften «Legato»-Duktus. Der Charakter des darauffolgenden Höhepunkts und die letzten Gesten des Stückes hängen weitgehend von der Tempowahl ab.

Später behauptete Böhm, er habe seine Musikerkollegen dazu angeregt, Beethovens Anweisung «Meno vivace» (also «weniger lebhaft») zu ignorieren, «welches mir die Wirkung des Ganzen abzuschwächen schien. Ich rieth daher bei der Probe das gleiche Tempo einzuhalten, was auch geschah und wirklich bessern Eindruck machte.»

Der Erste Geiger fuhr in seinem bescheidenen Bericht fort:

> «Beethoven kauerte in einer Ecke, hörte nichts davon, sah aber mit gespannter Aufmerksamkeit zu. – Nach dem letzten Bogenstrich sagte er lakonisch: ‹Kann so bleiben› – ging zu den Pulten und strich das ‹*meno vivace*› in den vier Stimmen aus.»[29]

Offensichtlich fühlte sich der oft sprunghafte Meister bei der Tempoänderung gar nicht angegriffen und war gewillt, noch in diesem späten Stadium seine Meinung zu ändern. Böhm räumte ein, dass der Komponist nicht hören konnte, wie sie spielten, aber offensichtlich hatte er das Hochgefühl und die Begeisterung gespürt, die mit dieser Abänderung einhergingen. Als er zusah, wie dieses neu zusammengestellte Ensemble seine Musik probte, kam ihm plötzlich eine andere Möglichkeit für den Schluss dieses komplexen Stückes in den Sinn – zumindest nach Aussage des Ersten Geigers. Beethoven ersetzte in gedruckten Ausgaben das «Meno vivace» durch «Allegro comodo» (also «angenehm schnell»), was in Anbetracht der schwierigen Stelle meiner Meinung nach ein wünschenswerter Hinweis ist.

Aufnahmen von Opus 127 zeigen die unterschiedlichsten Herangehensweisen an diesen Abschnitt. Das Budapest Quartet spielt ein schnelles Tempo in seiner Version, die 1941 in der Library of Congress in Washington aufgenommen wurde; der letzte Höhepunkt erklingt tollkühn und berauschend – eine mutige Wahl in Anbetracht dessen, dass es eine Live-Aufnahme ohne technische Aufbereitung war. Sie spielen den ganzen Satz schneller als viele andere Gruppen, als sei Beethoven entschlossen, dieses komplexe Stück in einem Wirbelwind voll fröhlicher Aktivität zu beenden.

Viele Gruppen, das Takács-Quartett inbegriffen, entscheiden sich für Tempi, die den Eindruck von «meno vivace» erwecken – genau die Anweisung, die Beethoven angeblich gestrichen hat. In der Aufnahme des Alban Berg Quartetts gibt es eine dramatischere Lösung für diese Stelle: Hier gipfelt ein betont langsameres Tempo in einem mächtigen, majestätischen Höhepunkt, der den Hörer zu der «Maestoso»-Stimmung am Anfang des ganzen Stückes zurückzuführen scheint. Hätte Beethoven diese Version erlebt, wäre er vielleicht geneigt gewesen, das «Meno vivace» wieder einzusetzen, und die Wiedergabe des Budapest-Quartetts hätte ihn vielleicht veranlasst, stattdessen ein «Presto» anzugeben. Der Schluss des Takács' war weder so schnell wie beim Budapest-Quartett noch so langsam wie beim Alban Berg Quartett, und mir gefiel unser durchsichtiger, nachdenklicher Klang zu Beginn dieses Abschnitts. In Opus 127 hat Beethoven eine solche Vielfalt an Möglichkeiten geschaffen, dass das Stück auf unterschiedlichste Weise beendet werden kann.

Als ich mir Opus 127 wieder anhörte, hielt ich vor einer besonders schwierigen Passage den Atem an. Sie erinnerte mich wieder daran, wie ungeheuer motivierend der Leistungsdruck während meiner Zeit im Quartett war – vom ersten Jahr an, als ich hoffte, dem Vertrauen der anderen gerecht zu werden, und während der Zeit nach Gábors Tod, als die «englisch-ungarische Vierergruppe», wie wir genannt wurden, am Wiederaufbau der Karriere arbeitete. Selbst jetzt war ich besorgt, dass unsere Aufnahme rundweg abgelehnt würde zugunsten anderer Versionen, so wie Schuppanzighs Demütigung angesichts seines Versagens bei der Uraufführung durch die positiven Reaktionen auf die erfolgreicheren Vorführungen von Böhm und Mayseder noch verschlimmert wurde.

Es war eine zweischneidige Erfahrung, als ich so tief in Opus 127 eintauchte. Die schlaflosen Nächte und langen Aufnahmesitzungen gingen zunehmend mit körperlichen Beschwerden einher. Am Familientisch war meine neu erworbene Sachkenntnis hinsichtlich der verschiedenen Merkmale rezeptfreier Handgelenkschienen und Gels gegen Entzündungen Gegenstand größerer Sorge, aber von vergleichbarem Interesse wie zerkaute Geigensaiten und Stimmstockeinstellungen. Aber neben solcher Selbstbezogenheit gab es auch befreiende Momente, etwa jene, als wir den langsamen Satz von Opus 127 aufnahmen: Es war ein Abend gewesen, an dem nichts anderes zählte, als inmitten dieses sublimen Gewebes von Melodiebögen zu sein, die Beethoven uns hinterlassen hat. Für die nächsten zehn Jahre meines Quartettlebens erhoffte ich mir, dass es mir möglich sein wird, eine andere Form von Gleichgewicht und Harmonie zu erzielen: Glück und Zufriedenheit in einem Quartett schienen mir dann leichter erreichbar zu sein, wenn die persönlichen Eigenheiten in den Hintergrund treten und die Musik zum Mittelpunkt wird.

Die Anforderung, in einer musikalischen Phrase Sehnsucht hervorzurufen, ist für mich leichter, als ihr unter anderen Bedingungen zu erliegen. Wenn wir ein bestimmtes Musikstück aufmerksam hören, bedeutet es, dass wir jegliche Kontrolle über das abgeben, woran wir uns erinnern und was wir vergessen; eine bestimmte Melodie oder ein Akkordwechsel führt zu überwältigenden Assoziationen mit einer Person, einem Ort oder einer Stimmung. Auch wenn ich sehr dankbar war, dass ich die Gelegenheit hatte, den Beethoven-Zyklus mit Karcsi, Roger und András aufzunehmen, möchte ich in den nächsten zehn Jahren das Ergebnis nur gelegentlich anhören.

Unsere Beethoven-CDs sollten die Arbeit von vier Individuen repräsentieren, die an einem bestimmten Tag, zu festgelegter Zeit und an einem ausgewählten Ort versuchten, ihr Bestes zu geben, und gleichzeitig sollte es auch ein greifbarer Beleg für ein Jahrzehnt erfüllter Zusammenarbeit sein – eine Aufnahmeversion, auf die wir stolz sein konnten, von der wir uns zwangsläufig aber auch wieder lösen mussten, als wir in der Folgezeit andere aufregende musikalische Möglichkeiten mit unserer neuen Bratschistin erkundeten.

5
Rekonvaleszenz – Opus 132

«Macht euch keine Sorgen», sagte András zu uns hinter der Bühne, bevor wir an einem Sonntagnachmittag im Juni 2002 ein Konzert in Albuquerque, New Mexico, gaben. «Ich nehme Blutverdünner, und eine Nitroglyzerintablette ist in der Tasche meines Smokings. Im schlimmsten Fall steckt ihr sie mir unter die Zunge.» Sein Arzt hatte am vorangegangenen Morgen angerufen und ihm mitgeteilt, dass eine seiner Arterien verstopft sei. Sobald wir wieder in Colorado seien, brauche er einen Stent. András bestand trotz unserer Bedenken darauf, dass es kein zusätzliches Risiko darstellte, beim Nachmittagskonzert zu spielen. Als wir dann später am Nachmittag Smetanas autobiografisches Quartett «Aus meinem Leben» spielten, das in seinem ersten Satz die Vorahnung des Komponisten auf Krankheit zum Ausdruck bringt, warfen wir jedes Mal, wenn András' Cellopartie besondere Körperkraft verlangte, ängstliche Blicke auf ihn.

Nach dem Eingriff und einer zehntägigen Erholungspause konnte András Gott sei Dank die Arbeit im Quartett wieder aufnehmen. Doch solch eine einschneidende Erfahrung war für uns ein weiterer mahnender Hinweis darauf, wie fragil die Grundlage einer Unternehmung ist, die vier Menschen so eng aneinanderbindet.

Einige Jahre nach dem Schrecken mit András kauften wir uns auf Anraten unseres Anwalts gegenseitig – jeder für den anderen – Lebensversicherungspolicen. Bis wir uns an diese Modalität gewöhnt hatten, wurden Krankheiten besonders aufmerksam beobachtet. Am Ende einer Europatournee lag ich im Check-in-Bereich am Flughafen von Bordeaux und kämpfte mit einem Grippevirus, und wir überlegten, ob wir das nächste Konzert absagen sollten. Eine halbe Stunde später setzten wir unsere Reise fort. Karcsi drückte liebevoll meinen Arm und sagte: «Und ich hab' mich schon auf einen Lamborghini gefreut.»

Wenn jemand aus einem Quartett ausscheidet, wird die gegenseitige Abhängigkeit besonders sichtbar. Die Basis eines Streichquartetts ist die Arbeit, die vier Personen über einen langen Zeitraum miteinander leisten. Es ist das Einfühlungsvermögen, das man in persönlicher und musikalischer Hinsicht entwickelt, und sind die Bindung und die Verpflichtungen, die aus gemeinsamen Erfahrungen und Anforderungen entstehen.

Als Geraldine Walther 2005 den mutigen Schritt wagte, als unsere Bratschistin dem Takács beizutreten, führten ihr Enthusiasmus und ihre Abenteuerlust zu einem Vertrauensvorsprung, ihr Schicksal mit drei anderen Musikern zu verbinden, ohne zu wissen, ob wir alle gesund bleiben oder wie sich unsere musikalische und persönliche Dynamik entwickeln würde. Unsere nordamerikanische Managerin, Seldy Cramer, hatte sie uns vorgestellt. Geri war eine erfahrene Kammermusikerin und Solistin, die neunundzwanzig Jahre die renommierte Position der Ersten Bratschistin des San Francisco Symphony Orchestra innegehabt hatte. Wir waren begeistert von der Wärme und Präsenz ihres Tones bei ihrem Probespiel und wie sicher sie auf dem Podium schien, selbst bei der Aufführung von Opus 131, die nur nach drei Probetagen zusammengestellt wurde. Sie hatte sich in das Quartettleben hineingestürzt und gab zu, dass sie manchmal nachts um zwei Uhr aufwachte und mehrere Stunden übte, um die vielen Quartette vorzubereiten, die wir in ihrer ersten Saison spielten.

«Wer geht mit mir heute Abend essen?» Geris Frage am Ende unseres ersten Probetags einer gemeinsamen Tour löste verblüfftes Schweigen aus. Jedes Quartett entwickelt seine eigene Methode, wie man ein Gleichgewicht zwischen gemeinsam verbrachter und getrennt verbrachter Zeit schafft. Auch wenn wir im selben Flugzeug reisten, saßen wir nicht nebeneinander: Wie hätte ich es genießen können, Episoden aus *Friends* anzuschauen, wenn Karcsi neben mir gewissenhaft die Taschenpartitur eines Bartók-Quartetts studierte? Es war angenehm, im selben Hotel zu sein – solange nur unsere Zimmer weit genug voneinander entfernt waren und sichergestellt war, dass ein ständig wiederholtes G-moll-Arpeggio eines Quartettmitglieds den anderen nicht den Nachmittagsschlaf raubte. An den wenigen Abenden, die wir uns auf einer Tournee freihielten, hatten Karcsi, András und ich es uns angewöhnt, unabhängig zu sein. Als sich die beiden Ungarn einmal unversehens

Sitz an Sitz in einem Kino in Leicester wiederfanden, war das ein Zufall, über den noch nach Jahren gelacht wurde, und nicht etwa der Auftakt zu einem heißen Rendezvous.

Auf ihren Orchestertourneen hatte Geri immer viele willige Essensgenossen gehabt; im Gegensatz dazu konnte eine Takács-Tournee trostlos sein. Doch seit Geri da war, verbrachten wir mehr Mahlzeiten gemeinsam, und wir fuhren in einem Minivan statt in zwei Autos. Sie fütterte András, unseren auserwählten Fahrer, vom Rücksitz aus mit Keksen, Schokolade und Bananen. Ähnlich änderte sich plötzlich unser Probenumfeld: Es gab Mengen von Gebäck und Obst, und Geburtstage wurden im Studio mit Kuchen und Kerzen gefeiert. Aber nach einem Jahr Quartetterfahrung lautete Geris Essensfrage leicht modifiziert: «Kann ich heute Abend mit einem von euch essen gehen, falls ich kein besseres Angebot bekomme?»

Wenn ein neuer Spieler hinzukommt, ist es erforderlich, alle Aspekte der Zusammenarbeit neu zu bewerten – etwa die Fragen, wie wir gegenseitig Kritik am Spiel üben und sie aufnehmen, wie viel Gewicht wir auf die verschiedenen Elemente legen, die mit dem Vorbereiten eines Musikstücks einhergehen: die angemessene Balance zwischen den vier Stimmen, die Intonation, das Vibrato, die Auffassung des musikalischen Charakters. Ein neuer Spieler muss zurechtkommen mit dem schwierigen Ausgleich zwischen der Bemühung, sich der musikalischen Identität der Gruppe anzupassen, und dem Wunsch, so schnell wie möglich ein gleichwertiges Mitglied im Quartett zu sein, nicht nur ein Gast. Obwohl durch Geris Beitritt diese Punkte ins Blickfeld rückten – wie es auch jeweils der Fall war, als Roger und ich neu in das Ensemble kamen –, waren die Faktoren, die notwendig sind, um ein Quartett aufrechtzuerhalten, immer noch die gleichen: Wir merken, wie wir im Grunde nur die Dosis eines vertrauten Medikamentencocktails variieren. Um die Grundlagen guten Quartettspiels zu pflegen, spielen wir schwierige Passagen langsam, schlüsseln anspruchsvolle rhythmische Abschnitte auf, indem wir paarweise üben, und überprüfen manchmal die Übereinstimmung unseres Rhythmus mit einem Metronom – alles Vorsichtsmaßnahmen, um mögliche Probleme zu verhindern.

Wir sind nach zehnjähriger Zusammenarbeit immer noch dabei, die grundlegenden Fragen hinsichtlich Charakter und Tempo zu erörtern. Das ist eine Debatte, die vielleicht durch einen neuen Mitspieler eher inspiriert wird, aber sie ist auch für vier Interpreten wichtig, die sich womöglich zu sehr an die Zusammenarbeit gewöhnt haben. Einige unserer höchst nützlichen, aber durchaus mit Auseinandersetzungen verbundenen Erfahrungen der Zusammenarbeit machen wir, wenn wir uns nach längerer Zeit wieder mit einem Musikstück beschäftigen, das eine Weile geruht hat; eine solche Neubewertung kann verschiedene Krisen hervorrufen, wenn wir unsere Interpretation auseinandernehmen, um neuen Schwung in eine Auffassung zu bringen, die vielleicht zu berechenbar, zu durchsichtig geworden ist. Welche neuen Aspekte der Musik können herausdestilliert werden, indem man den musikalischen Fluss einer Phrase stärker beachtet? Oder eine Überleitung neu gestaltet, weil sie in der bisherigen Form abgegriffen wirkt? Man hofft, dass eine Interpretation vor einem Konzert einheitlich ist, aber das funktioniert nicht immer. Oft sind die schönsten und dankenswertesten Musikstücke am schwersten zu fassen, und das ideale Rezept gibt es wohl kaum.

Der gewaltige langsame Satz von Beethovens Opus 132, der unter ungewöhnlichen Umständen komponiert wurde, ist anders als alles, was wir sonst spielen; er gleicht keinem anderen Musikstück. Im Winter 1825 wurde Beethoven in seiner Arbeit am zweiten der drei Quartette für Fürst Galitzin durch eine Kombination mehrerer Bauchleiden unterbrochen, von denen sich das schlimmste in eine gefährliche Darmentzündung zu entwickeln drohte – die damals normalerweise zum Tode führte.

Dr. Anton Georg Braunhofer, ein renommierter Professor an der Universität von Wien, wies Beethoven an, auf Wein, Kaffee und Gewürze zu verzichten. Die Verordnung war wohl kaum etwas Neues, aber der sonst oft widerspenstige Patient gehorchte vorübergehend – vielleicht weil beides ernst war: die Krankheit und der Doktor. Braunhofer drängte Beethoven auch, in das etwa zwanzig Kilometer südlich von Wien gelegene Baden zu fahren. Zwischen 1803 und 1824 war Beethoven in diesem Badestädtchen mindestens dreizehnmal gewesen; er fühlte sich von der erholsamen Wirkung der Umgebung und der Heilquellen gleichermaßen angezogen. Beethoven nahm Freunde, die ihn in Baden besuchten, gerne auf seine Lieblingswanderungen durch das nahegelegene bewaldete Helenental mit.

Schon im Jahr 70 v. Chr. suchten römische Soldaten in den schwefelhaltigen Wassern von Baden, die mit Temperaturen zwischen 24 und 37 Grad Celsius hervorsprudeln, Erleichterung für ihr Rheuma. Kaiser Friedrich III. rückte 1480 einen weiteren Aspekt von Badens Anziehungskraft in den Mittelpunkt, als er der Stadt ein Wappen verlieh, auf dem ein nackter Mann und eine nackte Frau abgebildet sind, die zusammen in einem kleinen Badezuber sitzen. Nach der Reformation und der Gegenreformation wurde die kontroverse Diskussion über gemischtes Baden durch die Einführung obligatorischer knöchellanger Baderoben abgemildert. Trotz oder vielleicht wegen dieser Einschränkung verbrachten die Badenden oft mehrere Stunden bei Essen und Trinken im Wasser. Von 1796 an sicherte die Anwesenheit von Kaiser Franz II.[1] und seinem Gefolge für zwei bis drei Monate in den meisten Sommern den Wohlstand des Badeortes.[2]

Beethoven war nicht der erste Komponist, der mit Baden in Verbindung gebracht wird. Mozarts Frau Constanze suchte dort Besserung für ihre zarte Gesundheit, und Mozart besuchte sie häufig, obwohl er die Stadt langweilig und nicht förderlich für das Komponieren fand. Haydns übellaunige, ihm entfremdete Frau Anna Maria verbrachte einen Großteil ihrer letzten Jahre in dem Badeort und versuchte, dort ihren Rheumatismus zu lindern. Sie begnügte sich mit einem Porträt ihres Mannes – das den zusätzlichen Reiz hatte, dass es von ihrem Liebhaber gemalt worden war –, während Haydn selbst sie dort nur im Jahr 1800 besuchte, als sie im Sterben lag.[3]

Als Beethoven sich im Mai 1825 in Baden erholte, notierte er in seinem Konversationsbuch flüchtig die Idee für den langsamen Satz von Opus 132: eine Hymne als Dank für seine Genesung und das Erwachen neuer Kräfte. Dem fertiggestellten Satz gab er den Titel «Heiliger Dankgesang eines Genesenen an die Gottheit, in der lidischen Tonart». Er besteht aus fünf Teilen: Drei basieren auf einem Choral, und diese Choralabschnitte sind durch zwei kontrastierende Episoden getrennt; die erste der beiden Episoden trägt den Titel «Neue Kraft fühlend». Beethoven nahm Abstand von der üblichen Viersatzform für Streichquartette und machte dieses einmalige Stück zum Mittelpunkt des fünfsätzigen Werkes. Es dauert über fünfzehn Minuten und gehört zu den herausforderndsten Sätzen im Quartett-Repertoire.

Wir beendeten unser Programm im Mai 2014 mit Opus 132 in der Kirche Notre-Dame de la Gloriette in Caen in der Normandie, nicht weit vom Ort der D-Day-Landung vor fast fünfzig Jahren. Nach dem Konzert begannen wir gleich hinter der Bühne über unsere Interpretation zu debattieren. Keiner von uns war mit der Aufführung zufrieden. Am nächsten Morgen saßen wir im Hotel um einen kleinen grauen

Resopaltisch, stocherten in unserem Rührei und diskutierten weiter, wie man den frommen Choral spielen sollte, der am Anfang des «Heiligen Dankgesangs» die Stimmung festlegt. Das Tempo ist mit «Molto adagio» angegeben, und alle spielen genau den gleichen, langsamen Rhythmus.

«Ich spüre keinen gleichmäßigen Schlag», sagte Geri. «Es ist schwer, über den Charakter nachzudenken, wenn wir nicht genau wissen, wann wir den nächsten Ton spielen sollen.»

«Wenn ich zu sehr führe, wird es unruhig», sagte ich. Am frühen Morgen war ich nicht gerade sehr flexibel.

«Vielleicht geht es besser, wenn wir alle den Impuls geben?», schlug Geri vor.

«Das funktioniert nur, wenn wir uns über das Tempo einig sind», sagte András. «Sonst ziehen wir in verschiedene Richtungen, wie gestern Abend. Für mich ist es zu unruhig. Er betet, er ist nicht aktiv.»

«Vielleicht kann man in verschiedenen Tempi beten – dafür gibt es nicht nur eine einzige, richtige Antwort. Ich möchte ebenfalls nicht, dass es unruhig klingt», sagte Geri.

«Wir können viele Ideen umsetzen, aber gestern hat mir nicht gefallen, wie wir vor jeder Choralmelodie langsamer geworden sind», sagte Karcsi. «Dann ist es schwer weiterzumachen.»

Den fünf Phrasen des Eingangschorals geht jeweils ein kurzes kontrapunktisches Präludium voraus. Jedes hat genau die halbe Länge eines Choralabschnitts. Ein Instrument beginnt und wird nach vier Noten vom nächsten imitiert, bis alle spielen. Die erste Geige fängt an, gefolgt von der zweiten Geige, der Bratsche und dem Cello. Die Verzögerungen, die Karcsi missfielen, fanden am Ende jeder dieser imitierenden Passagen statt, wie bei einem Organisten, der fast zum Stillstand kommt, während der Kirchenchor schon ungeduldig auf den Einsatz wartet. Wir bemühten uns am Beginn jedes Choralabschnitts um einen besonders zarten Ton; das ist aber kein ausreichender Grund, davor langsamer zu werden. Wenigstens kamen wir am Frühstückstisch überein, dass es dadurch noch schwieriger war, den Rhythmus einzuhalten.

Beethoven hatte im Jahr 1818 den Wunsch geäußert, «einen frommen Gesang in einer Sinfonie in den alten Tonarten»[4] zu komponieren. In seinem Tagebuch, das er zwischen 1812 und 1818 führte, schrieb er, um authentische Kirchenmusik zu komponieren, müsse er vor allem die geistlichen Gesänge der Mönche studieren.[5] Beethoven interessierte sich nicht nur für die ältere Musik von Palestrina, Bach und Händel, sondern auch für zeitgenössische kirchliche Bräuche: Abhandlungen in seiner persönlichen Bibliothek gaben ihm die Anleitung zu den entsprechenden Themen, wie man einen Choral oder ein Orgelvorspiel schreibt. Der «Heilige Dankgesang» war das Ergebnis einer Erkundung, die auch bei zwei kurz vor Opus 132 komponierten Vokalwerken Früchte trug: der Missa Solemnis (Opus 123) und dem Schlusschor der Neunten Sinfonie (Opus 125), die 1823 beziehungsweise 1824 vollendet wurden.

Indem Beethoven die lydische Tonart verwendet – eine alte Kirchentonart, die in F-Dur steht, bei der aber ein h statt einem b gespielt wird –, reduziert er harmonische Kontraste und Dissonanzen. Die ungewöhnliche Länge jedes Akkords und die abnehmende Spannung, die durch die Tonart hervorgerufen wird, lassen die Musik so langsam fortschreiten, dass die Zeit zum Stillstand tendiert. In dem früheren «Molto adagio» in Opus 59, Nr. 2 haben die choralähnlichen Anfangstakte eine vergleichbare Wirkung, aber nach etwa fünfundvierzig Sekunden steuert die Stimme der ersten Geige einen neuen Gegenrhythmus bei und vermittelt so das Gefühl, dass es vorwärts geht. Neunzehn Jahre später wagte es Beethoven, den ersten, eröffnenden Choralabschnitt des «Heiligen Dankgesangs» auf fast vier Minuten auszudehnen – mit minimaler rhythmischer Abweichung in den Präludienabschnitten, die in Viertel- statt in Halbenoten voranschreiten.

Die Kirche Notre-Dame de la Gloriette hätte eine ideale Umgebung für den «Heiligen Dankgesang» sein können. Ein speziell angefertigtes Podium erhob uns über den Steinboden. Auf beiden Seiten der Kirche ließen strenge steinerne Bögen einen üppigen Altar deutlich hervortreten, der sich uns gegenüber, am anderen Ende des Kirchenschiffs, befand und von grünen Marmorsäulen und goldener Ornamentik umgeben war. Dieser feierliche Raum hätte eine andächtige Atmosphäre vermitteln können, aber während des Konzerts fiel es mir schwer, das Tempo dieser ruhigen Musik einzuschätzen, die ganz im

Gegensatz zu der rasenden Geschwindigkeit unserer Reisetätigkeit stand.

Achtundvierzig Stunden vor unserem Konzert in Caen hatten wir Shostakovichs Klavierquintett in Wales aufgenommen. Im Anschluss an eine lange Eisenbahnfahrt schlief ich zwanzig Minuten, spielte ein paar riskante Läufe und Arpeggien, und nach einer kurzen, aber hektischen Suche nach meiner Schlüsselkarte für das Hotel – ich fand sie sinnigerweise zwischen meinen Zähnen – ging ich zum Veranstaltungsort des Konzertes. Auf der Bühne versuchte ich, all meine Energie zusammenzunehmen, und konnte daher nicht einschätzen, ob wir die entsprechende Ruhe verbreiteten oder ob wir nur lethargisch klangen.

Nach dem Konzert hörte ich mir einige Versionen des «Heiligen Dankgesangs» an. Es interessierte mich, wie verschiedene Ensembles über die Jahre mit dem Problem der Geschwindigkeit umgegangen waren. Beim Busch-Quartett fand ich die bei Weitem langsamste Aufnahme; sie stammte aus den Dreißigerjahren. Trotz des langsamen Tempos spürte man nie irgendeine Unsicherheit darin, wie ein Choralton auf den anderen folgen sollte; der eine Ton wurde am Ende so ruhig ausgehalten, wie der nächste Ton dann fortgeführt wurde. In anderen Aufnahmen, ob schneller oder langsamer, hatte man ein wenig das Gefühl, dass der Klang etwas absinkt, wenn die Interpreten darauf warten, den nächsten Akkord zu spielen. Vielleicht hatte auch unsere Aufführung in Caen unter diesem Phänomen gelitten. Zusätzlich hatte meine Haltung in Bezug auf die Rolle der einzelnen Spieler bei diesem ungewöhnlichen Anfang zu Schwierigkeiten geführt. Jedes Konzert ist auf die ausgeprägten Merkmale einer Interpretation angewiesen, und ich dachte mir, der Anfang des «Heiligen Dankgesangs» sollte so zurückhaltend wie möglich sein und das Gefühl beiseiteschieben, dass einzelne, individuelle Spieler am Werk sind. Beethoven betet voller Dank zu einer höheren Macht und hat bei diesem Akt seine eigene Bedeutungslosigkeit im Bewusstsein. Ich wollte, dass unser Auftritt in Korrespondenz dazu entsprechend zurückhaltend war – der Akkord wechselt unausweichlich, als sei er nicht von Menschenhand hervorgerufen. Darum war ich in Caen zu introvertiert und nahm die musikalischen Impulse um mich herum nicht wahr.

Das Publikum hatte trotzdem begeistert auf unsere Aufführung reagiert. Auch wenn wir in unserem Herangehen an den Choral Differenzen ausbügeln mussten, war der Grund für unsere Unzufriedenheit vielleicht nicht nur musikalischer Art. Mein Missbehagen resultierte auch aus einem kleinlichen Auflehnen gegenüber unserer Situation. Wie es manchmal am Ende einer anstrengenden Tour der Fall ist, empfand ich es als eine Last, dass wir sozial und musikalisch so eng aneinandergebunden waren. Es war für mich im ersten Teil des Konzerts leichter gewesen, mich in die dissonanten, individuellen Linien des Shostakovich-Quartetts einzugraben, als den scheinbar einfachen Gleichklang von Beethovens Choral zu bewältigen.

Bei anderen Gelegenheiten fanden wir bessere Möglichkeiten, diesen Aspekt des Quartettlebens zu akzeptieren. Während der letzten halben Stunde unserer Probe in Boulder, die gewöhnlich bis 18 Uhr ging, erinnerte uns András manchmal daran, dass er unmittelbar danach noch eine Unterrichtsstunde ausgemacht hatte.

«Dann proben wir am besten bis Punkt sechs», sagte ich.

«Ja, mein Lieber, wir wollen wirklich nicht, dass du dich einsam fühlst. Du wirst uns schrecklich vermissen», sagte Geri.

«Ihr könnt meine Gedanken ganz genau lesen.»

«Ach, mach dir keine Sorgen, András», sagte Karcsi. «Ich kann hinterher sogar noch mal für eine Extraprobe kommen – nur wir beide.»

«Es ist furchtbar nett, liebe Kollegen zu haben, die mich verstehen. Hören wir also acht Minuten früher auf. Ich bin sicher, dass jeder schnell zusammenpackt.»

Hätten wir unseren gestressten Gemütszustand gegen Ende einer langen Tournee mit Humor genommen, wäre das für unsere Aufführung in Caen sicher hilfreich gewesen. Für die kommenden nächsten Monate wollten wir versuchen, die dankbare, abgeklärte Stimmung des ersten Chorals in verschiedenen Umgebungen einzufangen: bei den Festivalkonzerten in Aspen und Edinburgh, die später im Sommer stattfanden, doch zunächst einmal in zwei Tagen im Théâtre de la Ville in Paris. Ich bezweifelte, dass wir in der trockenen Akustik dort das langsame Tempo des Busch-Quartetts würden durchhalten können, aber wenn wir das Gewicht mehr auf die gesamte Melodieführung legen würden statt auf den genauen Ablauf jedes einzelnen Tonwechsels, würden wir eine einheitlichere Wirkung erzielen können. Für die Bühnenprobe in Paris nahm ich mir daher vor, es mit einer weniger zurückhaltenden Herangehensweise zu versuchen. Statt mit gelegentlich geschlossenen Augen zurückgelehnt auf meinem Stuhl zu sitzen, wollte ich eine mehr nach vorn gerichtete Körperhaltung einnehmen, zu den anderen hinspielen und versuchen zu spüren, wie meine Kollegen den Rhythmus empfanden, damit ich die Akkordwechsel deutlicher anzeigen konnte. Sich so sehr auf die körperliche und die geistige Verfassung von drei anderen Menschen einzulassen kann manchmal dazu führen, dass man sich eingeschränkt fühlt. Und doch waren wir durch die richtige Art der Vorbereitung in der Lage, uns auf dem Podium als Einheit zu geben; dann konnten wir hoffentlich Geris Bedürfnis nach einem klaren Rhythmus, Karcsis Wunsch, vor den Chorälen nicht langsamer zu werden, und András' Vorstellung eines eher friedlichen Gebets miteinander verbinden.

Beethoven ging während seines ganzen Lebens immer wieder in die Natur, um sich körperlich und geistig zu erholen. 1808 hatte er in seiner Sechsten Sinfonie, der «Pastorale», die Landschaft und das ländliche Leben gepriesen; die Natur lieferte ihm die Vorlage für Krise und Genesung und spiegelte sich in der Musik wider. Der letzte Satz beispielsweise trägt den Titel «Hirtengesänge – frohe und dankbare Gefühle nach dem Sturm».

Baden war mehr als einmal der Ort für schwere Krankheit und Gesundung. Beethoven schrieb von dem Badeort im Sommer 1813 an seinen Freund, Gönner und Klavierschüler Erzherzog Rudolph, den Halbbruder von Franz II., und bat ihn, Verfehlungen seines Verhaltens zu verzeihen – schuld daran sei sein «beynahe verwirrter Zustand» – und erklärte, dass «die Herrlichen Naturschönheiten, die schönen Umgebungen Von hier mich wieder in's Geleise bringen werden».[6] Doch obwohl Beethoven den Kurort hier als pastorale Idylle beschrieb, fiel 1822 sein Urteil über die Verordnung seines Arztes von dreißig Bädern, um noch eine weitere Krankheit auszukurieren, eher mäßig aus: «Uber meinen Gesundheitszustand läßt sich nicht mit Gewißheit von einer wirklichen Besserung sprechen, ich glaube aber doch, daß durch die Kraft der Bäder das Übel, wenn nicht gehoben, doch unterdrückt werden wird.»[7]

Im Mai und Juni 1825, als Beethoven den «Heiligen Dankgesang» als Stück mit fünf Teilen gestaltete, die zwischen der Dankeshymne und dem Abschnitt «Neue Kraft fühlend» alternieren, stimmten die Berichte an seinen Arzt und den Neffen nicht immer mit den Genesungshymnen überein, die in der Musik zum Ausdruck kommen. Es gab freilich am 13. Mai – in einem Brief an Dr. Braunhofer – ein Dankgeschenk in Form eines musikalischen Kanons auf den Text:

«Doktor sperrt das Thor dem Todt,
Note hilft auch aus der Noth».

Auch wenn dieser Brief als heiterer fiktiver Dialog zwischen Arzt und Patient verfasst worden war, so war er nicht gerade eine überwältigende Bestätigung für fachmännische Kompetenz. Beethoven meint seinem Arzt gegenüber, dass er vielleicht ein stärkeres Mittel brauche. Braunhofer empfiehlt in der imaginären Antwort seinem Patienten, er möge abwechselnd auf die Methoden zweier wohlbekannter zeitgenössischer Ärzte, Brown und Stoll, zurückgreifen, deren Behandlungen vollkommen gegensätzlich waren. Zusätzlich wird Beethovens Ausdruck der Dankbarkeit durch das Geständnis untergraben, dass er von der Medizin, die ihm Braunhofer verschrieben hatte, nur einmal eine Dosis genommen hatte, bevor er sie verlor.[8]

Am 17. Mai 1825 berichtete Beethoven seinem Neffen Karl, dass er wieder zu komponieren anfange. Aber am darauffolgenden Tag klagte er über Durchfall und zog in Betracht, das Kaffeeverbot des Doktors zu ignorieren, denn Braunhofers Rezepte seien manchmal unwirksam. «Und überhaupt scheint er mir sehr Beschränkt u. daher doch ein Narr zu seyn.»[9]

Beethoven versuchte am 4. Juni, den Doktor in Wien aufzusuchen, traf ihn aber nicht zu Hause an. Am 9. Juni war der Komponist in einer traurigen Stimmung und beklagte sich bei seinem Neffen über das kalte Wetter in Baden und dass er immer allein sei. «Der Sensenmann wird ohnehin kein so lange Frist mehr geben.»[10]

Auch wenn Beethovens ursprüngliche Idee für den «Heiligen Dankgesang» von seiner jüngsten Begegnung mit dem Tod und der folgenden Genesung inspiriert wurde, so war sein Dankgebet vor allem ein Glaubensbekenntnis, ein Ausdruck des Danks, unabhängig vom schwankenden Zustand seiner körperlichen Verfassung und seiner Stimmungen.

«Das haben wir doch gestern beim Frühstück geklärt. Müssen wir es denn noch einmal proben?» Ich versuchte auf der Bühne im Théâtre de la Ville, meine Besorgnis mit einem Spaß zu vertreiben, und war dankbar, dass die anderen lachten. Wir wünschten alle bei der Aufführung des «Heiligen Dankgesangs» ein besseres Ergebnis als in Caen, obwohl wir nicht genau wussten, wie wir das erreichen sollten.

Ich war glücklich, wieder in dem Theater zu sein. Es ist ein Ort, an dem wir fast in jeder Saison auf Einladung seines ungarischen Musikdirektors, Georges Gara, spielen, der bei der Bühnenprobe unsere Laune immer durch Scherzen mit seinen Landsleuten aufheitert. Das Théâtre de la Ville ist für seine avantgardistischen Aufführungen und die Tanzproduktionen berühmt, die unten vor neunhundert, steil von der Bühne aus aufragenden Sitzplätzen stattfinden, und seine Atmosphäre ist längst nicht so feierlich wie die Stimmung der Eglise Notre-Dame in Caen. Nur ein einziges Mal hatten wir bei unseren Auftritten einen Zwischenrufer erlebt, und zwar hier, während eines gemeinsamen Programms mit der ungarischen Gruppe Muzsikás, die Béla Bártoks Interesse an Volksmusik nachspürte. Wir spielten Bártoks viertes Streichquartett, doch zwischen den Sätzen sprangen die Spieler der Muzsikás auf und improvisierten Stücke auf Instrumenten der traditionellen Volksmusik. Obwohl dies Bártoks einzigartige Klangwelt in den Kontext der Volksmusik stellte, die seine musikalische Sprache durchdringt, rief während der ersten Darbietung der Muzsikás im Théâtre de la Ville ein Hörer wiederholt dazwischen: «Que le quatuor joue!» («Das Quartett soll spielen!») Andere Hörer brachten ihn zum Schweigen, aber als ein Geiger der Muzsikás sich wieder erhob, äußerte der Zwischenrufer erneut seine Empörung. Dieses Mal hielten andere Hörer mit genauso lauten Rufen dagegen, um ihn niederzuschreien – zugegebenermaßen ein harmloses Ereignis im Vergleich zu dem Aufstand, der die Uraufführung von Igor Stravinskys «Le sacre du printemps» begleitete, die 1913 ebenfalls in Paris stattfand.

Die ersten Aufführungen von Opus 132 litten nicht unter solchen Störungen. Beethoven und seine Quartettmusiker waren von den ersten negativen Reaktionen auf Opus 127 gewarnt und wählten ein vorsichtiges Herangehen: Sie boten Opus 132 zuerst vor geladenen Hörern in privaten Konzerten am 9. und 11. September 1825 dar, bevor sie es im November dann in einer ersten öffentlichen Aufführung präsentierten. Der englische Musiker Sir George Smart besuchte das erste Konzert, das in den vom Berliner und Pariser Verleger Maurice Schlesinger bewohnten Hotelräumen stattfand. (Schlesinger sollte später sowohl Opus 132 als auch Beethovens letztes Quartett, Opus 135, herausgeben.) Smart berichtete, dass das Stück zweimal gespielt wurde – eine Imitation des erfolgreichen Mittels, das Böhm und seine Kollegen bei der zweiten Aufführung von Opus 127 angewandt hatten. Beethoven dirigierte von der Partitur aus und verursachte selbst die einzige Unterbrechung des Konzertes, als er dem Zweiten Geiger, Karl Holz, das Instrument wegnahm, um einen falschen Bogenstrich, den er sah, zu korrigieren; aber da er die Tonlage nicht hören konnte, spielte er einen Viertelton zu tief.[11]

Als wir auf der Bühne des Pariser Theaters eifrig mit der Probe zum «Heiligen Dankgesang» begannen, war ich um mögliche Reaktionen aus dem Publikum weniger besorgt. Vielmehr fragte ich mich, wie unsere heutige Interpretation Karcsi, Geri und András gefallen würde. Schweigend spielten wir den ganzen ersten Abschnitt, bis ich abbrach, um die Meinungen zu erörtern. «Gut.» – «Jetzt gefällt es mir.» – «Besser.» Keiner wollte das vielleicht noch brüchige Gleichgewicht stören, und man war eher geneigt, das Quartett einfach sich selbst aussprechen zu lassen.

Selbst nach zwanzig Jahren der Arbeit im Quartett war ich überrascht über diese plötzliche Entwicklung von der Uneinigkeit zur Zustimmung. Vielleicht sollten wir öfter zusammen frühstücken. Zwischen unserem Gespräch und der Probe sechsunddreißig Stunden später hatten wir eine unausgesprochene Verständigung erreicht. Es gab keine wundersame Offenbarung und keine dramatischen Veränderungen in der Interpretation, aber die Mischung verschiedener musikalischer Meinungen, die sich auf dem Podium in Caen aneinander gerieben hatten, reichte aus, um zu einer Veränderung der einzelnen Standpunkte zu kommen. Ich zeigte den Tonwechsel deutlicher an und unterwarf mich der Realität, dass ein Künstler nicht völlig introvertiert sein kann; Geri genoss den gleichmäßigeren Rhythmus; András hielt seine Töne im Bass länger aus; und Karcsi schlug vor, ein leiseres Spiel zu riskieren. «Aber wer bin ich schon?», fragte er. «Wer bin ich schon?», wiederholten wir und freuten uns an diesem Empfinden und wie er es zum Ausdruck brachte – ein glücklicher Fortschritt gegenüber unserem heiklen Individualismus am Vortag.

Beethoven hebt uns mit dem einfachen Mittel eines Cis in der zweiten Geige und eines kurzen Crescendos aus der lydischen Tonart und dem «Heiligen Dankgesang» in die erfrischende, belebende Tonart D-Dur des neuen Abschnitts, der mit dem Titel «Neue Kraft fühlend» versehen ist. Die leichte Verschiebung von einem Teil zum anderen ist ein bedeutsames Merkmal des ganzen Satzes, sie lässt sich jedoch nur schwer umsetzen. Beethoven liefert uns einen scheinbar eindeutigen Hinweis über den Charakter der Musik, indem er den kontrastierenden Abschnitt mit einer Überschrift kennzeichnet, aber der plötzliche Stimmungswechsel nach dem vierminütigen Choral ist nicht leicht zu bewerkstelligen.

Wir begannen mit einem etwas rascheren Tempo als sonst. Während Geri und András einen lebhaften Rhythmus beisteuerten, wuselte ich mit meinen aufsteigenden Läufen nach oben und genoss das sprühende Zusammenspiel der beiden Geigen. András unterbrach nach wenigen Takten.

«Ist das nicht zu schnell? Klingt nach Popeye.» Karcsi und András hatten uns von den Zeichentrickfilmen erzählt, die sie als Teenager in Budapest im Fernsehen gesehen hatten: Popeye, der glücklose Seemann, für jedermann die Zielscheibe des Spotts, der durch den Verzehr von Spinat übernatürliche Kräfte bekommt.

> «Ne Schlägermütz', 'ne Pfeife und 'ne Dose mit Spinat,
> Popeye ist sein Name, er ist der weltbeste Pirat,
> seine Fäuste sind aus Stahl, als Seemann er oft rebelliert,
> er hat sich auf den Unterarm 'nen Anker tätowiert,
> haloahey haloaho,
> Popeye der Seemann, Popeye ahoi ...»

Geri mochte die Energie unserer letzten Version, und András gab zu, dass wir vielleicht einfach mit einer neuen Vorstellung vertraut werden mussten, die ich zuerst aus Furcht vor Einwänden übertrieben hatte. Ich finde die Anfangsgesten des Abschnitts «Neue Kraft fühlend» in vielen Aufnahmen, unsere Decca-Version inbegriffen, zu gewichtig und erdgebunden – als ob der Genesende gerade aus dem Bett gesprungen ist, eine schwere Hantel hochstemmt und ein begeistertes Hurra über sein wiedergewonnenes Testosteron ausruft. In Anbetracht der Tatsache, dass Beethovens Erholungsphasen oft nur von kurzer Dauer waren, wollte ich einen leichteren Ansatz für die «neue Kraft» – eine Frühlingsknospe, die gegenüber spätem Winterfrost noch empfindlich ist. Popeye war nicht das richtige Fazit; die Musik sollte frisch klingen und nicht manisch, leichtsinnig und kampfeslustig.

Es kann schwer sein, bei einem musikalischen Charakter, den wir auf der Bühne vermitteln, den Energiegrad einzuschätzen: Was für den einen ein belebendes Vorantreiben bedeutet, erscheint dem anderen unangenehm und aufdringlich. Die Geigerin Sylvia Rosenberg erläuterte mir einmal den Prozess, verschiedene musikalische Vorstellungen aneinander anzugleichen, anhand des «Goldlöckchen-» oder «Drei-Bären-Prinzips»: Man probiert – wie Goldlöckchen in dem gleichnamigen Märchen – die Extreme aus, bis man den Brei gefunden hat, der genau richtig temperiert ist, den Stuhl, der die exakte Größe hat, und die Matratze, die gerade weich genug ist.

Als wir später an diesem Tag im Théâtre de la Ville den «Heiligen Dankgesang» vor neunhundert aufmerksamen, wenn auch manchmal hustenden Zuhörern spielten, genoss ich die harmonische Einheit, die wir uns zum Ziel gesetzt hatten und die jetzt im Eröffnungschoral zum Tragen kam. Auch wenn der Erste Geiger im Abschnitt «Neue Kraft fühlend» vielleicht weiterhin so klang, als sei er zu viel mit Spinat gefüttert worden, waren wir an diesem Nachmittag ein glücklicheres Quartett. Wir wussten unsere gelungene Zusammenarbeit umso mehr zu schätzen, als sie uns in Caen versagt geblieben war.

Im Juli 2014 erreichten wir in der Harris Hall bei Aspen den Schluss des ersten Abschnitts «Neue Kraft fühlend». Der Saal ist tief in den Boden der Wiesen oberhalb des Roaring Fork Rivers gebaut und liegt eine Meile nordwestlich der Innenstadt von Aspen. Hinter unserem Podium saßen sechzig Studenten, viele trugen T-Shirts und Shorts, und ihre Haut verriet, dass sie schon ganz unterschiedlich stark dem Sonnenschein von Colorado ausgesetzt worden war. Seit 1998 haben wir beim «Aspen Music Festival» Konzerte als Teil unserer jährlichen zweiwöchigen Meisterkurse gegeben, bei der wir auch Studentenquartette betreuen.

Vor vierundzwanzig Jahren war ich selbst Student in Aspen gewesen, und ich liebte es, bis spät in die Nacht hinein in einer der kleinen Holzhütten zu üben, die sich neben einem sprudelnden Bach befinden, und ich nahm den Duft von Tannennadeln in mich auf, der durch den Raum zog, als es kühler wurde. Die Umgebung regte den Forschergeist und die Fantasie bei Studenten und Gastkünstlern gleichermaßen an. Als der Dirigent James DePreist in jenem Sommer Beethovens «Pastorale» probte, ließ er uns an seinem Arbeitsprozess teilnehmen; er wollte, dass wir dieselbe Passage zweimal spielen, aber mit unterschiedlichen Phrasierungen, und gab zu, dass er sich nicht sicher war, welche Version er bevorzugte – wir sollten im Konzert einfach geistesgegenwärtig sein. Die Natur trug ihre eigene, ungebärdige Gegenstimme zum Konzert bei, das im Festzelt von Aspen aufgeführt wurde: Als wir die «Hirtengesänge» mit den «frohen und dankbaren Gefühlen» erreichten, die nach dem Sturm folgten, donnerte es rücksichtslos im Tal.

Aspen ist, wie Baden im neunzehnten Jahrhundert, eine Luxusoase geworden, ein Wintersportort, der auch im Sommer mit einer ganzen Reihe von Aktivitäten aufwartet, klassische Konzerte, Jazzkonzerte und ein Ideenfestival inbegriffen. Zu jeder Jahreszeit bietet es Erholung in der Bergwelt, die seit über einem Jahrhundert die Besucher anzieht.

Mit dem Nachlassen des Goldrausches entwickelte sich Colorado allmählich zu einem Land, in dem man Erholung suchen und finden kann. Ab 1890 wurde Colorado Springs zum Anziehungspunkt für Tuberkulosepatienten, die von der trockenen Luft und der hohen Sonnenscheindauer profitieren, die sie hier fast das ganze Jahr über vorfinden. 1888 eröffnete Glenwood Springs, etwa siebzig Kilometer von Aspen entfernt, sein Hot Springs Pool. Aspen brauchte nach dem Zusammenbruch des Silberbooms länger, um zur Touristenattraktion zu werden; es definierte sich erst in den 1940er-Jahren als Wintersportort neu. 1949 gründeten der Industrielle Walter Paepcke und seine Frau Elizabeth das Aspen Institut. Sie planten einen Ort, an dem sich Politiker, Intellektuelle, bildende Künstler und Musiker versammeln konnten, um Ideen auszutauschen und neue Inspiration zu bekommen.

Colorado kann sich rühmen, dass es hier den Rocky Mountains Nationalpark, die Mesa Verda, die Great Sand Dunes und eine Fülle geistiger Rückzugsorte gibt. Darüber hinaus hat der Bundesstaat kürzlich Marihuana legalisiert und damit eine weitere Form medizinischer Hilfe und Möglichkeit zur Entspannung geschaffen. Die Colorado Symphony, das Sinfonieorchester von Denver, nutzte diese Entwicklung und führte eine private Konzertreihe mit dem Namen «Classically Cannabis: the High Note Series» ein; sie regten ihre Sponsoren an, ihr eigenes Marihuana mitzubringen, um ihr musikalisches Erleben zu steigern. Ein Quartett-Zyklus unter dem Motto «Heißer Badezuber: Beethoven für Rheumatiker», vielleicht für Sponsoren in knöchellangen Gewändern aufgeführt, ist bestimmt gleich um die Ecke.

Als wir mit dem zweiten «Molto Adagio»-Abschnitt begannen, versuchte ich, die Liste bedeutender und kritischer Interpreten und Lehrer, die an diesem Abend in der Harris Hall zuhörten, aus meinem Kopf zu verbannen. Ich erinnerte mich an James DePreist, wie er in Gegenwart gespannter Studenten sein inspirierendes Beispiel für das Ergründen musikalischer Alternativen demonstrierte. Als ich vor vielen Jahren einer dieser eifrigen Teilnehmer war, beneidete ich die Gastkünstler um die Aura des Erfolgs, von der sie umgeben waren. Jetzt spürte ich den Kontrast zwischen meinem Status als etablierter Musiker – von dem man immer ein hohes Niveau erwartet, der verantwortlich für das Wohl seiner Quartettkollegen und gleichzeitig von ihnen abhängig ist – und diesen unbeschwerten Studententagen, als ich bis spät in die Nacht neben einem Gebirgsbach übte.

Im zweiten «Molto Adagio»-Teil löst Beethoven die Fesseln des Chorals. Schon das erste einführende Präludium ist von den wiederholten, prägenden Viertelnoten befreit, indem zusätzliche Achtelnoten und punktierte Rhythmen auftauchen, die die Musik sachte vorantreiben. Die Grundstruktur von Präludium- und Choralphrasen bleibt unverändert, aber während die erste Geige die Originalmelodie spielt – eine Oktave höher als vorher –, genießen die anderen Stimmen größere rhythmische und melodische Freiheit; sie durchlaufen weite Intervalle, die das feierliche Gebet des Eingangsabschnitts verwandeln. Das Cello scheint mit seinen häufigen Oktavsprüngen besonders von seinen Fesseln befreit zu sein: Suchend und forschend prüft es ruhig die sanften Linien der Choralmelodie. War der Eröffnungschoral ein heiterer Weg im Tal, so hat der Weg jetzt höhere Regionen erreicht: Die Wanderer blicken nach oben und malen sich aus, was wohl dahinter liegen mag.

Der gesteigerte rhythmische Impuls kann einen ermutigen, schneller und schneller zu spielen. Ich widerstand der Versuchung, weil ich wusste, dass András mich mit scharfem Blick fixieren würde, wenn ich zu begeistert nach vorn drängte.

Wir erreichten das Ende des zweiten «Molto Adagio»-Abschnitts in der Harris Hall, und wieder wurde die Stimmung durch einen Teil «Neue Kraft fühlend» abgelöst, der dieses Mal – folgerichtig – nur noch mit «Andante» bezeichnet ist, denn es ist ja das zweite Mal, dass wir diese Musik hören, und die «Kraft» wird nicht neu gewonnen. Die Kürze dieser Übergänge birgt einen kumulierenden Effekt in sich. Feierliches Gebet – Fühlen neuer Kraft – wieder andächtig – Wiederkehr der Kraft: Die plötzlichen Wechsel haben auch zur Folge, dass sich der Charakter jedes Abschnitts mehr und mehr als vorläufig erweist – die Rede von «Genesung» und «neuer Kraft» wird infrage gestellt.

Ein Danklied wird vielleicht immer Gefahr laufen, dass es sich nicht ganz mit der Realität deckt. Im Februar 2010 kämpfte sich Karcsi durch den «Heiligen Dankgesang», er hantierte mit seiner Geige und machte unnatürliche Verrenkungen, um sich der eingeschränkten Beweglichkeit seines Bogenarmes anzupassen. Opus 132 war das letzte Stück, das wir mit ihm aufführten, bevor er sich einer Behandlung seiner Schulter unterzog: Seine Rotatorenmanschette war übel gerissen, und ich fragte mich, ob er jemals wieder würde Geige spielen können. Wir spielten den «Heiligen Dankgesang» und wünschten ihm dabei von Herzen eine erfolgreiche Operation.

Die Musik war ein Ausdruck des Glaubens, der unsere Situation widerspiegelte. Beethoven, der oft mit seinen Ärzten haderte, hätte Karcsis humorvoll-spöttische Bemerkung zu seinem Arzt gefallen:

«Wenn Sie das vermasseln, müssen *Sie* bis an Ihr Lebensende die Geige spielen.» Einige Monate später kehrte Karcsi mit einer so gut wie neuen Rotatorenmanschette zurück, und er bringt jetzt das schnellste Bogentremolo im Quartett zustande.

In diesem Sommer lag in Aspen Verfall in der Luft. Ich suchte meine Lieblingswanderwege auf und übte in den Hütten der Musikschule, sodass manchmal die Erinnerung an meine Studententage wieder hochkam, aber kein Tuberkulosepatient hätte von dieser Luft profitieren können – sie war von der Asche und dem Rauch der Waldbrände verpestet, die im ganzen Westen der USA wüteten. Und an jedem Abhang sah man die Folgen der Zerstörung vieler Kiefern durch den Bergkiefernkäfer, der die letzten milden Winter überlebt hatte. Für wie lange noch wird Aspen eine Oase bleiben, wenn wir weiterhin unsere Umwelt zerstören? In diesem Zusammenhang fiel es mir leichter, den qualvollen Gefühlsausbruch in den äußeren Sätzen von Opus 132 zu spielen, als einen langsamen Satz, der eine durchgängige Gelassenheit erforderte.

Vielleicht kann der «Heilige Dankgesang» genau unter solch fragwürdigen Umständen seine größte Wirkung erzielen: wenn man nach einem emotionalen Zustand strebt, der umso wertvoller ist, weil man ihn so schwer erreichen kann. Für Beethoven bedeutete der «Heilige Dankgesang» auch eine Flucht aus seiner persönlichen Situation – ebenso sehr, wie er mit ihm seine Genesung feierte. Als er im Mai und Juni 1825 an Opus 132 arbeitete, musste Karl die volle

Wucht der Einsamkeit, der erstickenden Zuneigung und der Erwartungen seines Onkels ertragen. Beethoven hatte nach dem Tod seines Bruders Kaspar Anton Karl im November 1815 einen Rechtsstreit mit Karls Mutter Johanna um die Vormundschaft seines neun Jahre alten Neffen begonnen. Ab 1820 übernahm Beethoven eine gemeinsame Vormundschaft, zuerst mit Karl Peters, einem Freund und Hauslehrer bei der Familie Lobkowitz, und ab 1825 mit Dr. Reisser, dem Vizerektor am Polytechnischen Institut, wo Karl studierte.

Aber für den jungen Studenten war das keineswegs eine unbeschwerte Zeit. Beethoven blieb vereinnahmend und argwöhnisch und war jedes Mal aufs höchste beleidigt, wenn Karl versuchte, Zeit bei seiner Mutter zu verbringen. Er sah sich Karl gegenüber in der Rolle des Vaters und sprach den jungen Mann in den vielen Briefen, die er an ihn schrieb, als seinen Sohn an. Da er die Beziehung zu seinem Ersatzsohn als letzte Chance in seinem Leben betrachtete, enge Familienbande zu knüpfen, versuchte er auch, Karls Studien, sein Sozialleben und seine finanziellen Gewohnheiten zu beeinflussen; überdies drängte er seinen Neffen dazu, zwischen seinem gewissenhaften Studium und seinen Verpflichtungen dem «Wohlthäter» und «Ernährer» gegenüber die Waage zu halten.[12]

Karl konnte nie sicher sein, ob er es mit dem hilfsbedürftigen Onkel oder dem strengen Vormund zu tun hatte, der Ende Mai 1825 von Baden schreiben konnte: «Gott ist mein Zeuge, ich traüme nur, von dir u. von diesem elenden Bruder u. dieser mir zugeschusterten abscheulichen Familie gänzlich entfernt zu seyn.»[13]

Im August des folgenden Jahres sollte der zwanzigjährige Karl auf ganz eigene Weise versuchen, dieser erstickenden und belastenden Beziehung zu seinem Onkel zu entkommen: Er stieg zu den Ruinen von Schloss Rauhenstein auf und versuchte, sich zweimal in den Kopf zu schießen – mit Blick auf das Helenental, jene Gegend, in der Beethoven seine glücklichsten ländlichen Ausflüge unternommen hatte. Das misslungene Bemühen war eher ein Hilfeschrei als der feste Entschluss, sich umzubringen.

Karls verzweifelter Versuch war zum großen Teil eine Reaktion auf den Perfektionismus und die Bedürftigkeit seines Onkels, die dessen Verhalten gegenüber seinen Freunden, Verwandten, Gönnern, Verlegern, Kopisten und Hausangestellten prägten und belasteten. Beethoven sehnte sich nach idealen Beziehungen, wie bei den Tönen eines harmonischen Chorals, die sich gegenseitig bedingen und steigern; aber er provozierte eine Missstimmung nach der anderen in seiner Beziehung zu Karl und fand nur in seiner Musik Zuflucht: «Wirklich ist es so schwer für mich (…), daß mir das Leben, wenn es nicht noch höheren reiz hätte, ganz unerträglich vorkommen müste (…).»[14]

Für das Edinburgh Festival 2014 – das im Gedenken an den hundertsten Jahrestag zum Ausbruch des Ersten Weltkriegs stattfand – regte Direktor Jonathan Mills die Künstler an, Programme mit Werken zusammenzustellen, die als Antwort auf das Leiden geschrieben sind. In unseren beiden Augustkonzerten spielten wir Janáceks zwei Streichquartette, Smetanas Streichquartett «Aus meinem Leben» und Barbers «Adagio», und wir beendeten die Konzerte mit Beethovens Opus 59, Nr. 2 und mit Opus 132.

Während unserer frühen Bühnenprobe vor dem zweiten Morgenkonzert in der Queen's Hall diskutierten wir über die «leichtere» Musik, die dem «Heiligen Dankgesang» vorausgeht. In dem mittleren Abschnitt des zweiten Satzes macht Beethoven Anleihen an seine früheren, ursprünglich für Klavier komponierten Stücke «Musette» und «Allemande» und arrangiert sie zu einer Mischform verschiedener Tänze. Die einfachen Harmonien und der fröhliche Charakter geben der Musik einen kindlichen Anstrich, aber Beethoven unterwirft die an der Oberfläche harmlos erscheinende Musik einem versetzten und wechselnden Metrum: Oft klingt der letzte Schlag des Taktes wie der erste, und wenn die Tänzer meinen, noch immer unbeschwert im Dreierrhythmus tanzen zu können, bringt sie das gelegentliche Einfügen eines Zweierrhythmus durcheinander. Nie ist etwas das, was es scheint.

András machte sich Sorgen, dass wir wieder zu schnell spielten – Popeye geisterte noch immer herum. Geri mahnte, uns über diese «leichte» Musik nicht zu viele Gedanken zu machen; eine sorglose, entspannte Einstellung würde den dringend nötigen Kontrast zum langsamen Satz bringen. Mir gefiel diese respektlose Anregung, aber den Anfang dieses

Trios empfand ich als einen Traum. Meine Stimme setzt mit einer Art Dudelsackimitation ein, die aufsteigenden Töne eines gebrochenen A-Dur-Akkords und der Melodie werden von einer mitschwingenden leeren Saite unterstützt, während Karcsi darunter dudelt. Aber Beethoven schreibt für die erste Geige ein «Dolce» vor; ich spiele es gerne als eine Art Erinnerung, nicht mit dem schrillen, scharfen Ton der echten Dudelsäcke, die wir am vergangenen Abend auf der Straße hörten.

Am Ende des Abschnitts gibt es keinen Zweifel am rustikalen Charakter der Bratschen- und der Cellostimme, die den Tanz laut und unhöflich unterbrechen: Sie sind ein Paar streitlustiger Eindringlinge, die die idyllische Atmosphäre zertrümmern, bevor sie genauso abrupt wieder abtreten. Die Dudelsäcke kommen zurück, aber zum ersten Mal entfaltet sich das «Piano dolce» zu einem langen Crescendo, das sich über ganze zehn Takte erstreckt. Doch dadurch, dass Beethoven am Ende des Crescendos einen dynamischen Höhepunkt auslässt, erhebt er eine Frage. Ein zehn Takte währendes Crescendo, das mit einem Piano beginnt, könnte wirklich sehr laut werden, aber ist die Auslassung des Komponisten denn von Bedeutung? Stellen sich die Dudelsackspieler fröhlich ins Zentrum der Aufmerksamkeit, oder ist ihr letzter Einsatz eher zweideutig, eine ferne Musik, die mit einer veränderten Windrichtung herbeischwebt? Ich ziehe eine Interpretation vor, die die Möglichkeit für beides offenlässt, so wie Beethoven das Metrum in diesem Abschnitt verschiebt und sich damit weigert, den Tänzern eine verlässliche Taktbetonung zu geben, sodass am Ende des Trios die Grenze zwischen Realität und Erinnerung verschwimmt.

Sorglos oder wehmütig? Sakral oder profan? Ungestüm oder sanft? Realistisch oder träumerisch? Wir fuhren fort, die Widersprüche in der Musik zu erkunden, wir unterzogen unser Trio einer konzentrierten Laserbehandlung, als wir die Details über Charakter, Phrasierung und Dynamik optimierten, und vertrauten darauf, dass unser Patient zum Konzert rechtzeitig gesund würde.

Gegen Ende von Aldous Huxleys Roman *Kontrapunkt des Lebens*, der 1928 publiziert wurde – ein Jahr nach Beethovens hundertstem Todestag –, zieht Maurice Spandrell los, um einen Plattenspieler zu kaufen, damit er die kürzlich veröffentlichte Aufnahme von Opus 132, gespielt von einem ungarischen Quartett, anhören kann (sie ist Teil der ersten Gesamtaufnahme der Beethoven-Quartette vom Léner Quartet für Columbia Records). Spandrell lädt Mark Rampion und dessen Frau Mary zu sich ein; er hofft, Rampion, der ein Atheist ist, von der Macht des «Heiligen Dankgesangs» zu überzeugen. «Du kannst nichts begreifen, bevor du es nicht gehört hast. (...) Es ist ein Beweis für vieles – Gott, die Seele, Gerechtigkeit (...) unausweichlich.»[15] Die Szene hat einen melodramatischen Hintergrund: Spandrell, ein Mörder, hat seinen eigenen Tod geplant – eine bewaffnete Konfrontation mit der Polizei, die sich in seiner Londoner Wohnung abspielen wird, während im Hintergrund der letzte Teil des «Heiligen Dankgesangs» ertönt.

Für Spandrell bedeuten die Hymnen etwas mehr als die Dankbarkeit eines Genesenden:

> «Es war die Heiterkeit des Genesenen, der vom Fieber erwacht und sich in ein Reich der Schönheit wiedergeboren findet. Aber das Fieber war ‹das Fieber, genannt Leben›. Und die Wiedergeburt geschah nicht in dieser Welt; die Schönheit war überirdisch. Die Heiterkeit der Genesung war der Friede Gottes. Die Verschlingungen der lydischen Melodien waren der Himmel.»[16]

Während Spandrell die Schallplatte wendet und den neuen Plattenspieler aufdreht, sträubt sich Rampion gegen die Musik, hört in ihr Schwäche, eigentlich nur die Vision von jemandem, der von seinem Körper betrogen wird. «Warum kann dein dummer alter Beethoven sich nicht mit der Realität zufrieden geben?» Als sie den letzten Teil hören, ist Rampion fast von der Macht der Musik überzeugt, aber ihr nachzugeben würde eine Leugnung des Lebens bedeuten. Rampion blickt hinüber zu Spandrell, dessen Augen geschlossen sind: «Sein Gesicht war ernst und verklärt, als wäre es vom Schlaf oder vom Tod geglättet worden.»[17] Die Polizei klopft an die Tür, und Spandrell erhebt sich, um sich seinem Schicksal zu stellen.

Wenn ich mir die blutige Szene von Spandrells Tod

vorstelle, so trägt das nicht zu meinem Genuss am «Heiligen Dankgesang» bei; aber die Auseinandersetzung zwischen Spandrell und Rampion verdeutlicht die konkurrierenden Elemente der Musik. Für Spandrell bringt die Musik eher ein Freiwerden der Seele zum Ausdruck als lediglich Dankbarkeit für die Gesundung des Körpers. Rampion weist diese Interpretation von sich: Wäre es ihm gestattet worden, bei Beethovens Manuskript mitzumischen, hätte der Satz mit einem weiteren Abschnitt «Neue Kraft fühlend» geendet, in dem sich der Körper triumphierend dem Freiwerden der Seele widersetzt. Beethoven war durch immer wieder auftretende Krankheiten gezwungen, sich mit seiner Sterblichkeit auseinanderzusetzen. Der «Heilige Dankgesang» beginnt mit dem Feiern der Genesung, am Ende löst er sich aber von diesem Zyklus und scheint in den letzten Abschnitten einen Grenzzustand zu umfassen. Was verleiht dieser Musik – über die offensichtlichen religiösen Assoziationen des Chorals hinaus – diese überweltliche Qualität, die neulich einen Atheisten hinter der Bühne zu dem Eingeständnis veranlasste, dass er, wann immer er den «Heiligen Dankgesang» höre, kurz an Gott glaube?

Im letzten langsamen Teil fährt Beethoven mit der Umformung beider musikalischer Elemente – sowohl des Choralthemas als auch des Präludiums – fort. Das Letztere, das schon durch die Einführung variierter Rhythmen im zweiten «Molto Adagio»-Teil freier war, wird jetzt noch stärker verwandelt. Das Original

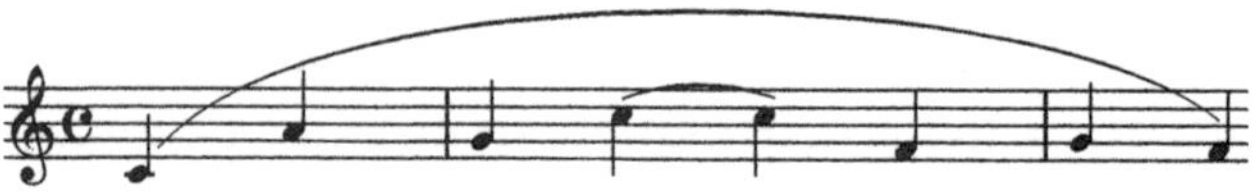

wurde im zweiten «Molto Adagio» zu:

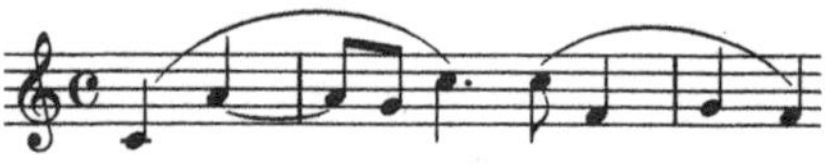

und wird jetzt zu:

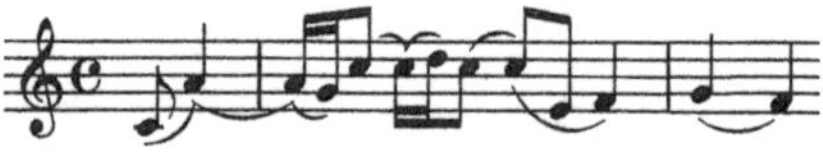

Der veränderte Rhythmus fügt den gleichen Noten rhythmischen Schwung und Wendungen in der melodischen Linie hinzu, die das Thema persönlicher machen. Es ist wie bei einem Organisten, der nicht länger den Regeln zeitgenössischer kirchlicher Praxis unterworfen ist und frei nach seiner Art improvisiert. Beethoven setzt über dieses veränderte Thema den Hinweis: «Mit innigster Empfindung». Es ist nicht mehr nur ein Präludium, das zum Choral hinführt; dieses intime Bekenntnis lässt uns aufhorchen – es ist wie der Monolog eines Stellvertreters, der eine bedeutendere Rolle übernommen hat.

Die vier einheitlichen homophonen Stränge, die den Eröffnungschoral bilden, sind mittlerweile voneinander getrennt, und die Eingangsmelodie ist von acht auf fünf Töne reduziert. Der Choral wird nun wie eine Fuge in vier Teilen behandelt, ein Thema wird nach dem anderen gespielt: ein Auflösen des homogenen Chors. Das Erstaunlichste an diesen Umwandlungen ist, dass Beethoven sie gleichzeitig erreicht. Während zuvor Präludium und Choral sich abwechselten, sind sie jetzt miteinander vermischt; eines bildet den Kontrapunkt für das andere, die Grenzen zwischen verschiedenen Elementen verschwimmen.

Die Zahl der Töne im Choral wird gegen Ende des Satzes von fünf auf drei und schließlich auf zwei reduziert – F und E, nur ein Halbton getrennt; die beiden Töne steigen im Quartett nach oben, beginnen im Cello und enden vier Oktaven höher in der ersten Geige und verflüchtigen sich, wenn die Musik verklingt.

In seinem Tagebuch hatte Beethoven Auszüge aus dem Trauerspiel «Die Schuld», einem Stück des deutschen Dramatikers Amandus Gottfried Adolf Müllner, niedergeschrieben, und er trug sich mit dem Gedanken, sie in Musik umzusetzen. Einer der ausgewählten Textabschnitte vergleicht das allmähliche Verklingen von Musik mit dem Tod. Elvira sitzt allein an ihrer Harfe und spielt immer leiser, und der letzte Ton fällt wie ein Tropfen in einen Teich und wird zu Ringen, die sich allmählich auflösen – «bis es fern am Blumenstrand still verschwand»:

> «So auch möcht ich einst verschweben
> Und verklingen in das bessre Leben.»[18]

Nach dem Vermischen von Choral und Präludium und der Auflösung des Chorals löst sich auch der «Heilige Dankgesang» selbst ins Schweigen auf, nachdem der letzte lydische Akkord nach oben, in die Luft verflogen ist – wie die Seele entschwebt.

Viele Quartettbegeisterte bezeichnen den «Heiligen Dankgesang» als ihren liebsten Satz des gesamten Beethoven-Zyklus und führen seine transzendentalen Qualitäten an. Paul Nelson, seit dreißig Jahren Direktor der Konzertreihen am Middlebury College in Vermont, der das Takács für unseren ersten Beethoven-Zyklus einlud, nachdem ich dem Quartett beigetreten war, variierte dieses Thema noch um eine weitere Erfahrung: Der Eingangschoral sei sein Lieblingssatz in Beethovens Quartetten, weil er ihn an die schwermütigen schwedischen Hymnen erinnere, die er jeden Sonntag als Kind in Nord-Iowa gesungen habe. Die Musik verbinde ihn nicht nur mit seiner Vergangenheit, sondern ermögliche es auch, dass er sie auf neue Art für sich entdecke. Schwermütige Hymnen wurden von einem sechsjährigen Jungen vielleicht nicht immer geschätzt, aber jetzt, aus dem Blickwinkel von Beethovens Choral, kann man wieder auf sie zurückkommen.

Dieser Satz hat auch für das Takács eine der denkwürdigsten Erfahrungen gebracht. An jenem Morgen in der Queen's Hall in Edinburgh ereignete sich, zumindest meiner Erinnerung nach, eine magische Verständigung zwischen Musikern und Hörern, wie die größte Musik sie eben möglich macht. Von all den vielen verschiedenen Reaktionen, die wir bei einem Auditorium erleben – etwa wenn wir einen Zwischenrufer hören oder auf der Bühne das begeisterte Lächeln der Studenten sehen –, ist die Stille im Publikum während eines Konzerts unter bestimmten Bedingungen die befriedigendste Form der Kommunikation. Vom ersten Ton unserer Aufführung des «Heiligen Dankgesangs» an war die Stille in der Queen's Hall so absolut, als sei sie ein wesentlicher Bestandteil der Musik. Die einzigartigen Vorzüge des Ortes trugen das Ihre dazu bei: Eine stillgelegte Kirche, die zu einem Proben- und Konzertsaal umgebaut worden war, atmete noch die Atmosphäre des Gottesdienstes, ohne dass sie mit einer bestimmten Religion verbunden gewesen wäre. Zusätzlich zu dem Publikum unterhalb unseres Podiums saßen Hörer auch um uns herum und über uns auf einem hufeisenförmigen Balkon, manche standen sogar während des ganzen Konzertes und streckten ihre Köpfe über die anderen, um uns zu sehen.

Die außergewöhnliche Stille im Saal während des letzten Abschnitts des langsamen Satzes ermutigte uns, bei einigen unserer liebsten Stellen länger zu verweilen – wir dehnten die Akkorde auf dem ekstatischen Höhepunkt, der dem ätherischen Ende vorausgeht; wir warteten länger als sonst nach einem elementaren Pianissimo-Akkord, der nur die kompromisslos offenen Intervalle zwischen einem A und einem D nutzt und noch weiter zurückzugehen scheint als die lydische Tonart. Wir wurden weit über uns selbst hinausgetragen, und während wir uns ganz der Musik überließen, wurden wir frei von den Grenzen unserer individuellen Persönlichkeit – ein seliger Zustand, der vor all den vielen Jahren von einem einsamen Genesenden möglich gemacht wurde, der nicht ganz auf seine Heilung vertraute. Ja, das ist es, warum wir Streichquartette spielen:

Wir trotzen der manchmal brüchigen Natur unserer Beziehungen und Abhängigkeiten, um uns an solchen Konzerterfahrungen zu freuen. Sie bestätigen den Vertrauensvorschuss, den wir uns gegenseitig gegeben haben.

Wie schade, dass die Polizei nicht ein bisschen später an Spandrells Tür klopfte! Der skeptische Rampion hätte die starke Dosis an Realität, die Beethoven gleich nach dem langsamen Satz liefert, sicher zu schätzen gewusst. Das erst relativ spät in die Partitur eingefügte «Alla marcia, assai vivace» ersetzte ein Stück, das vermutlich für eine weichere Landung gesorgt hätte – einen genialen Tanz, den Beethoven stattdessen dann als den vierten Satz seines nächsten Quartetts, Opus 130, verwendete.

Die unnachgiebig punktierten Rhythmen des Marsches (*alla marcia* = «nach Art eines Marsches») bilden einen schrillen Kontrast zur vorangegangenen Musik. Und wieder ist alles nicht das, was es scheint. Im Gegensatz zum «Thème russe», das in Opus 59, Nr. 2 zuversichtlich Einzug hält, würde dieser Marsch ein ahnungsloses Regiment, das in den Krieg zieht, verwirren. Es ist nicht klar, was die Eins oder was ein Auftakt ist, und eine Pause, die bereits nach wenigen Tönen eintritt, macht die Konfusion noch größer. Ein Aufschrei, der weit entfernt ist von «Wellingtons Sieg», dem Orchesterstück, das Beethoven zehn Jahre zuvor für den Wiener Kongress komponiert hatte. Jetzt hatte der Komponist durchaus Anlass zu einer anderen Meinung über das Militär. Im Sommer 1824 war er entsetzt gewesen über Karls Wunsch, der Armee beizutreten, und er gab den militärischen Ambitionen seines Neffen erst zwei Jahr später, nach dessen Selbstmordversuch, nach.

Sollte das «Alla marcia» eine sarkastische Schärfe haben, oder sollten wir es nur humorvoll nehmen? Beide Versionen könnten überzeugen. In jedem Fall ist die Musik erschreckend nüchtern und einfach und – zumindest für die Interpreten – eine erfrischende kalte Dusche nach den Anforderungen des vorhergehenden Satzes. Es ist meine liebste Gegenüberstellung in allen Beethoven-Quartetten, verwegen und respektlos – die Erfindung eines Menschen, der noch nicht bereit ist, den Geist aufzugeben.

6
Alternativer Schluss: Opus 130

Manchmal wünsche ich, er hätte die Fuge nicht komponiert. Ihre Themen bedrohen und jagen mich. Das Eröffnungsthema ist schroff und kompromisslos:

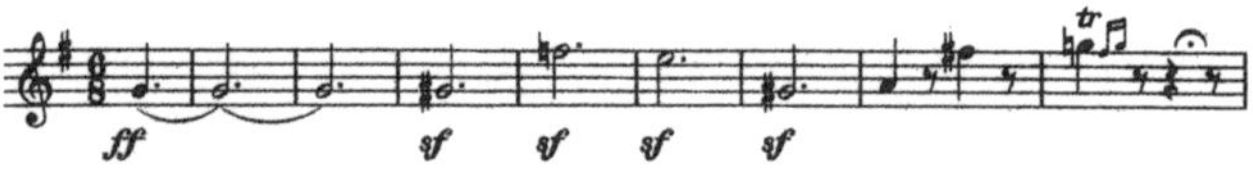

Und dann die gegensätzliche Ausprägung des Themas, das sogenannte Kontrasubjekt, mit seinen sprunghaften Intervallen und unnachgiebig punktierten Rhythmen:

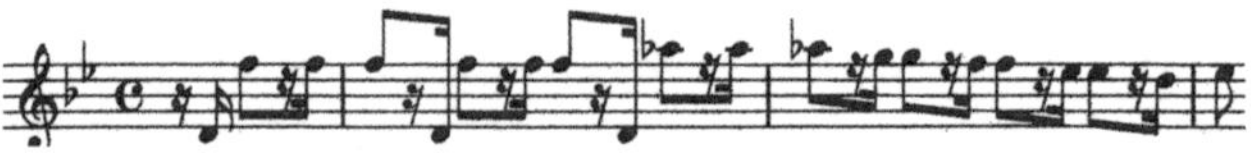

Die Fragmente beider Themengestalten kämpfen in meinem Kopf gegeneinander an, erzeugen Rastlosigkeit, spotten meiner Zufriedenheit.

Auf den ersten Seiten der «Großen Fuge» schreien die Stimmen auf und wehren sich lauthals gegen ihre wechselseitige Abhängigkeit – so laut, wie es in einem Streichquartett von Beethoven nur irgend geht, um ein Chaos emotionaler Extreme wiederzugeben, denen man leichter entkommen kann, als dass man sich ihnen zu stellen vermag. Kein Wunder, dass ein Kritiker der Uraufführung von Opus 130 zwar einräumte: «vielleicht kommt noch die Zeit, wo das, was uns beym ersten Blicke trüb und verworren erschien, klar und in wohlgefälligen Formen erkannt wird», aber eben auch mutmaßte: «Vielleicht wäre so manches nicht hingeschrieben worden, könnte der Meister seine eigenen Schöpfungen auch hören.» Sein erster Eindruck der fünfzehnminütigen «Großen Fuge» war vernichtend: «Aber den Sinn des fugirten Finale wagt Ref. nicht zu deuten: für ihn war es unverständlich, wie Chinesisch.»[1] Chinesisch ist mittlerweile eine der meistgesprochenen Sprachen der Welt, aber fast zweihundert Jahre nach der Komposition ist die Auseinandersetzung mit dem Finalsatz von Opus 130 für viele immer noch schwierig.

Beethoven wartete in einer nahegelegenen Taverne auf einen Bericht über das Konzert. Wäre er bei der ersten Aufführung von Opus 130 am 21. März 1826 dabei gewesen, dann hätte er eine Reaktion erlebt, wie sie für die meisten Komponisten erfreulich ist: ein solch enthusiastischer Applaus nach zwei der sechs Sätze, dass es zu einer spontanen Wiederholung der beiden Stücke kam. Dem Publikum hatte der kurze zweite Satz, das «Scherzo» – mit seinem gedämpften, trippelnden Rhythmus und dem angriffslustigen Stampfen im Mittelteil – sowie der vierte Satz, das geniale «Alla tedesca» («nach Art eines Deutschen Tanzes»), gefallen.[2] Beethoven verachtete die Begeisterung seiner Hörer für diesen Teil des Quartetts, ihn interessierte nur die Reaktion auf den letzten Satz. Karl Holz berichtete später: «‹Ja›, sagte er hierauf ärgerlich, ‹diese *Leckerbissen!* Warum nicht die *Fuge?*›»[3]

Das lateinische Wort *fuga* ist die Wurzel sowohl von *fugare* («jagen») als auch von *fugere* («fliehen»). Um 1825 wurde der Begriff *fugue* verwendet, um ein breites Spektrum imitierender Techniken zu beschreiben. In einer Fuge wird ein musikalisches Thema (das «Subjekt») von einer Stimme nach der anderen dargestellt. Immer wenn eine neue Stimme das Thema, also das Subjekt, übernimmt, dürfen die übrigen Stimmen die rhythmischen, melodischen und harmonischen Elemente des Originalthemas beeinflussen und schaffen somit komplexe, kontrapunktische Strukturen – das völlige Gegenteil der homogenen Harmonien und des gleichförmigen Rhythmus, wie es zum Beispiel im Choral des «Heiligen Dankgesangs» der Fall ist. Die Einführung eines «Kontrasubjekts» (das abgewandeltes thematisches Material oder sogar ein neues Thema bringt) kann den Kontrapunkt, der sich in den melodisch und rhythmisch eigenständig geführten Stimmen zeigt, noch intensivieren. Das Schreiben einer Fuge rückt mehr als alle anderen Kompositionstechniken die Spannung zwischen unabhängigen Stimmen, die zusammenarbeiten müssen, in den Vordergrund. Die Aneignung der Fugentechnik war für Beethoven daher eine wichtige Voraussetzung, um zu lernen, wie man Kammermusik komponiert.

Beethoven hatte seit seinen frühen Studien in Wien Fugen geschrieben – und es war ja auch eine Fuge, die Kurfürst Maximilian Franz in Bonn als die einzige wirklich neue Komposition unter den Arbeiten erkannte, die Haydn ihm 1793 geschickt hatte, um den Fortschritt seines Schülers zu dokumentieren. Ab 1794 studierte der junge Musiker Kontrapunkt bei dem Komponisten, Organisten und Theoretiker Johann Georg Albrechtsberger, den er dreimal in der Woche aufsuchte.[4] Neben der Komposition eigener Fugen arrangierte er auch Fugen anderer Komponisten für Streichquartett, unter anderen eine aus Johann Sebastian Bachs *Wohltemperiertem Klavier* und eine weitere aus Händels Oratorium *Salomon*.[5] Beethoven kannte wohl die Bratschenstimme – oder spielte sie selbst – aus Haydns sechs Streichquartetten Opus 20, die 1772 komponiert wurden und von denen drei jeweils mit einer Fuge enden.

Während Beethoven 1799 – 1800 an seinen Quartetten Opus 18 arbeitete, schrieb er Mozarts Streichquartett in G-Dur, KV 387, vollständig ab; der letzte Satz dieses Werks beginnt ebenfalls mit einem Fugenabschnitt. Kurz nachdem ich dem Takács-Quartett beigetreten war, hörte ich, wie András wiederholt ein kurzes Motiv pfiff, als er hinter der ihm fremden Bühne umherirrte und versuchte, die Umkleideräume zu finden. Er erklärte, das sei eine Kurzversion des Fugenthemas aus dem letzten Satz von KV 387 – eine Melodie, die sich die Ungarn zupfiffen, um sich gegenseitig in der verwirrenden Umgebung ihrer vielen Tourneeorte ausfindig zu machen.

Bereits die Quartette Opus 18 enthalten viele Beispiele für ein reges imitierendes Komponieren, im ersten Satz von Opus 59, Nr. 1 wagte Beethoven jedoch den kühnen Schritt und setzte eine Fuge in die ohnehin schon außergewöhnlich lange Durchführung – ein Exkurs in eine entfernte Tonart, durch den möglicherweise die Verwirrung derer, die die Quartette zuerst hörten, noch verstärkt wurde. In dieser Fuge änderte Beethoven einige Details so stark um, dass er eine zusätzliche Manuskriptseite in die Originalpartitur heften musste.[6] In seiner «Großen Fuge», die er als letzten Satz des Streichquartetts Opus 130 komponierte – das letzte der drei für Fürst Galitzin geschriebenen Werke –, übte die Fugenform dann einen weitaus störenderen Einfluss auf das ganze Werk aus; sie beherrscht das gesamte Finale, stellt die vorangegangenen Sätze in den Schatten und lässt sie kleiner erscheinen.

Beethoven begann sich mit Opus 130 zu beschäftigen, als er im Mai 1825 in Baden an Opus 132 arbeitete. Im Laufe des Sommers entwickelte sich Opus 130 zu einem Werk mit sechs Sätzen; die mittleren Sätze waren von kürzerer Dauer – und daher typischer für ein Divertimento als für ein Streichquartett. Als Beethoven darüber nachsann, wie er Opus 130 am besten abschloss, skizzierte er über ein Dutzend Möglichkeiten für das Hauptthema des letzten Satzes. Am 24. August schrieb er an Karl Holz, er hoffe, dass sein letztes Quartett bis zum Ende des Monats fertig sei.[7] Der letzte Satz wurde jedoch viel länger, als er es ursprünglich geplant hatte. Beethoven kehrte Mitte Oktober aus Baden zurück nach Wien und stellte die «Große Fuge» nicht vor Ende des Jahres fertig.

Der Komponist beschrieb seine letzte Fuge in einem Zusatz zum Titel als «manchmal frei, manchmal streng» («Grande Fugue, tantôt libre, tantôt recherchée»). Sie beginnt mit einem achttönigen Thema, das den ganzen Satz beherrschen wird und vom gesamten Quartett sehr überzeugt und im Fortissimo vorgetragen wird. Nach einer Einführung, die von Abbrüchen und erneutem Ansetzen geprägt ist, entfesselt Beethoven für einige Minuten eine unerbittliche Fortissimo-Dynamik; ein Kontrasubjekt, das sich durch wiederholte punktierte Rhythmen und ungestüme melodische Sprünge auszeichnet, rivalisiert mit dem Hauptthema. Während der ersten hundertachtundfünfzig Takte kämpfen diese beiden Themen gegeneinander – ein Eröffnungsteil von so heftiger, streitsüchtiger Art, dass er das Genre weit über Goethes Definition eines Streichquartetts («man hört vier vernünftige Leute sich untereinander unterhalten»[8]) hinaushebt.

Der folgende langsame und lyrische Teil könnte gegensätzlicher nicht sein: Zarte Sechzehntelnoten erscheinen hauptsächlich in einer Pianissimo-Lautstärke, die Balsam nach den Exzessen der ersten Seiten ist. Der dritte und letzte Teil verbindet viele verschiedene Charaktere und Kräfte – vom respektlos-vergnügten Anfang bis zu wilden und wütenden Episoden – und enthält obendrein ein außerordentlich schnelles und schwieriges Solo für die zweite Geige; Karl Holz, einer von Beethovens engsten Freunden zu diesem Zeitpunkt, aber kein Verfechter dieser Fuge, mag es wohl mehr als Streich auf seine

Kosten denn als schmeichelhaften Kommentar zu seinen Geigenkünsten empfunden haben.

Beethoven beschwört einen so großen emotionalen Tumult herauf, dass er die physische und geistige Kontrolle gefährdet, die man braucht, um den beträchtlichen technischen Anforderungen dieser Musik gewachsen zu sein. Als Schuppanzighs Quartett im Januar 1826 mit den Proben zu Opus 130 begann, stießen die Musiker im ganzen Stück, und besonders in der «Großen Fuge», auf Schwierigkeiten. Der Komponist nahm an ihren Proben teil; oft saß er zwischen dem Ersten und dem Zweiten Geiger. Holz berichtet, dass Beethoven gut genug hören konnte, um sie bei Tempo und Takt zu beraten. «Schuppanzigh hatte manchmal einen harten Kampf mit Schwergriffen der 1. Violine, worüber Beethoven in ein homerisches Gelächter ausbrach.»[9] Holz erzählt aber nicht, ob es auch in seinem eigenen Spiel irgendwelche Stolpersteine gab, die ein Lachen wert gewesen wären. Da das Stück für eine Aufführung im August 1826 vorbereitet wurde, verließ er sich auf einen Vorschlag des Verlegers, Mathias Artaria, Beethoven könnte den Spielern durch zusätzliche Probenbriefe für die «Große Fuge» behilflich sein: «Wenn sie auseinander kommen, oder wenn es schlecht geht, zum wiederhohlen von dem Buchstaben angefangen.»[10]

Nach dem Bericht von Andor Toth Jr., dem Cellisten des New Hungarian Quartet, machte Dénes Koromzay einmal folgenden Vorschlag: Sollte sich einer der Musiker in einem Konzert bei der Fuge verspielen und rausfliegen, werde er, Koromzay, sein

Notenpult «ganz zufällig» mit einem Tritt umstoßen – es wäre in dem Fall weniger peinlich, von vorne anzufangen, als wenn man merkte, dass das Quartett die Kontrolle über das Stück verloren habe. Bis jetzt sind wir bei einem Konzert noch nie gescheitert, aber da ich mich während einer solchen Aufführung weit aus meiner Komfortzone begeben muss, passiert es oft, dass mir die Themen der Fuge noch bis spät in die Nacht im Kopf herumschwirren und mir schier den Verstand rauben.

Für gewöhnlich garantieren die Regeln des imitierenden Schreibens, die bei einer Fuge herrschen, dass deren einzelne Elemente miteinander verbunden sind, aber in der «Großen Fuge» stattet Beethoven die individuellen Linien mit einer so leidenschaftlichen, unerschütterlichen Kraft aus, dass dissonante Harmonien und rhythmische Spannung manchmal das Unterfangen zu bedrohen scheinen. Eine vernünftige Unterhaltung wird zugunsten einer Art sprühender Debatte verworfen, die möglicherweise dem Verständnis dient und dabei genau die Grundlagen einer engen Beziehung bedroht. Die entfesselte Kraft ist potenziell belebend und zerstörend zugleich – und keine Begegnung, die man jeden Tag so leicht ertragen kann.

Glücklicherweise sind die ungewöhnlichen Umstände rund um die Uraufführung von Opus 130 für mich eine Entschuldigung, dass ich mich nicht zu oft mit der kräfteraubenden Energie des Finalsatzes befasse. Am 24. April 1826, einen Monat, nachdem die «Große Fuge» vom Publikum wenig begeistert aufgenommen wurde, erhielt der Verleger Mathias Artaria die vollständige Bearbeitung für Klavier zu vier Händen, die er dem Pianisten Anton Halm in Auftrag gegeben hatte. Im August gab Artaria den Notenstich der ersten Ausgabe von Opus 130 mit dem ursprünglichen letzten Satz, der Fuge, heraus, aber gleichzeitig gewann er Holz dafür, den Komponisten dahin zu bringen, einen anderen, leichter zugänglichen letzten Satz zu schreiben. Für das neue Finale bot er Beethoven ein Honorar an und teilte ihm den Plan mit, die «Große Fuge» getrennt, mit der eigenen Opus-Nummer 133, zu publizieren. Wie Holz berichtete, brauchte Beethoven nur einen Tag, um dem Plan zuzustimmen: Vielleicht hatte er seit der wenig erfolgreichen Uraufführung fünf Monate zuvor schon selbst an diese Frage gedacht. Beethoven lieferte das alternative Finale allerdings erst am 22. November 1826 an Artaria aus, nur wenige Monate, bevor er starb – ein leichter und geistreicher Schluss, nicht nur im Hinblick auf Opus 130, sondern auf seine kompositorische Leistung insgesamt: Es ist das letzte bedeutende Stück, das er vor seinem Tod am 26. März 1827 vollendet hat.[11]

Gegner des neuen Schlusses fühlten sich um das gesteigerte emotionale Drama betrogen, das die «Große Fuge» bot, und erklärten Beethovens Entschluss, einen anderen Satz zu schreiben, als das Zugeständnis eines durch Krankheit geschwächten Menschen, der ein zusätzliches Honorar nur zu gern annahm und durch Karls Selbstmordversuch einen Monat zuvor am Boden zerstört war. Wie auch immer, Beethoven war jedenfalls nicht gewillt, Kompromisse einzugehen, die die Wirkung seiner Musik beeinträchtigten. Ursprünglich hatte er auch die Anfrage seines Verlegers abgelehnt, die Fuge für eine vierhändige Klavierfassung zu arrangieren – diese Aufgabe sei unter seiner Würde; dann aber forderte er das Projekt von dem Pianisten Anton Halm zurück, weil er sich über dessen Bearbeitung ärgerte. Holm hatte der besseren Spielbarkeit wegen einige Abschnitte umgestellt, doch in Beethovens Augen wurde dadurch die Wirkung des Stückes abgeschwächt.[12] Im August 1826 schickte Beethoven seine eigene Version «Zu vier Händen» an Artaria, etwa zur selben Zeit, als er dem neuen Finale zustimmte. Einerseits verteidigte er also die dramatische Wucht der ursprünglichen Musik, andererseits legt seine Bereitschaft, zur «Großen Fuge» eine Alternative zu schreiben, die Vermutung nahe, dass er neugierig war, eine weitere Möglichkeit für den Abschluss dieses Werkes zu finden. Das Streichquartett B-Dur Opus 130 zeigt in seinen dem Finale vorangehenden fünf Sätzen eine so große Bandbreite an Charakteren und Stilen, dass die Komposition eines ganz anderen Finales für Beethoven vielleicht auch einen besonderen Reiz darstellte.

Als sich der Schauspieler Heinrich Anschütz bei einer Probe über den geänderten Schluss von Shakespeares «King Lear»-Aufführung 1822 im Wiener Burgtheater beklagte – eine Neufassung, die von der österreichischen Zensurbehörde aufgezwungen worden war –, musste er für sein Aufbegehren drei Tage im Gefängnis verbringen und wurde verwarnt, dass er bei weiteren Protesten gefeuert werde.[13] Anschütz spielte weiter die Titelrolle und war zwar empört, aber nicht weiter überrascht über das sogenannte «Wiener Ende» des Stückes, in dem beide Hauptfiguren, King Lear und seine Tochter Cordelia, überleben. Besonders historische Dramen schienen vom Eingreifen der Zensur bedroht zu sein. Ein Sturz der Herrscher, Mord und Selbstmord wurden als gefährliche, subversive Themen auf den Bühnen der höfischen Theater betrachtet.[14]

Zensur war nur ein einzelner Punkt in dem umfassenden System der Unterdrückung, das von Kaiser Franz I. und Klemens Fürst Metternich eingeführt wurde. Metternich war Österreichs einflussreichster Diplomat auf dem Wiener Kongress und wurde 1821 vom Kaiser zum Haus-, Hof- und Staatskanzler von Österreich ernannt. Bereits 1793 hatte Franz in Österreich eine Geheimpolizei eingerichtet, die beauftragt war, im Gefolge der Französischen Revolution Bedrohungen gegen das Kaiserreich aufzuspüren. Im August 1794 wurde Beethoven Zeuge der Auswirkungen dieser neuen Truppe, die einen ungewissen Komplott gegen die Monarchie aufdeckte, was zu fünfundvierzig Festnahmen, sieben Hinrichtungen und vielen Gefängnisstrafen führte.

Besonders intensiv überwachte man Ausländer während der Napoleonischen Kriege und des Wiener Kongresses. Nach 1815 wurde ein ganzes Netzwerk von Informanten, sogenannten Spitzeln, aus allen sozialen Schichten, darunter Bedienstete, Kutscher, Kellner und Prostituierte, angewiesen, sich auf Bedrohungen im häuslichen Milieu zu konzentrieren. Metternich war weitgehend verantwortlich für den Erlass der Karlsbader Beschlüsse von 1819, in denen der Deutsche Bund – als Reaktion auf Studentenproteste gegen die konservative Politik und den Mord an dem Dramatiker August von Kotzebue – weitgehende Maßnahmen zur Unterdrückung von Freiheitsrechten beschloss und unter anderem alle Professoren, Schriftsteller und Studenten in den deutschen Staaten und in Österreich, die im Verdacht standen, liberale oder nationale Ansichten zu haben, auf eine Schwarze Liste setzte. Am 20. Januar 1820 wurden die Mitglieder einer Studentengruppe, die von dem deutsch-österreichischen Dichter Johann Senn angeführt wurde und zu der auch Franz Schubert gehörte, von der Polizei verhaftet und ihre Habseligkeiten durchsucht. Senn wurde vierzehn Monate eingesperrt, seine akademische Karriere war ruiniert. Es gibt keinen Anhaltspunkt, dass Schubert mehr als einen Verweis und einen Bericht in seiner Polizeiakte hinnehmen musste, aber während seiner späteren Laufbahn wurde er immer wieder von aufdringlichen Zensoren belästigt. Seine Opern und seine Lieder wurden genau untersucht, aber Schubert war uneinsichtig; er komponierte zum Beispiel weiterhin größere musikalische Abschnitte für seine Oper *Der Graf von Gleichen*, in denen es um die Bigamie eines Adligen geht – obwohl das zugrundeliegende Libretto des Schriftstellers Eduard von Bauernfeld von den Behörden verboten worden war und Schuberts Freunde ihn vor der möglichen Zensur warnten.[15]

Da Beethoven – anders als Schubert – auch in aristokratischen Kreisen verkehrte, war er den Auswirkungen der Karlsbader Beschlüsse weniger ausgeliefert. Im Allgemeinen wurde seine Arbeit durch die Zensur nicht behindert, aber als der Zensor es ablehnte, die religiösen Texte in der Missa Solemnis in einem weltlichen Konzert zu genehmigen, drohte Beethoven mit der Absage der Aufführung, für die er auch die Uraufführung der Neunten Sinfonie geplant hatte.[16] Erst als Graf Moritz von Lichnowsky, der jüngere Bruder von Fürst Lichnowsky, sich einschaltete und einen direkten Brief an den Polizeipräsidenten schrieb, lenkte der Zensor ein. Das Publikum applaudierte bei der Aufführung und rief so begeistert «Vivat!», dass der Polizeikommissar zurückbrüllte, sie sollten schweigen.[17]

Die Ode «An die Freude», mit der die Neunte Sinfonie endet, war ein idealistisches politisches Bekenntnis, eine Jubelfeier der weltumspannenden Brüderlichkeit, doch außerhalb seiner musikalischen Welt war Beethoven kein politischer Aktivist. Sein Lebensunterhalt war weiterhin zum Teil von der Aristokratie abhängig, auch dann noch, wie im Fall der Fürsten Rasumowski und Galitzin, als deren angespannte wirtschaftliche Situation nur eine geringere finanzielle Unterstützung zuließ. Darüber hinaus war die allmähliche Demokratisierung der Musikproduktion noch keine verlässliche Einnahmequelle. Beethoven war wütend über das finanzielle Ergebnis des Konzerts vom 7. Mai 1824, in dem unter anderem die Neunte Sinfonie uraufgeführt wurde: Er hatte eine weitaus größere Summe als den Reingewinn von 420 Florin erwartet – ein Betrag, der um einiges geringer war als die 150 Dukaten, die Fürst Galitzin dem Komponisten für die drei Streichquartette versprochen hatte.

Wenn die «Große Fuge», die mit ihren widerspenstigen, individuellen Stimmen drohendes Chaos heraufbeschwor, auch kein offenes politisches Bekenntnis war, so war sie zumindest ein weitblickender Vorbote des Geistes, der in ganz Europa während der Revolutionen von 1848 Gewalt entfesseln und Veränderung mit sich bringen sollte. Während Metternich sein Äußerstes gab, um den Status quo aufrechtzuerhalten, richteten die Zensoren ihre Energie darauf, beim Burgtheater so provokatives Material wie Dramenhandlungen, die den Sturz von Königen darstellen, zurechtzustutzen. Jene Freunde von Beethoven, die ihn ermutigt hatten, die Fuge vor allem aus künstlerischen Gründen zurückzuhalten, waren selbst das Produkt einer Wiener Gesellschaft, in der die politisch konservative Einstellung Hand in Hand ging mit der Vorliebe für ein glückliches Ende.

Wir waren hinter dem Bühnenvorhang und hörten enttäuschtes Seufzen aus dem Konzertsaal. «Ich habe schlechte Nachrichten», hatte der Konzertveranstalter zu Beginn unseres Konzertes für die Pittsburgh Chamber Music Society im September 2014 verkündet. «Heute Abend wird das Takács-Quartett nicht die Große Fuge als letzten Satz von Opus 130 spielen. Stattdessen spielen sie Beethovens alternativen Schluss.»

«Warum?», rief eine Hörerin. Ihre Empörung wurde von einem Kritiker des Konzerts geteilt, der die Chamber Music Society ermahnte, Opus 130 nie mehr in der überarbeiteten Form zu akzeptieren.[18] Während unserer gesamten Tournee hatten wir Opus 130 mit dem später komponierten Finale gespielt, aber versehentlich war die Angabe der einzelnen Sätze in der Originalform ins Programm unseres Konzerts in Pittsburgh geraten. Obwohl das überarbeitete Finale vom Komponisten selbst und nicht von einem Zensor stammte, waren einige Hörer aufgebracht, dass wir ihnen einen emotional befriedigerenden Schluss vorenthielten. Während wir in jenem Herbst weiterhin Opus 130 aufführten, überlegten wir, wie wir die Wirkung des überarbeiteten Finales vertiefen könnten; dabei diskutierten wir nicht nur über den Schluss, sondern auch über unsere Interpretation der vorangehenden Sätze.[19]

Im Mai 1825, als Beethoven zur Genesung in Baden weilte und an Opus 132 arbeitete, notierte er, dass Opus 130 nach seinem Plan «mit einer ernsthaften und schwergängigen Einleitung»[20] beginnen werde. Letzten Endes sollte es dann die langsame Eingangsmusik werden, der eine bedeutendere Rolle zukam. Im Anschluss an die Einleitung setzt ein Allegro ein, dessen treibender Sechzehntelrhythmus jedoch gleich wieder abrupt unterbrochen wird. Die langsame Musik drängt sich dazwischen – eine störende

Erinnerung, die während des ganzen Satzes immer wiederkehrt und die Vorherrschaft der Allegro-Abschnitte herausfordert.

Die Auseinandersetzung zwischen «schnell» und «langsam» spitzt sich in der Mitte des Satzes zu – wie bei zwei Menschen, die den Kern ihrer Meinungsverschiedenheit erst nach einem Vorgeplänkel erkennen. Ein Allegro, das versucht, das Adagio zu überholen, läuft nach nur einem Takt in noch langsamere Musik hinein. Das Allegro versucht es noch einmal, wieder mit dem gleichen Ergebnis. Nach drei weiteren Takten Adagio setzt sich das Allegro fest, aber jetzt wiederholen die zweite Geige und die Bratsche den gleichen tranceartigen Rhythmus und die gleichen Harmonien; sie schwanken hin und her, als seien sie von der beharrlichen Einmischung der langsamen Musik benommen – eine Erinnerung an Vergangenes, die das Handeln in der Gegenwart lähmt. Eine nachdenkliche Cellomelodie taucht aus dem Stillstand auf und wird von der ersten Geige nachgeahmt; beide Instrumente spielen dabei in hohen Lagen. Erst nach achtundzwanzig Takten behaupten sich der kraftvolle Schwung und der virtuose Stil des Eröffnungs-Allegros wieder.

Kurz vor Ende des Satzes tauchen die Streitigkeiten wieder auf. Vier aufeinanderfolgende Takte wechseln sich im Schnell – Langsam – Schnell – Langsam ab. Immer noch wägt Beethoven Alternativen ab, er kehrt zurück zur Auseinandersetzung zwischen der Atmosphäre der «ernsthaftigen und schwergängigen Einleitung» und der schnelleren, energiegeladeneren

Musik, die darauf folgt. Auch wenn das «Schnell» schließlich die Oberhand gewinnt, sein Überschwang ist gezähmt: Pianissimo-Echos der raschen Sechzehntelpassagen, die den Satz dominiert haben, treiben die Musik auf eine Schlusskadenz zu.

An zwei aufeinanderfolgenden Abenden spielten wir am Ende unserer Auftritte in der Wigmore Hall in London jeweils Opus 130 mit dem alternativen Finale. Vor dem zweiten Konzert probten wir auf der Bühne und besprachen, was wir gegenüber der vorigen Aufführung noch optimieren könnten. Ich dachte, wir hätten im ersten Konzert den berauschenden Schwung der vorwärtsdrängenden Allegro-Abschnitte überzeugend vermittelt, doch Geri und András hatten das Gefühl, dass wir die schnellen Stellen manchmal zu überstürzt gespielt hatten, sodass für die plötzlichen dynamischen Wechsel im Hin und Her zwischen Piano und Forte kaum Zeit blieb. Und Karcsi erwähnte, dass einige unserer Freunde, die unter den Zuhörern waren und uns eine sehr positive Rückmeldung gegeben hatten, nach dem Konzert im Künstlerzimmer anmerkten, wir hätten im ersten Satz unsicher geklungen. Um den musikalischen Konflikt zum Ausdruck zu bringen, müssten daher die kontrastierenden Elemente bewusster vermittelt werden und dürften nicht so gespielt werden, als seien die Interpreten kurz davor, die Kontrolle zu verlieren.

Anschließend probten wir die ersten Takte der nächsten drei Sätze; es sind relativ kurze Charakterstücke ohne die Konfliktsituation, die den ersten Satz prägt. Wir riefen uns noch einmal in Erinnerung, zu Beginn des zweiten Satzes wirklich ein flüsterndes und unterdrücktes, aber manisches Pianissimo zu wagen. Und im dritten Satz wollten wir den Konversationscharakter der Musik durch mehr Blickkontakt vermitteln, wenn eine aufsteigende Tonleiterfigur zwischen den Stimmen hin und her geht. Karcsi meinte, dass wir im genialen vierten Satz – in jenem Stück, das von den ersten Hörern so geschätzt wurde – Gefahr liefen, verschlafen zu klingen; wir spielten also mit schnelleren Bogenstrichen und mit Vibrato, und der Satz bekam dadurch einen enthusiastischeren Charakter.

Vom fünften Satz, der «Cavatina», spielten wir die Anfangsmelodie. Es ist ein Lied, das, wie Karl Holz berichtet, Beethoven zu Tränen rührte, als er es komponierte. Die vom Budapest String Quartet aufgenommene Version der Cavatina war der letzte Titel auf der «Voyager Golden Records» – vergoldeten Datenplatten mit Bild- und Audioinformationen, die die NASA 1977 den beiden Voyager-Sonden mitgab und jedem möglichen Weltraumreisenden, der sie in einer fernen Vergangenheit vielleicht finden würde, einen Eindruck und eine Botschaft von der Menschheit vermitteln sollte.

«Meint ihr, wir melken es zu sehr?», fragte Geri.

«Vielleicht hat es eine Laktoseintoleranz», half Karcsi nach.

«Ich mag den dunklen Klang», sagte András. «Es ist nicht pianissimo, sondern nur piano. Und Adagio molto espressivo.»

Beethoven hatte den ersten Takt außerdem mit *sotto voce* bezeichnet, also «mit zurückgenommener Stimme» oder «gedämpftem Ton». Meistens befassten wir uns mit den immanenten Widersprüchen in Beethovens Anmerkungen, indem wir einen von uns in den Saal schickten, um von dort aus zuzuhören. Karcsi sprang vom Podium.

«Pass auf», sagte Geri und lachte über seine leichtsinnige Akrobatik. «Wir brauchen dich heil wieder.»

«Ihr braucht den Klang nicht zu forcieren», meldete Karcsi, als er zurückkam. Die Akustik in der Wigmore Hall begünstigte schon bei minimalem Krafteinsatz einen warmen, aber direkten Klang. «Was mehr stört, Ed, ist dein Auf und Ab in der Dynamik. Ich werde ein bisschen seekrank, wenn ich dir zuhöre.» Ich spielte es noch einmal und versuchte es mit einem konstanteren Ton. Später würde es im Satz noch genügend melodische Brüche geben.

Beethoven schrieb im mittleren Teil der Cavatina die Anweisung «beklemmt» über meine Stimme. Sowohl für Virginia wie für Leonard Woolf schien die Passage eine passende Begleitmusik zu sein, wenn der Sarg bei einem Beerdigungsgottesdienst herausgetragen wird. Bei «beklemmt» denkt man oft an «niedergedrückt», «gequält» oder «angespannt», doch für mich kommt in diesem Zusammenhang vielleicht «betroffen» der Stimmung am nächsten. Über dem matten, aber bedrohlichen Schreiten der anderen drei Stimmen – einem repetierenden Rhythmus – spielt die erste Geige:

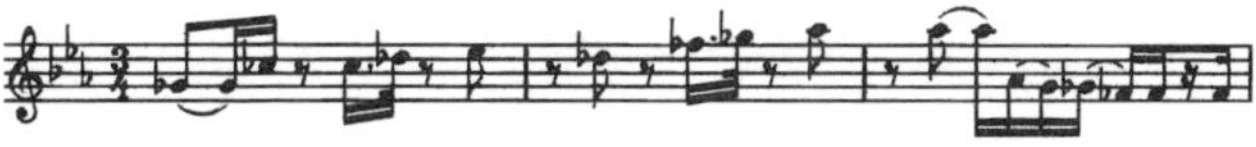

Die melodische Linie wird von Pausen gehemmt – das genaue Gegenteil der weichen Molto-espressivo-Phrasen, mit denen Beethoven den Satz einleitet. Von einem Komponisten, der die Bandbreite und die Intensität des emotionalen Ausdrucks in seiner Musik so sehr erweitert hat, kommt hier eine weitere Neuerung und ein Widerspruch ins Spiel: Leid, das zu tief geht, als dass man es einfach ausdrücken könnte, das aber dafür bestimmt ist, einem öffentlichen Publikum mitgeteilt zu werden. Es gibt keinen Moment im gesamten Beethoven-Zyklus, der weltverlorener oder der verbindender wäre.

Hier, im Zusammenhang mit dem «Beklemmt»-Abschnitt, verrate ich gern ein paar Elemente aus meinem täglichen Training, mit denen man einen bestimmten musikalischen Charakter ausdrücken kann. Streicher verbringen Stunden damit zu üben, wie man einen Bogen gleichmäßig über die Saite zieht, um einen ruhigen Ton zu erzeugen; im Gegensatz dazu kann man in dieser Passage eine Stimmung der Betroffenheit oder der Schwierigkeit, sich selbst auszusprechen, durch einen etwas unsicheren, zitternden Bogenstrich hervorrufen. Und um mit der linken Hand möglichst unhörbare Lagenwechsel zu erreichen, spielen wir immer wieder Tonleitern und gebrochene Akkorde, die den ganzen Umfang des Instruments abdecken, und prägen uns dadurch die genaue Position der einzelnen Töne auf dem Griffbrett ein. Aber an dieser Stelle von Opus 130 kann es so aussehen, als sei die Hand unsicher, wenn sie sich auf der D-Saite nach oben tastet und auf ihrem Weg scheinbar den nächsten Ton zu lokalisieren versucht. Während die Wirkung der schnellen Musik im ersten Satz – wie wir gesehen haben – unter Umständen beeinträchtigt wird, wenn die Interpreten unsicher klingen, kann hier eine gewisse Unsicherheit in der Ausführung den Charakter des «Beklemmtseins» in der Cavatina verstärken.

Beethoven schafft sowohl in der «Großen Fuge» als auch in deren Ersatzfinale am Anfang des Stückes eine Verbindung zur vorangegangenen Musik. Beide beginnen mit demselben Ton, mit dem die zweite Geige den letzten Akkord der Cavatina beendet hat. Die Originalfuge zerstört die zuvor gedämpfte Stimmung mit einem dramatischen Unisono-G, das vom ganzen Ensemble gespielt wird. Im alternativen Finale hingegen beginnt die Bratsche allein mit einem leisen, beschwingten Achtelnoten-Rhythmus, der die Stimmung des Anfangsabschnitts festlegt.

In diesen beiden Antworten auf die Cavatina liegt die Crux des Unterschieds zwischen den voneinander abweichenden Versionen. Voller Qual, trotzig und eingeschüchtert, wären die ersten Abschnitte der Fuge durchaus geeignet, King Lears gebrochene Verfassung zu vermitteln, als er im Sturm wütet, voller Gram über den Verrat durch seine Töchter Goneril und Regan. Während sich die Fuge gewaltsam von der Cavatina losreißt, hebt das alternative Finale vorsichtig die Teile auf – wie jemand, der den anhaltenden Kummer eines Freundes bemerkt hat und sich traut, ihn zu trösten. Weil eine der Funktionen des alternativen Finales im erneuten Zusammenfügen besteht, scheint es mir besonders wichtig, das Gefühl der Brüchigkeit während der «Beklemmt»-Passage zu übertreiben. Wenn die Fuge folgt, ist der Abschnitt «beklemmt» der Vorbote einer Katastrophe; in der alternativen Version wird die Cavatina das zentrale emotionale Ereignis des Stücks, von dem sich das Finale zurückzieht.

Während unserer Probe in der Wigmore Hall schlug Geri vor, dass sie mit dem alternativen Finale doch ein wenig später als in den vorangegangenen Konzerten beginnen könnte. Wenn man zu schnell weiterspielt, nimmt man den Interpreten und den Zuhörern die Stille, die unerlässlich ist, um den feierlichen Schluss zu erkennen und eine spannungsgeladene Verbindung zum nächsten Satz aufzubauen. An diesem Abend dehnte sie also während des Konzertes die Stille zwischen den Sätzen aus – und verweilte genau an dem Punkt, wo der Komponist in seinem Konzept für den Schluss von Opus 130 zwei verschiedene Wege eingeschlagen hatte.

Für Beethoven war es während seines gesamten Streichquartettprojektes reizvoll, auf seine kompositorischen Alternativen zurückzugreifen, um weitere Möglichkeiten zu erkunden. 1801 hatte er seinen Freund Amenda gebeten, die erste Version von Opus 18, Nr. 1, die er ihm überreicht hatte, an niemanden weiterzugeben, da er einige einschneidende Veränderungen vorgenommen habe.

Viele Jahre später griff Beethoven den leidenschaftlichen Abschnitt des Trios aus demselben Werk erneut auf und verwirklichte eine noch extremere Version seiner ursprünglichen Idee im dritten Satz von Opus 127. Vorher war nur der Erste Geiger in das teuflische Laufwerk verwickelt gewesen, im späteren Werk übernahm das ganze Ensemble den manischen Charakter. Ähnlich verhält es sich mit dem Wiederauftreten der langsamen Eingangsmusik im ersten Satz von Opus 130: Sie ist die Fortführung und Erweiterung einer Idee, die schon viele Jahre zuvor im letzten Satz seines Quartetts Opus 18, Nr. 6 präsentiert wird; dort weigert sich die mysteriöse «Malinconia»-Einführung (also eine «melancholische» Einleitung), von einem eher heiteren letzten Satz beiseitegeschoben zu werden. Es gibt sogar ein noch früheres Beispiel in der f-moll-Klaviersonate WoO47, die Beethoven im zarten Alter von zwölf oder dreizehn Jahren komponierte: Die langsame Musik der Einführung dringt in fast zwei Drittel des schnellen Satzes ein.

Ein Jahr, nachdem Beethoven die Originalfassung von Opus 130 vollendet hatte, kehrte er zum Scheideweg zurück: Er erdachte musikalische Themen, die denjenigen, die er ursprünglich skizziert und zugunsten der «Großen Fuge» verworfen hatte, ähnlicher waren – und schuf damit den leichteren Finalsatz für Opus 130.[21] Doch der dramatische Unterschied zwischen diesen beiden Schlusssätzen hinsichtlich Stil und Inhalt war mehr als nur eine Abweichung, die sich allein durch die besonderen

Umstände dieses Werks erklären lässt und davon inspiriert ist. Denn Beethoven schrieb in den neun Monaten zwischen der Fertigstellung der «Großen Fuge» und der Komposition des alternativen Finales zwei weitere Streichquartette: Opus 131 und Opus 135, sein letztes Quartett. In beiden Werken sollte er sich weiterhin mit der Problematik des Schlusses auseinandersetzen.

Über den letzten Satz von Opus 135 setzte Beethoven einen rätselhaften Titel: «Der schwer gefasste Entschluss». Unter der Überschrift stehen zwei musikalische Motive – eine Frage und eine Antwort:

Grave

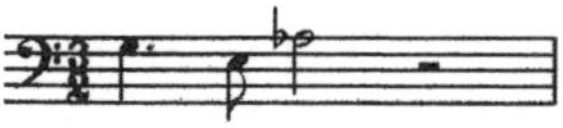

Muss es sein?

Allegro

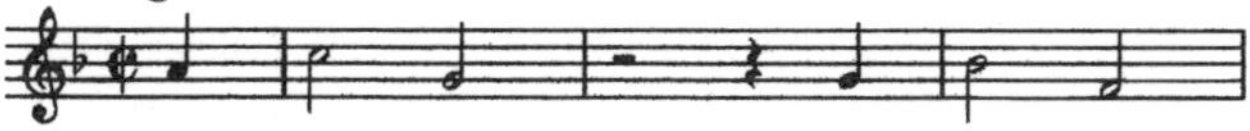

Es muss sein! Es muss sein!

Am Anfang der langsamen Einführung spielen Bratsche und Cello das Motiv in einer tiefen Lage: *Muss es sein?* Die sparsame Textur und die mysteriöse Stimmung werden durch das nackte Intervall einer verminderten Quart betont, die Beethoven den letzten beiden Worten unterlegt. Die Frage wird mit wachsendem Nachdruck wiederholt, als sie das Fortissimo erreicht; sie stellt die Tonalität infrage und verlangt nach einer Auflösung.

Das folgende Allegro schiebt die verhängnisvolle Frage mit der überschwänglichen Antwort beiseite: *Es muss sein!* Sie legt die Stimmung für den größten Teil des Satzes fest. Wenn die Frage später im Satz wieder auftaucht, ist es eine störende Erinnerung, die sich noch beharrlicher geltend macht; doch wird sie erneut von einem unbekümmerten Wiedereintritt des Antwortmotivs zurückgelassen. Die scheinbar gewichtige, schwierige, von Bratsche und Cello gestellte Frage zu Beginn des Satzes wird von einer Musik gelöst, die zwanglos und ausgelassen ist.

Das Motiv *Es muss sein!* begann sein musikalisches Leben als humorvoller Kanon mit den Worten: «Es muss sein, ja, ja, ja, heraus mit dem Beutel!» Beethoven erfand sein ganzes Leben lang für seine Freunde und Bekannten musikalische Motive, die oft ironisch oder spöttisch waren und als Kanon gesungen oder gespielt werden konnten. (Der Kanon ist eine einfache musikalische Technik, bei der jeder Einsatz in der Regel den vorigen genau wiederholt, bis das Ganze wieder von vorn beginnt, wie bei einem Reigen.) Schuppanzigh war beispielsweise Opfer eines solchen Kanons: «Lob auf den Dicken – Schuppanzigh ist ein Lump.» Aber nicht immer waren Beethovens musikalische Geschenke humorvoll: Dr. Braunhofer hatte, wie wir gesehen haben, den Kanon «Doktor sperrt das Thor dem Todt» erhalten, als Beethoven in Baden an Opus 132 arbeitete.

Seine Freunde stellten mehrere Theorien auf, was

ihn wohl zu dem Kanon «Es muss sein!» inspiriert haben könnte; darunter waren auch die Vermutungen, dass es ein möglicher Wortwechsel zwischen ihm und seiner Haushälterin, seinem Koch oder seinem Verleger gewesen sein könnte. Karl Holz lieferte die Erklärung, die später am häufigsten zitiert wurde: Ignaz Dembscher, ein Amateurmusiker, hatte die Uraufführung von Opus 130 im März 1826 verpasst und wollte die Noten von Beethoven leihen, um in seinem Haus ein weiteres Konzert zu geben. Beethoven weigerte sich, es sei denn, Dembscher zahlte nachträglich fünfzig Gulden – ein ziemlich stolzer Preis, den er auch als Subskriptionspreis für die Erstaufführung hätte entrichten müssen. Als Dembscher fragte: «Muss es sein?», soll Beethoven, wie Holz berichtet, mit dem vierstimmigen Kanon geantwortet haben.

Holz' Geschichte erhellt die schrittweise, aber entscheidende Veränderung, die sich in den praktischen Bedingungen des Musizierens während der dreißig Jahre vollzogen hatte, seit Beethoven seine erste Kammermusik in Wien komponiert hatte. Die Frage, ob ein Amateurmusiker wie Dembscher einen entsprechenden Subskriptionspreis zahlen müsse, um eine eigene Aufführung von Opus 130 zu geben, wäre zwanzig Jahre früher im Umfeld von Fürst Lichnowskys oder Graf Rasumowskis privaten Salonkonzerten irrelevant gewesen. Die wichtigsten Schritte in Beethovens früher kompositorischer Entwicklung vollzogen sich unter der Ägide des Wiener Adels, am Ende seines Lebens aber waren es Verleger – und in einem geringeren Ausmaß auch Subskribenden, wenn sie Konzertkarten kauften –, die für ihn eine bedeutendere, wenn auch manchmal ernüchternde Einnahmequelle waren.

Während Beethoven an Opus 135 arbeitete, versuchten seine Freunde, Fürst Galitzin ausfindig zu machen, der dem Komponisten immer noch nicht den vereinbarten Betrag für Opus 132 und Opus 130 bezahlt hatte. Natürlich wäre der respektlose Ton des Kanons «Es muss sein!» für eine Verständigung zwischen Beethoven und seinem aristokratischen Gönner unpassend, aber Fürst Galitzin könnte man wohl als den geeignetsten Empfänger des Liedes ansehen: «Ja, ja, ja, heraus mit dem Beutel!» Nach Beethovens Tod widmeten seine Freunde, wohl auf seinen Wunsch, Opus 135 einem verlässlicheren und ganz anders gearteten Gönner, Johann Nepomuk Wolfmayer, einem reichen Textilkaufmann, der Beethoven jahrelang viel dezenter unterstützt hatte als die adligen Mäzene Lichnowsky, Rasumowski und Galitzin, indem er zum Beispiel, wenn er ihn besuchte, Beethovens abgetragenen Mantel unauffällig gegen einen neuen austauschte.

Wenn im Kanon «Es muss sein!» Thema und Text ursprünglich von finanziellen Angelegenheiten inspiriert waren, so bekam das Ganze doch eine andere Bedeutung mit Beethovens neuem Streichquartett Opus 135. Das geht aus einem Brief hervor, den der Komponist an seinen Verleger Maurice Schlesinger schrieb:

> «Sehen Sie, was ich für ein unglücklicher Mensch bin, nicht nur, dass es was schweres gewesen es zu schreiben, weil ich an etwas anderes viel grösseres dachte, und es nur schrieb, weil ich es Ihnen versprochen und Geld brauchte und dass es mir hart ankam können Sie aus dem ‹Es muss sein ...› entziffern (...). Gut, das war wahrhaft eine zermürbende Arbeit! Uf es ist geschehen. Amen.»[22]

In Wirklichkeit war dieser Brief nicht vom Komponisten selbst geschrieben worden, sondern von Schlesinger, der Beethovens Original offensichtlich verlegt hatte und es dreißig Jahre später aus dem Kopf notierte. Wenn man berücksichtigt, dass Beethoven seine Werke oft unter dem Druck nicht eingehaltener Abgabetermine vollendete, ist seine Mitteilung an Schlesinger plausibel. Wie auch immer, es sollte nicht das letzte Wort sein, was die Bedeutung des Motivs «Es muss sein!» als Herzstück dieses Satzes angeht.

Beethoven schien das Motiv mit philosophischer Bedeutung aufzuladen, indem er dem Finale von Opus 135 den Titel «Der schwer gefasste Entschluss» gab und der Aussage «Es muss sein!» mit der Frage «Muss es sein?» einen ernsten musikalischen Rahmen verlieh. (Der Kanon hatte nur die heitere Antwort enthalten.) In seinem Roman *Die unerträgliche Leichtigkeit des Seins* sah Milan Kundera eine Verwandlung des humorvollen Kanonmotivs: «Damals dachte Beethoven nicht mehr an Dembschers

Geldbeutel. Die Worte ‹Es muss sein!› nahmen für ihn einen immer feierlicheren Ton an, als hätte das Schicksal selbst sie ausgesprochen.»[23]

Neue Untersuchungen der Entwürfe von Kanon und Quartett lassen vermuten, dass sie vielleicht doch etwa um die gleiche Zeit komponiert wurden und dass die Stimmung des einen mehr mit der des anderen verbunden ist, als Kundera einräumt.[24] Darüber hinaus würde jeder, der das Finale von Opus 135 hört oder spielt, der Antwort «Es muss sein!» wohl kaum das feierliche Gewicht beimessen, wie Kundera es tut. Die Auflösung mag schwer zu erreichen sein, aber wenn sie gelingt, ist die Stimmung heiter und unbeschwert.

Es gibt außer Schlesingers Brief keinen Bericht darüber, wie Beethoven seine Überschriften in Opus 135 erklärte. Es ist durchaus reizvoll, die Frage und die Antwort darauf als Symbol für die Entwicklung seiner Einstellung gegenüber dem Leben zu sehen – von der trotzigen Verweigerung, sich seinem Unglück zu beugen, zur Annahme seines Schicksals –, aber wahrscheinlich hätte sich Beethoven über eine so konkrete Erklärung lustig gemacht. Im Thema mag philosophische Tiefe enthalten sein, aber es bewahrt viel von der Lebensfreude und Leichtigkeit des ursprünglichen Kanons.

Welche Bedeutung das Motiv «Muss es sein?» auch haben mag, Beethoven war zu dieser Zeit von der kompositorischen Herausforderung des Abschlusses eines Werks fasziniert. Kurz nachdem er die «Große Fuge» Ende 1825 fertiggestellt hatte, begann er mit der Arbeit an Opus 131; dieses Projekt sollte ihn während der ersten sechs Monate des Jahres 1826 beschäftigen. Mit Abscheu registrierte er im März die Reaktion des Publikums auf die Uraufführung von Opus 130, enttäuscht, dass es die abschließende «Große Fuge» nicht wohlwollender aufgenommen hatte. Als er die Arbeit an Opus 131 fortsetzte, verwarf er seinen ursprünglichen Plan für einen achten Satz am Ende dieses Quartettes, den er in einer Notiz als «Süßer Ruhegesang oder Friedensgesang» betitelte – seine Anfangsmelodie sollte bald einen anderen «Ruheplatz» finden, nämlich als Hauptmelodie des langsamen Satzes von Opus 135. Stattdessen beendete Beethoven den siebten Satz von Opus 131 mit einem erschreckend abrupten und kurzen Schluss.

Im August 1826, als er an Opus 135 arbeitete, stimmte Beethoven auch zu, für Opus 130 ein anderes Finale zu schreiben, das die «Große Fuge» ersetzen sollte. Im Oktober beendete er Opus 135. Als Beethoven den letzten Satz von Opus 135 betitelte: «Der schwer gefasste Entschluss», dachte er auch über einen anderen Schluss für Opus 130 nach: Gegen Ende November schickte er das Finale seinem Verleger – eine alternative, wenn nicht gar überzeugende Lösung der Probleme, die durch die «Große Fuge» entstanden waren.

Beethovens neues Finale für Opus 130 war Teil eines umfassenderen Experiments mit dem Thema «Schluss», und es war auch ein Hinweis auf das Entstehen einer neuen kompositorischen Richtung, die er schon in Opus 135 ausgelotet hatte. Diese beiden Werke – sein letztes Streichquartett und der alternative Schlusssatz für Opus 130 – sind die einzigen vollständigen Musikstücke, die Beethoven als Zeugnis seines Anliegens hinterlassen hat, Leichtes und Schweres, Jugend und Erfahrung, Komödie und Tragödie in verdichteten Strukturen zu integrieren – dies alles vielleicht als Antwort auf den Umfang und die verwirrenden Kontraste in einigen seiner früheren Kompositionen, die «Große Fuge» inbegriffen.

«Ich hoffe, noch einige große Werke zur Welt zu bringen, dann wie ein altes Kind irgendwo unter guten Menschen meine irdische Laufbahn zu beschließen.»[25] Das schrieb Beethoven am 7. Dezember 1826 aus Wien an Franz Gerhard Wegeler und dessen Frau Eleonore von Breuning. Ein Jahr hatte Beethoven gebraucht, bis er einen Brief seiner Freunde aus Bonner Kindertagen beantwortete; sie hielten ihm vor, den Kontakt nicht aufrechtzuerhalten, sie erinnerten an glücklich miteinander verbrachte Zeiten in ihrer Jugend und baten ihn, sie in ihrem Heim in Koblenz zu besuchen. In den letzten Monaten seines Lebens bemühte sich Beethoven, die Freundschaft wieder aufzufrischen. Noch einmal schrieb er an Wegeler und veranlasste, dass seine alten Freunde Wein geliefert bekamen. Er träumte von einem Lebensende, das nicht mit schwierigen Entscheidungen belastet war, und dachte an glücklichere Zeiten zurück, die er mit seinen Freunden aus der Kindheit verbracht hatte. Als er sich selbst als «altes Kind» vorstellte, glaubte er vielleicht, der

Verschlechterung seines Gesundheitszustands entgegenwirken zu können, indem er weniger Pflichten übernahm und Humor entwickelte.

Am 2. Dezember war Beethoven von einem Besuch bei seinem Bruder Johann nach Wien zurückgekehrt. Er hatte sich eine Lungenentzündung zugezogen, und obwohl die unmittelbare Katastrophe durch die Behandlung durch Dr. Wawruch verhindert wurde, stellten sich Gelbsucht und Wassersucht ein, zwei Leiden, von denen er sich nicht mehr erholte. Das letzte überlieferte Musikstück, das er geschrieben hatte, war ein düsteres musikalisches Fragment, das im Dezember 1826 einem Brief an Karl Holz beigelegt war, kurz nachdem er das alternative Finale vollendet hatte. Es war ein Kanon zu den Worten: «Wir alle irren allesamt, nur jeder irret anderst.»[26]

Beethoven fühlte sich zu unwohl, um in den ersten Monaten 1827, wie er es sich vorgenommen hatte, neue Musik zu komponieren oder auch nur an der Korrektur der Stimmen für das neue Finale von Opus 130 zu arbeiten, aber die Umstände, unter denen er die letzten Monate seines Lebens verbrachte, kamen den Wünschen nahe, die er in dem Brief an das Ehepaar Breuning zum Ausdruck gebracht hatte. Seine engsten Freunde besuchten ihn in seiner geräumigen Wohnung im zweiten Stock des zentral gelegenen Schwarzspanierhauses. Von hier aus konnte man auf die Kirchtürme von Wien blicken; dahinter waren die Bäume von Wiens größtem Park, dem Prater, den Graf Rasumowski zwanzig Jahre zuvor durch eine Brücke mit seinem Palais verbunden hatte und in dem Beethoven viele Stunden mit Wandern und Komponieren verbracht hatte.

Es war ein Trost für Beethoven, neben einem weiteren Freund aus seiner Bonner Kindheit, Stefan von Breuning, zu wohnen, der ihn häufig mit seinem zwölfjährigen Sohn Gerhard besuchte. Gerhard war ein aufmerksamer, umgänglicher Junge, der einmal entdeckte, dass der Kranke von Bettwanzen belästigt wurde, und dafür sorgte, dass sein Bettzeug ausgetauscht wurde. Weitere Besucher waren Beethovens Bruder Johann, sein persönlicher Sekretär Anton Schindler, Karl Holz und der Verleger Tobias Haslinger. Beethovens Neffe Karl verließ Wien am 2. Januar 1827, um seine Militärlaufbahn anzutreten, womit er Beethoven bereits einige Jahre zuvor gedroht hatte. Aber selbst diese konfliktreiche Beziehung hatte eine gewisse Wende zum Positiven erfahren. Beethoven war erschüttert von Karls Selbstmordversuch – zur damaligen Zeit galt das als Verbrechen – und hatte verzweifelt nach irgendeiner Möglichkeit gesucht, die seinen Neffen vor den Behörden rettete. Das Streichquartett Opus 131 hatte er ursprünglich seinem Freund und Gönner Johann Nepomuk Wolfmayer zueignen wollen, doch stattdessen widmete er es dem Feldmarschallleutnant Baron von Stutterheim zum Dank dafür, dass er Karl in sein Regiment aufgenommen hatte.

1884 veröffentlichte Gerhard von Breuning sein Buch *Erinnerungen an Beethoven*, in dem er Beethovens räumliche Umgebung am Ende seines Lebens beschrieb:

> «Der kranke Beethoven lag, wie in seinen gesunden Tagen, in dem zweifenstrigen Zimmer. Das Bett stand an der der Eingangstüre gegenüber befindlichen, das große Zimmer von dem Kompositionskabinett trennenden Wand, mit dem Kopfende an die hintere Mauer angerückt, sodass Beethoven mit dem Gesichte nach den zwei Fenstern, mit der linken Seite aber der Mitte des Zimmers zugewandt, die ganze Stube übersah.
> Neben dem Kopfende seines Bettes links stand ein Bettkästchen und weiter gegen den Ofen hin, ein langer Tisch; neben dem Bett ein kleiner Tisch und zunächst diesem zwei bis drei Sessel für die wenigen ihn besuchenden Freunde. Auf dem Bettkästchen stand eine schwarz polierte Schatulle, worin er seine Handkasse verwahrt hielt, und dem Bettkästchen zur Seite, am Boden, ein zusammengeklapptes kleines Schreibpult.»[27]

Im März 1827 schrieb Beethoven, eine knappe Woche vor seinem Tod, an das Bankhaus Stieglitz & Co.; immer noch versuchte er, das Geld, das Fürst Galitzin ihm schuldete, aufzutreiben. Beethoven verlangte, dass das Geld, das er dringend benötigte, auf sein Konto überwiesen und die Vertragsbedingungen endlich erfüllt werden sollten.[28] Erst 1858, in dem Jahr, als Beethovens Neffe im Alter von zweiundfünfzig Jahren an einem Leberleiden starb, überwies Galitzins Sohn George den offenen Betrag auf ein deutsches Konto zugunsten von Beethovens verbliebener Erbin Caroline, Karls Witwe. Es ist nicht bekannt, ob sie das Geld jemals erhalten hat.[29]

Während seiner letzten drei Monate musste Beethoven mehrere Bauchoperationen über sich ergehen lassen, bei denen seinem schwächer werdenden Körper Wasser entzogen werden sollte, und im Februar und Anfang März hegte er die vage Hoffnung, wieder gesund zu werden. Doch wenige Tage, bevor er am 26. März im Alter von sechsundfünfzig Jahren starb, verkündete er seinen Freunden: «Plaudite amici, finita est comedia.» («Applaudiert, Freunde, die Komödie ist vorbei.»)

Franz Grillparzer fasst in seiner Grabrede für Beethoven – die von Heinrich Anschütz, dem King Lear des Burgtheaters, gehalten wurde – die widersprüchlichen Kräfte, die in Beethovens Musik am Werk sind, treffend zusammen:

> «Vom Girren der Taube bis zum Rollen des Donners, von der spitzfindigsten Verwebung eigensinniger Kunstmittel bis zu dem Puncte, wo das Gebildete übergeht in die regellose Willkühr streitender Naturgewalten, Alles hatte er durchmessen, Alles erfaßt.»[30]

Grillparzer hätte die Wirkung der «Großen Fuge» auf die ersten Hörer beschreiben können, wo «das Gebildete übergeht in die regellose Willkühr streitender Naturgewalten» – während das andere Finale eine wohlausgewogene Alternative bietet. Beethoven starb in einem Umfeld, wie er es sich in seinem letzten Brief an die Breunings vorgestellt hatte. Doch in den beiden Finalsätzen zu Opus 130 spitzten sich die Ambivalenzen und Widersprüche zu, die seinen späten Stil bestimmen. Fast zweihundert Jahre danach bestätigen die leidenschaftlichen Vorlieben für die eine oder die andere Version die dualistische Tendenz seiner Kunst – ein Dilemma, das wohl nie ganz aufgelöst werden kann.

Im Zellerbachsaal auf dem Campus der University of California, Berkeley, beginnt Geri mit dem alternativen Finale, und wir lassen uns auf Beethovens Schlussmusik ein, als gebe es keine andere Wahl. Während der Probe erkunden wir verschiedene Interpretationsmöglichkeiten, im Konzert aber bleibt keine Zeit zu bedauern, dass man die eine oder andere Alternative verworfen hat. Und doch schwebt die Fuge ganz gegenwärtig über Opus 130 und lenkt uns bei der Interpretation ihrer Nachfolgerin.

Beim Vergleich der beiden Anfänge gibt es Hinweise, welche Aspekte wir besonders deutlich herausarbeiten sollten. Im Einführungsteil der «Großen Fuge» spielen alle ein G im Forte, danach setzt das Thema (das «Subjekt») in allen Stimmen unisono ein. Es folgt Stille, dann versucht das Subjekt es noch einmal, wieder ein Unisono, das jetzt in rascherem Rhythmus vorwärtstreibt. Doch nach nur zwei Takten – wieder Stille. Die gleiche Dichotomie wiederholt sich: Auf das Thema folgt Stille. Danach beginnt die erste Geige ruhig zu spielen, ein gedämpftes Nachbeben des Originalthemas, das vom Cello übernommen wird; darüber kommen zaghafte

Gesprächsfetzen hinzu, die Stimmen sind jedoch getrennt und unsicher. Dann ist die erste Geige alleingelassen, ohne Führung spielt sie das Eingangsthema pianissimo. Pausen ersticken jeden Ton – wir haben es hier praktisch mit einer weiteren «beklemmten» musikalischen Phrase zu tun. Schließlich sprengt die erste Geige ihre eigene Stimme und beginnt die Fuge fortissimo; in rascher Folge kommen Bratsche, zweite Geige und Cello dazu. Jetzt sind es vier Stimmen, die sich gegenseitig zerren und stoßen, sie verleugnen damit die Harmonie des Anfangs, sie jagen und fliehen genau das musikalische Material, das sie aneinanderbindet.

Während der fünfundzwanzig Anfangstakte des alternativen Finales sind die dynamischen und rhythmischen Kontraste ganz reduziert. Die kontinuierliche Achtelnotenbewegung, mit der die Bratsche beginnt, trägt das stetige Pulsieren weiter und unterstützt ein anmutiges, schmuckes Thema, das die Traurigkeit der Cavatina beiseiteschiebt. Die einzige Veränderung in dem ansonsten durchgängigen Pianissimo ist die gelegentlich kurz etwas anschwellende und wieder zurückgehende Dynamik; diese Anweisungen sehen in der Partitur wie kleine Haarnadeln aus. Wenn ein Spieler die Achtelnotenbegleitung übernimmt, spielt der andere die Melodie. Zwischen den melodischen Linien gibt es keine Spannung, eher ein lebendiges, doch gedämpftes Miteinander. Selbst vor zweitausend Zuhörern im Zellerbachsaal riskieren wir es, das ausgedehnte Pianissimo als ein Gegenstück zum verzweifelten

Aufschrei der Fuge, die wir nicht spielen, durchzutragen. Wir treten den Unterbrechungen, die sich in der «Großen Fuge» wie Abgründe auftun und ihren Beginn zerlegen, in der alternativen Fassung mit dem höchstmöglichen konstanten Pulsieren entgegen; Geris Achtelnotenfigur bildet dabei den mühelosen, selbstverständlichen Rhythmus.

Die Anfangsabschnitte dieses Finales mögen den Konflikten der Originalversion entgehen, aber mitten im Satz scheint Beethoven plötzlich die heftigen Kontraste der Fuge in Erinnerung zu rufen. Karcsi und ich beginnen leise einen Fugenabschnitt, Geri und András kommen hinzu. Die kontrapunktische Auseinandersetzung eskaliert, bis wir zusammen an einer Fortissimo-Stelle ankommen, die wir unisono spielen; wir hämmern die Töne dieses unsichersten und instabilsten aller Akkorde, einer verminderten Sept, im durchgängigen Achtelrhythmus heraus, der den Satz seit Beginn vorangetrieben hat. Wir heizen diesen Flächenbrand mit Bogenstrichen an, die rauer als sonst klingen, und ich frage mich, ob Beethoven diese Passage für sein erstes, wenig begeistertes Publikum bestimmt hat, das die «Fuge» ablehnte: Selbst in diesem «netteren» Finale mussten sie sich mit einem heftigen Ausbruch auseinandersetzen.

Wenn dieser Abschnitt auch scheinbar kurz an die «Große Fuge» erinnert, gleicht doch die Art und Weise, wie Beethoven ihn hinter sich lässt, einem Wechsel der Stimmung, wie er ihn schon in seinem vorherigen Streichquartett, Opus 135, erreicht hat: Nach zwei Dritteln des Finales aus jenem Quartett verflüchtigt sich plötzlich die Intensität der bangen Frage «Muss es sein?» und wird augenzwinkernd vom wiederkehrenden Kanonthema abgelöst. Ähnlich ist es auch im Schlusssatz von Opus 130, wo unsere angriffslustigen Achtelnoten binnen weniger Sekunden vom Fortissimo ins Pianissimo wechseln und damit zur Rückkehr des ruhigen, heiteren Themas führen, mit dem der Satz begonnen hat. Mit einer minimalen Verzögerung des Tempos kriegen wir die Kurve; das gibt uns einen Bruchteil mehr Zeit, den Klang zu ändern: Die rauen, schweren Bogenstriche nahe dem Steg werden durch springende, weichere Striche über dem Griffbrett ersetzt.

In Beethovens Quartetten ist ein plötzliches Gegenüberstellen der Stimmungen nichts Neues, aber hier werden gewichtigere Emotionen gewissermaßen abgestreift; Gegensätze bedrohen nicht mehr die Einheit des Werkes. Dieser Satz erinnert mich an ein Paar, das heftig streitet – in der Gewissheit, dass bald danach gelacht wird. Ich weiß, dass es Beethovens letztes vollendetes Werk ist, und es fällt mir nicht leicht, diesem Satz keine außermusikalische Bedeutungsschwere zu verleihen, ähnlich derer, die manchmal Opus 135 zugesprochen wird. Die Kämpfe der «Großen Fuge» sind ausgefochten, und sie sind, wenn nicht gelöst, so doch wenigstens verdrängt. Jetzt bleibt nicht mehr viel zu tun, für das «alte Kind» ist die Komödie beinahe vorbei … «Es muss sein!»

Aber ernste Krankheit war Beethoven nicht fremd, und er wollte unbedingt noch «ein paar große Werke schaffen», bevor er starb. Es scheint zweifelhaft, dass er das Finale als seine Grabinschrift betrachtete. So wie der abgeänderte Schluss zu Opus 130 stellt auch das Finale von Opus 135 einen Neuanfang dar. Vielleicht hätte Beethoven diese kompositorische Richtung weiterverfolgt, wenn ihm Zeit geblieben wäre, die wenigen erhaltenen Entwürfe für ein neues Streichquartett und eine zehnte Sinfonie auszuarbeiten.

Als ich zuerst die letzte Seite der Stimme der ersten Geige durchspielte, waren mir solche Gedanken fern. Ich musste laut über die grotesk schweren Noten lachen – mit den Passagen von geschäftigen Sechzehnteln, die sich nicht in einer Lage oder auf einer Saite unterbringen lassen; sie verlangen mühelose Sprünge mit der linken Hand und wilde Bewegungen mit der Bogenhand. Armer Schuppanzigh! Was für einen Stich muss das dem beleibten, großen alten Mann versetzt haben, während er versuchte, junge Geiger fernzuhalten und sich seine Reputation nach dem Debakel mit Opus 127 wieder zu erkämpfen!

Der Schluss dieses insgesamt verträglicheren und leichter verdaulichen Finales ist für die Interpreten unbequem. Während der berauschende Schluss der «Großen Fuge» durch das Anwachsen von Dynamik und rhythmischer Energie, die sich bis zur letzten Kadenz hin entfalten, organisch realisiert wird, landen im alternativen Finale die dahinhuschenden Sechzehntelnoten auf einer unbequemen Pause, als könnten sie gerade noch so vor dem Rand eines Abgrunds anhalten. Jetzt müssen wir aus dem Nichts zwei Akkorde treffen; das ist rein physisch eine schwierige Technikumstellung, die oft nicht so gelingt, wie ich es möchte. Wenn mir, wie bei diesem Konzert, der Bogenstrich über alle vier Saiten hinweg nicht klar gelingt, sprechen die Töne nicht deutlich an, und wir haben keinerlei Chance, das Stück mit einem kernigen Abschlusston, der genau zusammen ist, zu beenden. Die Zuhörerschaft in Berkeley applaudiert trotzdem begeistert, und meine kleine Ungenauigkeit ist vergessen – wenigstens bis zu unserer nächsten Probe.

Ob Beethoven zweihundert Jahre später die Zuhörer wohl verspottet hätte, wenn sie diesem alternativen Finale Beifall spenden, so wie er es bei den ersten Hörern tat, als sie die «Große Fuge» ablehnten? Ich bezweifle es. Wir haben unserem Publikum keine Wahl gelassen; wenn jemand zu tadeln ist, dann sind es die Interpreten.

Für uns ist das Problem mit den beiden Finalsätzen genauso frustrierend wie für manche Hörer. Wir verwenden so viel Zeit und Energie bei dem Versuch, die grundverschiedenen Elemente in Beethovens Streichquartetten zu kombinieren, doch hier, am Ende von Opus 130, gibt es keine Möglichkeit, die enorm unterschiedliche Wirkung der beiden Finalsätze gleichzeitig zu vermitteln. Ein erfindungsreicher Konzertveranstalter könnte dem Publikum die Wahl überlassen, indem er ihm elektronische Abstimmungsgeräte zur Verfügung stellt – die natürlich von einem neutralen Vertragspartner entwickelt sein müssten und nicht von Unterstützern des einen oder anderen Endes finanziert werden dürften. Zu einem im Voraus festgelegten Zeitpunkt hätten die Hörer die Möglichkeit, für ihr bevorzugtes Finale zu stimmen, das Ergebnis würde auf den Notenpulten aufleuchten, um dann von den Interpreten ausgeführt zu werden. Aber selbst dieses Konzept könnte Beethovens oft argwöhnisches Verhältnis zu seinen Hörern offenbaren: Hätte er die Gelegenheit, würde er vielleicht von seinem Platz aufspringen und die abgelehnte Version fordern.

Ich stelle mir vor, dass Beethoven nach unserer Vorführung in Berkeley hinter die Bühne kommt und einen misslungenen Bogenstrich oder die Wahl eines Tempos moniert. «Warum hast du meine Fuge mehr als fünf Jahre nicht gespielt? Meinst du, sie ist deine Aufmerksamkeit nicht wert?» Bei einer so hartnäckigen Frage kann ich nicht leugnen, dass ich die «Große Fuge» gemieden habe. Dass ich mich hinter einem alternativen Finale versteckt habe, weil es die Muskeln und die Psyche weniger strapaziert. Als ich anfing, Opus 130 zu studieren, begeisterten mich die Leidenschaft und die Energie der Fuge, doch jetzt fühle ich mich zu der Musik hingezogen, wie sie im Finale «Es muss sein!» von Opus 135 oder im alternativen Schluss von Opus 130 erklingt – Musik, die es wagt, vergangene Konflikte und Sorgen zurückzuweisen.

Dramatische Porträts eines Streichquartetts zielen zwangsläufig auf Krise und Konflikt; für ihre Geschichten bildet die «Große Fuge» einen geeigneteren Hintergrund als das alternative Finale. Am

Ende von Michael Hollingers ergreifendem Drama *Opus* versinnbildlicht das Zertrümmern einer Geige den Konflikt der Gruppe. In dem Film *Saiten des Lebens* findet der Erste Geiger erfolgreich einen Weg, gegenüber zwei seiner Kollegen Feindschaft aufkeimen zu lassen, indem er mit ihrer Tochter eine Affäre beginnt. Ein solches Melodrama liegt durchaus im Bereich des Möglichen, doch die Mitglieder eines Streichquartetts, die schon lange zusammenarbeiten, ziehen es in der Regel vor, unvermeidliche Spannungen und Belastungen, die durch das enge Miteinander, durch die gemeinsamen Bemühungen entstehen, auf sich beruhen zu lassen. Anders als in manch einer Reality-Show ist es das Ziel, dass alle vier Menschen tatsächlich auf der Insel bleiben. Wenn man sich dafür entscheidet, ein alternatives Finale anzugehen, das sich ein wenig vom Leid entfernt, kann die Musik viel mehr als der Mensch zur dominierenden Erzählung werden.

Seit den vergangenen zehn Jahren waren Karcsi, Geri und András meine lieben Partner bei diesem sehr persönlichen Unterfangen. Um ein positives Arbeitsverhältnis aufrechtzuerhalten, üben wir alle bis zu einem gewissen Grad emotionale Zurückhaltung. Wir klären unsere Gedanken und Gefühle und wägen ab, was am besten ungesagt bleibt. Ab und zu erleben wir eine «Große Fuge», ein Austausch, bei dem die Funken sprühen. Das führt kurzzeitig zu Empfindlichkeiten und Verletzungen, aber dann können wir zum täglichen Jubel des alternativen Finales zurückfinden.

Heute schätze ich es viel mehr, den Frieden zu bewahren, als vor zwanzig Jahren – wenigstens empfinde ich das so. Der Erzählung eines Ersten Geigers kann man nicht gänzlich trauen, und meine Kollegen könnten sie, wie bei allen Aspekten dieser Geschichte, vielleicht anders wiedergeben. In jedem Fall spricht mich die «Große Fuge» nicht genauso an wie damals, als ich dem Quartett beitrat. Ich spiele über zwanzig Jahre im Takács-Quartett und habe jetzt mehr zu verlieren als damals, und vielleicht ist meine Einstellung ein Zeichen dafür, dass ich emotional konservativer geworden bin.

Umso mehr Grund für Beethoven, sich über mich lustig zu machen! Welches Recht habe ich, seine Werke für meine eigenen Bedürfnisse kritisch zu beurteilen? Die «Große Fuge» verlangt, gespielt zu werden, und wie so vieles in Beethovens großem musikalischem Oeuvre ist sie nicht nur eine Bestätigung für eine bestimmte Lebensauffassung oder einen Gemütszustand, sondern sie hinterfragt sie auch und erlaubt nicht, dass man stehenbleibt. Sie bietet und sie benötigt künstlerische Freiheit – eine Freiheit, die vor Leuten wie Fürst Metternich jederzeit sicher ist.

Wenn wir den Beethoven-Zyklus spielen, beenden wir unser erstes Konzert mit Opus 130 und dem alternativen Finale. Zum Schluss des letzten Konzerts spielen wir das Stück dann noch einmal, jetzt aber mit der «Großen Fuge». Sie hat das letzte Wort – mit ihren extremen Anforderungen und ihren Belohnungen, die sie bereithält, bildet sie den geeignetsten Abschluss einer Reise durch Beethovens große Quartettwelt.

Wie sollen wir bei der nächsten Probe an diese schwierigen Aufgaben, die sie uns stellt, herangehen? Beethoven hat hundertachtundzwanzig Takte kontinuierliches «Fortissimo» komponiert, aber wenn wir unterschiedslos mit unserer lautesten Dynamik spielen, wird es manchmal schwer sein, die unabhängigen musikalischen Linien herauszuhören. Vielleicht sollten wir unsere Lautstärke variieren, um bestimmte melodische Motive hervorzuheben. Könnten wir doch Beethoven um Rat fragen. Vielleicht wäre er mit unseren Anpassungen genauso unzufrieden wie mit den Veränderungen des Pianisten und Arrangeurs Anton Halm, die dieser Beethoven gegenüber schöngeredet hatte. Vielleicht würde der Komponist darauf bestehen, dass wir so viel Kakophonie wie möglich präsentieren.

Mag sein, dass es keine schlüssige Antwort auf solche interpretatorischen Fragen gibt, doch wenn wir die Fuge beim nächsten Mal proben, wird Beethoven im Hintergrund lauern – manchmal kommt er hervor, um den Takt anzugeben oder einen dynamischen Hinweis in seiner Partitur zu ändern, manchmal wird er sich auch eines unserer Instrumente schnappen, um uns einen Bogenstrich zu zeigen. Oft ist er brüsk und duldet keine Fehler oder Ungenauigkeiten in unserem Spiel. Jetzt setzt er sich zwischen die beiden Geiger. Zunächst hält er sich zurück und versucht angestrengt, das, was seine Ohren ihm verzerrt wiedergeben, in seine ideale Klangvorstellung zu transponieren. Der Erste Geiger verzählt sich und verpasst seinen Einsatz, die unerbittlich synkopierten Einsätze, die den zugrundeliegenden Rhythmus infrage stellen, verwirren ihn. Beethoven springt auf, streckt die Arme aus, wirft den Kopf zurück und bricht in schallendes Gelächter aus. Dann fordert er uns auf, es noch einmal zu versuchen.

Über unserem Diskutieren, Auswählen und Neubewerten seiner Musik wacht Beethovens kritischer Geist, mit dem er schon in jungen Jahren seinen Vater herausforderte. «Was kratz du da nun wieder Dummes Zeüg durcheinander?», unterbrach Johann van Beethoven seinen Sohn beim Geige-Üben. «Du weis das ich das gar nicht leiden kann, kratz nach den Nohten, sonsts wird dein kratzen wenig nutzen.»[31] Zum Ärger seines Vaters erfand der Bub weiter seine Melodien auf der Geige, und der Vater tadelte ihn für sein frühreifes stümperhaftes Komponieren und drängte ihn, stattdessen fleißig auf dem Klavier und der Geige zu üben. Das Improvisieren war für den frühreifen Jungen, genauso wie für Mozart, eine ganz natürliche Ausdrucksmöglichkeit. Auch wenn der Vater Beethoven ermahnte, erkannte er die außergewöhnliche Begabung seines Sohnes. «Allein aus deinem Kopf, dafür bist du noch nicht da, befleißige dich auf dem Clavir und Fiolin, mach richtige angriff auf die Nohten, da ist mehr angelegen. Wenn du es mal so weit gebracht hast, dann kanz du und muß du mit Kopf noch gnug arbeiten.»[32]

Beethovens früheste Komposition im Alter von zwölf Jahren, die 1783 herausgegeben wurde, war ein Satz mit neun Variationen für Klavier solo auf einen Marsch von Ernst Christoph Dressler. Zu dieser Zeit war es ungewöhnlich, für ein Thema mit Variationen eine Moll-Tonart als Grundlage zu wählen, und für das Werk eines Buben war die Stimmung erstaunlich ernst. Der punktierte Rhythmus verleiht dem Ganzen zusammen mit der Tonart den Charakter eines Trauermarsches. Vielleicht hatte Beethoven dieses Stück als eine Erinnerung an seinen Vetter zweiten Grades gedacht, den begabten Geiger Franz Rovantini, der mehrere Jahre bei der Familie Beethoven in Bonn lebte, dem Jungen Geigenunterricht gab und nach plötzlicher Krankheit im Alter von vierundzwanzig Jahren starb.[33] Obwohl jede Variation abrupt endet, gelingt es Beethoven, durch schrittweise Beschleunigung der Notenwerte und die zunehmend virtuose Klavierstimme eine fortschreitende Bewegung zu erzeugen. Nach acht Variationen, die genau den Harmonien des Themas folgen, steht die letzte, jubelnde in C-Dur und lässt den Trauermarsch mit Kaskaden sprühender Läufe weit hinter sich.

Die Form der Variation, die in seinem späten, explorativen Stil so bedeutsam werden sollte, bot dem Jungen ein natürliches Ventil für seine frühen Kompositionsexperimente und zugleich für sein Improvisationstalent auf dem Klavier. Im November 1791 erinnerte sich der Komponist und Schriftsteller Carl Ludwig Junker, Beethoven ein Thema für Improvisationsvariationen gegeben zu haben und wie außerordentlich verblüfft er war über die Kombination von Virtuosität, Ausdruckskraft und einer scheinbar unerschöpflichen Quelle von Ideen, die der bescheidene junge Mann darbot. «Beethoven ist», so vergleicht ihn Junker mit anderen zeitgenössischen Virtuosen, «ausser der Fertigkeit sprechender, bedeutender, ausdrucksvoller, kurz, mehr für das Herz: also ein so guter Adagio- als Allegrospieler.»[34]

In der letzten der vierundzwanzig Variationen, die der junge Beethoven 1791 über ein Thema des italienischen Opernkomponisten Vincenzo Righini schrieb, lassen heitere Sechzehntelläufe ebenfalls auf eine triumphale Auflösung schließen, ähnlich derjenigen der Dressler-Variationen, aber hier sorgen ein Exkurs in ein langsameres Allegro und verwirrende Tonartwechsel dafür, dass der Verlauf des Wegs ausweicht und den Hörer neckt. Ein schneller werdendes Allegro und ein darauffolgendes «Presto assai» wecken die Hoffnung auf ein heiteres Ende – wie Kinder, die sorglos zum Spielen losrennen, nachdem sie eine elterliche Ermahnung hinter sich haben. Aber Beethoven hebt seine radikalste Idee bis zum Schluss auf. Die Notenwerte werden langsamer und langsamer, die Lautstärke geht bis zu einem Pianissimo zurück, die muntere Energie des Originalthemas wird schließlich aufgelöst, und das Stück endet mit einem einfachen Akkord. Innerlichkeit triumphiert über Heiterkeit und Virtuosität.

Beethovens Jugendfreund Gottfried Fischer hatte das in sich gekehrte, träumerische Wesen des Jungen bemerkt, der am glücklichsten war, wenn er allein war. Gottfried Fischers Schwester Cäcilie erinnerte sich, wie Beethoven ins Leere starrte und nicht sagen wollte, woran er dachte.[35] Beethovens frühe Fähigkeit, ein persönliches Nachsinnen in seiner Musik zu vermitteln, ist eine der Qualitäten, die seine Hörer ansprachen.

Dagegen stellte der Hornist Nikolaus Simrock (der später in Bonn ein Verlagshaus gründete) als besonderes Merkmal nicht die Innerlichkeit fest, als er im Herbst 1791 seinem Freund zuhörte, wie er die Righini-Variationen spielte. Simrock bewunderte vielmehr seine «Anmut und Zartheit und Fertigkeit in der Ausführung» und berichtet, dass Beethoven dem auswendig gespielten Stück spontan neue Variationen hinzufügte.[36] Beethovens späterer Erfolg, nachdem er sich in Wien als Pianist und Komponist niedergelassen hatte, ist zum großen Teil seiner instinktiven Fähigkeit zu verdanken, verschiedene Elemente zu vereinen: Seine den Publikumsgeschmack treffende Virtuosität ging mit meditativem Spiel Hand in Hand. Beides brachte er so vor, dass man meinte, die Musik sei unmittelbar in diesem Augenblick entstanden.

Jeder, der sich mit Beethovens Musik befasst, sei es als Hörer, als Berufsmusiker oder als Amateurquartettspieler, ist glücklicher Verwalter seines ruhelosen, suchenden Geistes. Ob wir nun für den Einstieg den langsamen Satz von Opus 18, Nr. 1 aussuchen (mit dem überarbeiteten Hinweis auf den Charakter des Stückes, «affetuoso ed appassionato») oder mit dem überraschenden zweiten Einsatz des

Trio-Teils von Opus 59, Nr. 2 beginnen, in dem das russische Thema auftaucht, oder uns auf den kecken Marsch («Alla marcia») einlassen, den Beethoven schließlich als Folge des «Heiligen Dankgesangs» gewählt hat – bei all dem stelle ich mir den Moment der Entscheidung vor, wenn Beethoven an einem Tisch in einer seiner zahlreichen Wohnungen saß oder durch seine geliebten Wälder im Helenental außerhalb von Baden wanderte und den einen oder den anderen Weg wählte.

In unserem Studio an der University of Colorado – es befindet sich jetzt auf der anderen Seite des Hofes, gegenüber dem Raum, in dem ich mein erstes Vorspiel bei den Takács' hatte – eröffnet ein junges Ensemble, das Altius-Quartett, das 2015 unser «Graduierten-Quartett in Residence» war, sein Spiel mit dem ersten Satz von Opus 131. Es ist eine talentierte Gruppe mit einigen Konzert- und Wettbewerbserfolgen, und viele Stunden Probenerfahrung liegen hinter ihr. Es ist ein guter Zeitpunkt für sie, Opus 131 in Angriff zu nehmen. Ich kann mich noch gut an meine erste Begegnung mit dem Stück erinnern, und sie beschreiben die gleichen Gefühle von Irritation, Ehrfurcht und Scheu, als sie das ganze Stück zum ersten Mal durchgehen, wie es bei mir damals der Fall war. Ich frage sie, welche Probleme während ihrer Anfangsproben aufgetaucht sind. Sie beschreiben die Herausforderung, im ersten Satz einen ausreichend ernsten und melancholischen Charakter zu erreichen, ohne dass die Musik schwülstig klingt – die gleiche Frage, der wir vor einigen Jahren in der Wigmore Hall nachgingen, als wir uns das Stück zuletzt vorgenommen hatten, und eine Frage, auf die sie zu gegebener Zeit ihre eigenen Antworten finden werden. Als sie mit dem Spiel beginnen, bewundere ich es, wie rasch sie in ihren persönlichen Stellungnahmen zur Thematik ein Gefühl des Verlassenseins vermitteln, und trotzdem beginnen sie ein Gespräch, als sie das Fugenthema zu Beginn des Satzes einander weiterreichen.

Die Mitglieder des Altius-Quartetts stehen am Anfang ihrer Erkundung dieser Musik, so wie ich, als ich vor zwanzig Jahren dem Takács beitrat. Wie lang auch immer man sich schon mit Beethovens Streichquartetten auseinandergesetzt haben mag, wesentlich ist, dass man sich eine forschende Neugier bewahrt und ebenso sehr eine enge Beziehung zu ihnen aufrechterhält, um den Geist der Musik vermitteln zu können. Wenn ich mich wieder einmal mit einem Beethoven-Quartett beschäftige, denke ich gern an den kleinen Buben in Bonn, der schon früh seinen Vater herausforderte, und an die ersten schockierten Reaktionen von Hörern und Spielern, als sie mit Beethovens Musik konfrontiert wurden. Oft denke ich auch an die ersten Tage der Gründungsmitglieder des Takács-Quartetts und mein großes Glück, Teil ihrer künstlerischen Identität geworden zu sein. Ihr Abenteuergeist und ihre Risikobereitschaft, es mit einem jungen Engländer zu versuchen, der noch viel lernen muss, haben mich all die Jahre hindurch inspiriert.

Ich stelle sie mir auf einer kleinen Wiese am Rand der Autobahn vor: vier Ungarn, Anfang zwanzig. Sie genießen die Gelegenheit, nach einer stundenlangen Fahrt die Beine auszustrecken. Zwei Ladas russischer Bauart, schwer mit Gepäck beladen, parken neben dem improvisierten Fußballplatz. Sie stehen im Kreis, die Instrumentenkästen daneben, und kicken einen Fußball hin und her. In ihrem Zusammenspiel herrscht eine lässige Kameradschaft, während sie versuchen, so viele Pässe wie möglich zu spielen, ohne dass der Ball den Boden berührt; wie eine musikalische Phrase fliegt er vom einen zum anderen, beschwingt, lebendig und erwartungsvoll. Jetzt studieren sie Landkarten und diskutieren die Route – ein Streichquartett findet immer einen Grund zu debattieren –, dann werden Instrumentenkästen und Spieler in die Autos gequetscht. Das Gepäck wird hoch aufgetürmt, der Rückspiegel ist verdeckt, sie fahren los und hoffen, ihre lange Reise nach Westen vor dem Dunkelwerden zu beenden.

Danksagung

Ich bin Karcsi, Geri und András unendlich dankbar für Jahre der Gemeinschaft, der Unterstützung, des Humors, Jahre voller Klugheit und erfüllten Musiklebens. Ohne sie wäre dieses Buch nie zustande gekommen. Meine Versuche, ihre lebhaften, einfühlsamen Persönlichkeiten zu porträtieren, müssen zwangsläufig zu kurz greifen, und mein Bericht über die Geschichte des Takács-Quartetts ist ganz aus meiner Sicht entstanden und daher einseitig. Ich habe mich sehr bemüht, die Stimmung unserer Gespräche während der Probendialoge einzufangen, und ihre Inhalte nicht wörtlich wiedergegeben; etwaige Fehler oder Ungenauigkeiten sind allein meine Schuld. Roger Tappings und Gabór Ormais Unterstützung während meiner prägenden Jahre im Ensemble war für mich außerordentlich wichtig. Und ich danke Gabor Takács für das inspirierende Vorbild, das er mir war. Die meisten Ereignisse aus der Zeit, bevor ich dem Ensemble beitrat – die ersten achtzehn Jahre des Takács-Quartetts, in denen die Gründungsmitglieder ihre internationale Karriere aufbauten –, habe ich nicht geschildert. In dieser Zeit war ich Student, und ich bin meinen Lehrern besonders dankbar: Howard Davis (Erster Geiger des Alberni Quartet), Felix Andrievsky, Dorothy DeLay und Piotr Milewski.

Neben unserer Hauptagentin Christa Phelps und der Agentin für Nordamerika, Seldy Cramer, deren beider Einsatz unser Leben höchst positiv beeinflusst hat, haben uns so viele weitere Freunde, lokale Agenten und Konzertveranstalter unterstützt und ermutigt, dass ich sie hier gar nicht alle aufzählen könnte. Chris und Margot Brauchli, Harry Campbell, Chris und Barbara Christoffersen, Nancy Bell Coe, Christina Daysog, Robert Cole, Simon Eadon, Amelia Freedman, John Gilhooly, Georges Gara, Ara Guzelimian, Judith Glyde, Peter und Diana Held, Norma R. Johnson, Gary und Judy Judd, Andrew Keener, John Kongsgaard, Oswald Lehnert, William Lyne, Ian Malkin, Alexander und Thais Mark, Evans Mirageas, Jane Moss, Paul Nelson, Ed und Liz Newlands, Betty Perkins, Simon Perry, Chris Pope, John und Doreen Ruddock, Daniel und Boyce Sher, Asadour Santourian, Adele und Julia Schottlander, Kathy Shuman, Chuck Speers, Dickon Stainer, William Starr, Matiás Tarnopolsky und Eric Wilson gebührt besondere Erwähnung. Susan de Jong und Judy Drake, die Töchter von Fay Shwayder, haben die großzügige Instrumentenleihgabe fortgeführt, die auf ihre Mutter zurückgeht. Über die Jahre ist das Quartett einer ganzen Reihe wunderbarer Musiker zu Dank verpflichtet, die uns in schwierigen Zeiten aushalfen, wenn einer von uns verhindert war. Wir profitierten von der Kunst der Geiger Lina Bahn, Alexander Kerr und Peter Salaff und der Bratschisten Erika Eckert, Zoltán Toth und Louise Williams. Annamaria Karacson, Katalin Boros und Tom Walther unterstützen uns auf vielfältige Weise, nicht nur in ihrer Rolle als Quartettpartner.

Dieses Buch war die Idee meiner einfallsreichen Agentin, Rebecca Carter, die mich vor einigen Jahren zu einer Reihe hübscher Hausaufgaben anregte, bis das Projekt Gestalt anzunehmen begann. Belinda Matthews bei Faber unterstützte den Fortgang des Buches mit ihrem Enthusiasmus für das Konzept und brachte die verschiedenen Elemente unter ihrer fachkundigen Anleitung in Zusammenhang. Mein Dank gilt auch Michael Downes für sein kluges Korrekturlesen und Lektorieren des Textes, sowie Samantha Matthews für die Vorbereitung des Buches zur Veröffentlichung. Richard Beales unterstützte meine erste schriftliche Arbeit, und ich profitierte auch von der Beratung und Erfahrung seines Vaters, des Historikers Derek Beales. Mein besonderer Dank geht auch an James Brody, Daniel Chua, Bruce Holsinger, Alan Johnson, Robert McDonald, Dick und Marjorie McIntosh, Martie McMane, Joshua Robinson, Paul und Sheila Russell, Ittai Shapira und Blair Singer. Seldy Cramer und David Lawrence Morse lieferten freundlicherweise umfassende und konstruktive Kritik für das Manuskript in seinen verschiedenen Phasen, ebenso mein Bruder Martin Dusinberre und meine Eltern William und Juliet Dusinberre.

Mein Sohn Sam Dusinberre brachte freundlicherweise seine Softwarekenntnisse für die Vorbereitung der musikalischen Beispiele ein. Meine Frau Beth Dusinberre unterstützte mich in zahllosen Stunden mit ihrer Klugheit und Geduld und half mir darüber hinaus auch in Übersetzungsfragen. Beth und Sam danke ich für alles, auch für die Gespräche am Esstisch – unsere Themen hatten oft sogar mehr Spannung als Violinsaiten …

Mitglieder des Takács-Quartetts:

Gábor Takács-Nagy, Erster Geiger, Gründungsmitglied, 1975 – 1992

Károly Schranz, Zweiter Geiger, Gründungsmitglied, 1975 – 2017

Gábor Ormai, Bratschist, Gründungsmitglied, 1975 – 1994

András Fejér, Cellist, Gründungsmitglied, ab 1975

Edward Dusinberre, Erster Geiger, ab 1993

Roger Tapping, Bratschist, 1995 – 2005

Geraldine Walther, Bratschistin, ab 2005

Harumi Rhodes, Zweite Geigerin, ab 2018

Verzeichnis der Musikbeispiele

Anmerkungen

Prolog: Opus 131

1 Opus 131 ist Beethovens vorletztes Streichquartett und damit eigentlich sein fünfzehntes, aber da das früher komponierte Streichquartett Opus 132 die höhere Opus-Zahl hat, wird Opus 131 als Streichquartett Nr. 14 bezeichnet (und Opus 132 entsprechend als Streichquartett Nr. 15).

2 Wilhelm von Lenz, *Beethoven: Eine Kunststudie*, Kassel 1860, Bd. 5, S. 217.

3 Alexander Wheelock Thayer: *Ludwig van Beethovens Leben*, 5 Bde., deutsch bearb. von Hermann Deiters, revidiert von Hugo Riemann, 1866ff. Nachdruck Hildesheim / New York 1970, Bd. 2, S. 536.

4 Ludwig van Beethoven, *Briefwechsel. Gesamtausgabe*, hrsg. von Sieghard Brandenburg, 7 Bde., München 1996-98, Bd. 2, Nr. 585.

5 Ich danke Daniel Chua, dass er mir vor einigen Jahren seine Gedanken über den provisorischen Charakter des Schlusses in Beethovens späten Streichquartetten mitgeteilt hat.

6 Siehe https://www.youtube.com/watch?v=SIFzbLE6b-HU

1 Vorspiel: Opus 59, Nr. 3

1 Zitiert nach Gerd Indorf, *Beethovens Streichquartette. Kulturgeschichtliche Aspekte und Werkinterpretation*, Freiburg i. Br. [2]2007, S. 33. Siehe auch Joseph Kerman,

Beethoven Quartet Audiences, in: Robert Winter und Robert Martin (Hrsg.), *The Beethoven Quartet Companion*, Berkeley, CA, 1994, S. 16. Nach Kerman ist die Quelle dieser Anekdote unklar, aber dem Geist nach stimmt sie mit den Ansprüchen überein, die Beethoven an seine Musiker stellte.

2 *Briefwechsel*, Bd. 1, Nr. 182.

3 *Briefwechsel*, Bd. 1, Nr. 67.

4 Zitiert nach Martin Geck, *Ludwig van Beethoven*, Reinbek bei Hamburg ^{4}2000, S. 23.

5 *Briefwechsel*, Bd. 1, Nr. 67.

6 http://de.wikisource.org/wiki/Heiligenstädter_Testament (zuletzt aufgerufen am 11.7.2018).

7 Zitiert nach Walter Wiese, *Beethovens Kammermusik*, Winterthur 2010, S. 187, sowie Indorf, S. 240.

2 Eintritt in das Quartett: Opus 18, Nr. 1

1 Johann Kaspar Riesbeck, *Briefe eines reisenden Franzosen über Deutschland an seinen Bruder in Paris*, Zürich 1784, Bd. 1, 28. Brief, S. 276.

2 Riesbeck, 21. Brief, S. 206.

3 Riesbeck, 19. Brief, S. 183.

4 Riesbeck, 21. Brief, S. 206.

5 John Owen, *Reisen durch verschiedene Gegenden und Länder von Europa*, Leipzig 1797, 176. Brief, S. 544f.

6 Owen, 180. Brief, S. 558.

7 Eine genauere Darstellung des allmählichen Untergangs der Hauskapellen findet sich bei Tia DeNora, *Beethoven and the Construction of Genius*, Berkeley, CA, 1995, S. 40ff. Siehe auch Indorf, S. 25f.

8 Siehe Daniel Heartz, *Mozart, Haydn and Early Beethoven*, New York 2009, S. 223.

9 Riesbeck, 21. Brief, S. 211f.

10 *Briefwechsel,* Bd. 1, Nr. 13.
11 Franz Wegeler / Ferdinand Ries, *Biographische Notizen über Ludwig van Beethoven*, Koblenz 1838, S. 29. In seinem Bericht hat Wegeler die Anweisung Krafts nicht richtig erinnert; er schrieb, dass Kraft vorgeschlagen habe, die Stelle mit «sulla corda G» zu markieren, was offensichtlich falsch ist; es muss «sulla corda C» heißen.
12 Wegeler / Ries, S. 86.
13 Wegeler / Ries, S. 54.
14 *Briefwechsel,* Bd. 1, Nr. 17.
15 Siehe Charles Ingrao, *The Habsburg Monarchy*, Cambridge 2000, S. 225.
16 *Briefwechsel,* Bd. 1, Nr. 17.
17 *Briefwechsel,* Bd. 1, Nr. 20.
18 Siehe Ingrao, S. 231.
19 Ein interessantes Porträt von Koromzay liefert Judith Glyde, Quarter of a Legend, in: *The Strad,* Bd. 108, Nr. 1283, London 1997.
20 Siehe Cooper, *Beethoven*, Oxford 2000, S. 88.
21 Siehe Cooper, S. 45.
22 *Briefwechsel,* Bd. 1, Nr. 42. Beethoven notierte dies auf die Stimmenabschrift der Ersten Violine.
23 *Briefwechsel,* Bd. 1, Nr. 43.
24 Siehe Cooper, S. 86; siehe auch Indorf, S. 216f.
25 *Briefwechsel,* Bd. 1, Nr. 51.
26 *Briefwechsel,* Bd. 1, Nr. 67.
27 *Briefwechsel,* Bd. 1, Nr. 65.
28 Die Instrumente sind heute im Beethovenhaus in Bonn ausgestellt. (Gerd Indorf weist darauf hin, dass sich die Viola später als Falsifikat erwies und aus der Werkstatt des Füssener Geigenbauers Anton Gedler stammt; Indorf, S. 34.)
29 Siehe Alexander Wheelock Thayer, *Thayer's Life of Beethoven,* überarb. und hrsg. von Elliot Forbes, 2 Bde., Princeton 1964, Bd. 1, S. 265.
30 *Briefwechsel,* Bd. 1, Nr. 67.

31 Am 9. November 1829 schrieb Goethe an seinen Musikerfreund Carl Friedrich Zelter: «Diese Art von Exhibitionen waren mir von jeher von der Instrumental-Musik das Verständlichste, man hört vier vernünftige Leute sich untereinander unterhalten, glaubt ihren Discursen etwas abzugewinnen und die Eigenthümlichkeiten der Instrumente kennen zu lernen.»
32 *Briefwechsel*, Bd. 1, Nr. 67.
33 Siehe Wiese, S. 152, und Indorf, S. 166f.

3 Fraktur: Opus 59, Nr. 2

1 Zitiert nach Renate Ulm (Hrsg.), *Die 9 Symphonien Beethoven. Entstehung, Deutung, Wirkung*, Kassel [3]1999, S. 68 und S. 114.
2 Henry Reeve, *Journal of a Residence at Vienna and Berlin, in the Eventful Winter 1805-6*, London 1877, S. 46.
3 Reeve, S. 55.
4 Reeve, S. 65.
5 Reeve, S. 79.
6 Zitiert nach Wiese, S. 178.
7 Eine interessante Theorie über den Einbezug von Volksliedern in Opus 59, Nr. 3, entwickelt Mark Ferraguto: Russianness and Learned Style in the «Razumovsky» String Quartets, in: *Journal of the American Musicological Society*, Bd. 67, Nr. 1, Berkeley, CA, 2014.
8 Robert Coughlan, *Elizabeth and Catherine: Empresses of All the Russias*, New York 1974, S. 39.
9 Alan Tyson, The Razumovsky Quarters: Some Aspects of the Sources, in: Alan Tyson (Hrsg.), *Beethoven Studies 3*, New York 1973, S. 128ff.
10 Siehe Thayer, hrsg. von Forbes, Bd. 1, S. 403, sowie www.raptusassociation.org/beetbiopagesg.html
11 Aus demselben Grund überlegte Beethoven, die Wid-

mung der Streichquartette Opus 59 zu ändern und sie Lichnowsky zuzueignen – vielleicht in der Hoffnung, er könnte dadurch ihr Verhältnis wieder zum Besseren wenden. Siehe Tyson, S. 134, und Indorf, S. 65.

12 Siehe Joseph Kerman, *The Beethoven Quartets*, New York 1967, S. 130.

13 Zitiert nach Wiese, S. 166f. bzw. Indorf, S. 242. Die Reaktionen von Romberg und von Radicati werden ebenfalls bei Wiese wiedergegeben: S. 173 und S. 166.

14 Siehe *Quellen zur Literatur- und Kunstreflexion des 18. und 19. Jahrhunderts (1760–1840). Volltexte zum Wörterbuch «Zentralbegriffe der klassisch-romantischen ‹Kunstperiode›»*, hrsg. v. Jochen A. Bär, online abrufbar: www.zbk-online.de/texte/A1094.htm

15 Leo Tolstoi, *Die Kreutzer-Sonate,* Kapitel 23, zitiert nach: http://gutenberg.spiegel.de/buch/die-kreutzersonate-4046/23

16 Zitiert nach Thayer, hrsg. von Forbes, Bd. 1, S. 206f.; siehe www.luederhniemeyer.com/autographs/15767_d.php

17 Siehe Wiese, S. 175.

18 Maria Razumovsky, *Die Razumovskys. Eine Familie am Zarenhof,* Köln 1998, S. 184.

19 Thayer, hrsg. von Forbes, Bd. 1, S. 401.

20 Sir Robert Adair, *Historical Memoir of a Mission to the Court of Vienna in 1806,* London 1844, S. 13.

21 Zitiert nach Indorf, S. 32.

22 Zitiert nach Wiese, S. 180.

23 *Briefwechsel,* Bd. 2, Nr. 392.

24 *Allgemeine musikalische Zeitung,* Nr. 21, 11. Mai 1811 (Leipzig), Spalten 348-351, siehe www.raptusassociation.org/op74_e.html (zuletzt aufgerufen am 14.7.2018).

25 Briefwechsel, Bd. 3, Nr. 983.

26 Siehe Thayer, hrsg. von Forbes, Bd. 1, S. 561.

27 Schindler, zitiert nach Martin Geck, *Von Beethoven bis Mahler. Die Musik des deutschen Idealismus*, Stuttgart / Weimar 1993, S. 62.

28 Schindler, zitiert nach Anton Schindler, *Biographie von Ludwig van Beethoven*, 3. Auflage Münster 1860, S. 233f.
29 Schindler, ebd., S. 202.
30 Graf August De La Garde-Chambonas, *Gemälde des Wiener Kongresses 1814/1815. Erinnerungen, Feste, Sittenschilderungen, Anekdoten*, hrsg. von Gustav Gugitz, 2. Bd., München 1912, S. 69f.
31 Hilde Spiel (Hrsg.), *The Congress of Vienna: An Eyewitness Account*, Philadelphia 1968, S. 133.
32 Ludwig van Beethoven, *Konversationshefte*, 11 Bde., Leipzig 1972-2001, hrsg. von Karl-Heinz Köhler, Grita Herre und Dagmar Beck, Bd. 10, S. 75.
33 *Konversationshefte,* Bd. 10, S. 71.
34 *Konversationshefte,* Bd. 10, S. 70.
35 Gräfin Lulu Thürheim, *Mein Leben: Erinnerungen aus Österreichs grosser Welt 1788-1819,* 4 Bde., München 1913, Bd. 4, S. 112.

4 Rekreation: Opus 127

1 Johann Friedrich Reichardt, zitiert nach Indorf, S. 94.
2 Nach den Beethoven-Einspielungen wechselten wir zur Plattenfirma Hyperion, mit der wir bislang seit 2005 eine CD-Aufnahme pro Jahr produziert haben.
3 Die Aufnahmen wurden durch die Unterstützung vieler Spender möglich, u.a. durch Gary and Judy Judd (der Tochter von Harry Campbell) und Norma R. Johnson. Die vollständige Liste der Förderer findet sich in den jeweiligen Booklets der CDs.
4 *Briefwechsel,* Bd. 4, Nr. 1468 und 1478.
5 Cooper, S. 347.
6 *Briefwechsel,* Bd. 4, Nr. 1469.
7 *Briefwechsel,* Bd. 4, Nr. 1480.
8 Für die Darstellung der Hintergründe der ersten Aufführungen von Opus 127 stütze ich mich vor allem auf zwei

Artikel: Robert Adelson, Beethoven's String Quartet in E Flat Op. 127: A Study of the First Performances, in: *Music and Letters*, Bd. 79, Nr. 2, Oxford 1998, S. 219-243, sowie John Gingerich: Ignaz Schuppanzigh and Beethoven's Late Quartets, in: *Musical Quarterly*, Bd. 93, Heft 3-4, Oxford 2010, S. 450-513.

9 Siehe Indorf, S. 105; *Konversationshefte*, Bd. 7, S. 101.

10 *Konversationshefte*, Bd. 7, S. 89.

11 *Briefwechsel*, Bd. 6, Nr. 1940.

12 Siehe Leopold Schmidt, *Beethoven. Werke und Leben*, Berlin 1924, S. 273; Lockwood, S. 442.

13 *Konversationshefte*, Bd. 7, S. 177; Indorf, S. 109.

14 Bäuerle, *Theaterzeitung*, zitiert nach Thayer: www.zeno.org/Musik/M/Thayer,+Alexander+Wheelock/Ludwig+van+Beethovens+Leben/5.+Band/2.+Kapitel.+Das+Jahr+1825 (Anm. 46).

15 *Konversationshefte*, Bd. 7, S. 246.

16 *Konversationshefte*, Bd. 7, S. 201.

17 *Konversationshefte*, Bd. 8, S. 48.

18 *Konversationshefte*, Bd. 7, S. 193.

19 *Konversationshefte*, Bd. 10, S. 104.

20 *Konversationshefte*, Bd. 8, S. 52f.

21 *Konversationshefte*, Bd. 8, S. 281.

22 *Briefwechsel*, Bd. 6, Nr. 1962 (Original auf Französisch).

23 *Briefwechsel*, Bd. 6, Nr. 1997 (Original auf Französisch) und Antwort von Beethoven, ebd., Nr. 2002.

24 *Briefwechsel*, Bd. 5, Nr. 1724 (Original auf Französisch); mit den erwähnten Werken sind möglicherweise die Klaviersonaten Opus 111 und 120 gemeint.

25 *Briefwechsel*, Bd. 5, Nr. 1746 (Original auf Französisch).

26 *Briefwechsel*, Bd. 5, Nr. 1724 (Original auf Französisch).

27 *Briefwechsel*, Bd. 5, Nr. 1845, 1854 und 1907 (Originale auf Französisch).

28 Zitiert nach Wiese, S. 212.

29 Thayer, hrsg. von Forbes, Bd. 2, S. 941; zitiert nach: www.raptusassociation.org/op127_g.html

5 *Rekonvaleszenz: Opus 132*

1 Im Jahre 1804 begründete Franz II., der letzte Kaiser des Heiligen Römischen Reiches Deutscher Nation (bis zu dessen Auflösung 1806), das Kaisertum Österreich; als Kaiser Franz I. regierte er in Österreich bis zu seinem Tod im Jahr 1835.
2 Siehe die Ausführungen von Ian Bradley, *Water Music: Making Music in the Spas of Europe and North America,* New York 2010, S. 56-59.
3 Bradley, S. 65, und H. C. Robbins Landon, *Haydn: The Years of «The Creation»*, London 1977, S. 497.
4 Zitiert nach Indorf, S. 395.
5 Maynard Solomon, *Beethoven Essays,* Cambridge, MA, 1988, S. 94.
6 *Briefwechsel,* Bd. 2, Nr. 656.
7 *Briefwechsel,* Bd. 4, Nr. 1493.
8 *Briefwechsel,* Bd. 6, Nr. 1967.
9 *Briefwechsel,* Bd. 6, Nr. 1973.
10 *Briefwechsel,* Bd. 6, Nr. 1988.
11 Sir George Smart, *Leaves from the Journals of Sir George Smart,* Cambridge 1907/2014, S. 108f.
12 *Briefwechsel,* Bd. 6, Nr. 1974.
13 *Briefwechsel,* Bd. 6, Nr. 1980.
14 *Briefwechsel,* Bd. 6, Nr. 1973.
15 Aldous Huxley, *Kontrapunkt des Lebens*, Piper Verlag, München 2017.
16 Ebd.
17 Ebd.
18 Solomon, S. 249. Siehe www.zeno.org/Literatur/M/M%C3%BCllner,+Adolph/Dramen/Die+Schuld/1.+Akt/1.+Szene

6 *Alternativer Schluss: Opus 130*

1 *Allgemeine musikalische Zeitung*, 28 (1826), zitiert nach Indorf, S. 426, bzw. Wiese, S. 250.
2 Das «Alla tedesca» war ursprünglich für Opus 132 geplant, im Anschluss an den «Heiligen Dankgesang»; Beethoven hatte es daher zuerst in A-Dur komponiert und später für Opus 130 transponiert.
3 Indorf, S. 355.
4 Indorf, S. 19.
5 Siehe Richard Kramer, «Das Organische der Fuge»: On the Autograph of Beethoven's Opus 59, Nr. 1, in: Christoph Wolff (Hrsg.), *The String Quartets of Haydn, Mozart and Beethoven: Studies of the Autograph Manuscripts*, Cambridge, MA, 1980, S. 229.
6 Siehe Kramer, S. 237-241.
7 *Briefwechsel*, Bd. 6, Nr. 2043.
8 Siehe S. 106 sowie Anm. 31 zu Kapitel 2.
9 Lenz, *Beethoven: Eine Kunststudie*, Bd. 5, S. 218, zitiert nach Indorf, S. 95.
10 *Konversationshefte*, Bd. 10, S. 104.
11 Lockwood, S. 460f.
12 Cooper, S. 364.
13 Alice M. Hanson, *Musical Life in Biedermeier Vienna*, Cambridge 1985, S. 43f.
14 *King Lear* war generell für Adaptionen anfällig. Nahum Tates populäre Version von 1681 mit ihrem glücklichen Ende ersetzte die Originalfassung in englischsprachigen Aufführungen bis ins 19. Jahrhundert hinein. Siehe Stanley Wells, *The Oxford Shakespeare: The History of King Lear*, Oxford 2000, S. 62f.
15 Hanson, S. 46.
16 *Briefwechsel*, Bd. 5, Nr. 1810.
17 Thayer, hrsg. von Forbes, Bd. 2, S. 910. Anton Schindler berichtete später: «Ich habe nie im Leben so einen wüthenden und doch herzlichen Applaus gehört. Der

Empfang war mehr als kaiserlich, denn 4 Mahl stürmte das Volk los. Zuletzt wurde Vivat gerufen. Als das Parterre zum 5ten Mahl Beyfallrufen anfing, schrie der Polizey Comißär Ruhe.» Zitiert nach www.wieneroboe.at/albrecht/Albrecht_UA_Beethoven_9_Deutsch.pdf

18 Siehe Mark Kanny, http://triblive.com/aande/music/6883563-74fquartetbeethoven-haydn#axzz3Vymd63do (zuletzt aufgerufen am 31. März 2015).

19 Ich bin Matias Tarnopolsky, dem Direktor von «Cal-Performances», für seine Überlegungen dankbar, während seiner Zeit als Konzertveranstalter die Möglichkeit zu schaffen, dass man Ensembles hören kann, die beide Versionen von Opus 130 spielen.

20 Zitiert nach Indorf, S. 406.

21 Cooper, S. 372.

22 *Briefwechsel,* Bd. 6, Nr. 2224.

23 Milan Kundera, *Die unerträgliche Leichtigkeit des Seins*, Fischer Verlag, Frankfurt/M. 1988.

24 Laura Kathryn Bumpass, *Beethoven's Last Quartet,* Ph.D. Diss., University of Illinois, 1982.

25 *Briefwechsel,* Bd. 6, Nr. 2236.

26 *Briefwechsel,* Bd. 6, Nr. 2234.

27 Gerhard von Breuning, *Aus dem Schwarzspanierhause. Erinnerungen an L. van Beethoven*, S. 86ff.

28 *Briefwechsel,* Bd. 6, Nr. 2285.

29 Thayer, hrsg. von Forbes, Bd. 2, S. 1101ff.

30 Zitiert nach Ignaz von Seyfried, *Ludwig van Beethoven's Studien im Generalbasse, Contrapuncte und in der Compositions-Lehre*, Wien 1832, S. 70.

31 Siehe Margot Wetzstein (Hrsg.), *Familie Beethoven im kurfürstlichen Bonn: Neuauflage nach den Aufzeichnungen des Bonner Bäckermeisters Gottfried Fischer,* Bonn 2006, sowie www.zeno.org/Musik/M/Thayer,+Alexander+Wheelock/Ludwig+van+Beethovens+Leben/1.+Band/Anhang+zum+ersten+Bande/7.+Der+Fischersche+Nachla%C3%9F+(von+H.D.)#Fu%

32 Ebd.
33 Cooper, S. 8.
34 H. C. Robbins Landon (Hrsg.), *Beethoven, His Life, Work and World,* New York 1992, S. 49; zit. nach www.zeno.org/Musik/M/Thayer,+Alexander+Wheelock/Ludwig+van+Beethovens+Leben/1.+Band/16.+Kapitel.+Musikalische+Ereignisse+und+Anekdoten
35 Robbins Landon, *Beethoven,* S. 42.
36 Siehe Robbins Landon, *Beethoven,* S. 50; zit. nach www.raptusassociation.org/reise%201791.html

Bibliografie

Zitierte Werke

Adair, Sir Robert, *Historical Memoir of a Mission to the Court of Vienna in 1806.* London 1844.

Adelson, Robert, Beethoven's String Quartet in E Flat Op. 127: A Study of the First Performances, in: *Music and Letters,* Bd. 79, Nr. 2, Oxford 1998.

Albrecht, Theodore (Hrsg.). *Letters to Beethoven and Other Correspondence.* 3 Bde., Lincoln, NE, 1996.

Bashford, Christina, The string quartet and society, in: Robin Stowell (Hrsg.), *The Cambridge Campanion to the String Quartet,* Cambridge 2003.

Beethoven, Ludwig van, *The Letters of Beethoven,* translated and edited by Emily Anderson, 3 Bde., London 1961.

–, *Briefwechsel. Gesamtausgabe,* hrsg. von Sieghard Brandenburg, 7 Bde., München 1996-98.

–, *Konversationshefte,* hrsg. von Karl-Heinz Köhler, Grita Herre und Dagmar Beck, 11 Bde. Leipzig, 1972-2001.

Bradley, Ian, *Water Music: Making Music in the Spas of Europe and North America,* New York 2010.

Breuning, Gerhard von, *Memories of Beethoven: From the House of the Black-Robed Spaniards,* hrsg. von Maynard Solomon. Cambridge 1992; deutsche Ausgabe: *Aus dem Schwarzspanierhause. Erinnerungen an L. van Beethoven,* mit Ergänzungen und Erläuterungen von Alfred Christlieb Kalischer, Hildesheim 2018.

Bumpass, Laura Kathryn, *Beethoven's Last Quartet,* Ph.D diss. University of Illinois, 1982.

Cooper, Barry, *Beethoven,* Oxford 2000.

Coughlan, Robert, *Elizabeth and Catherine: Empresses of All the Russias,* New York 1974.

De La Garde-Chambonas, August, *Gemälde des Wiener Kongresses 1814/1815. Erinnerungen, Feste, Sittenschilderungen, Anekdoten,* hrsg. von Gustav Gugitz, 2 Bde., München 1912.

DeNora, Tia, *Beethoven and the Construction of Genius,* Berkeley, CA, 1995.

Gingerich, John, Ignaz Schuppanzigh and Beethoven's Late Quartets, in: *Musical Quarterly,* Bd. 93, Heft 3-4, Oxford 2010.

Hanson, Alice M, *Musical Life in Biedermeier Vienna,* Cambridge 1985.

Heartz, Daniel, *Mozart, Haydn and Early Beethoven,* New York 2009.

Huxley, Aldous, *Point Counter Point,* London 1928, deutsche Ausgabe: *Kontrapunkt des Lebens,* München 2017.

Ingrao, Charles, *The Habsburg Monarchy,* Cambridge 2000.

Kerman, Joseph, *The Beethoven Quartets,* New York 1967.

–, Beethoven Quartet Audiences, in: Robert Winter und Robert Martin (Hrsg.), *The Beethoven Quartet Companion,* Berkeley, CA, 1994.

Kramer, Richard, «Das Organische der Fuge»: On the Autograph of Beethoven's Opus 59 no. 1, in: Christoph Wolff (Hrsg.), *The String Quartets of Haydn, Mozart and Beethoven: Studies of the Autograph Manuscripts,* Cambridge, MA, 1980.

Kundera, Milan, *Die unerträgliche Leichtigkeit des Seins,* Frankfurt/M. 1988.

Lockwood, Lewis. *Beethoven: The Music and the Life,* New York 2003.

Owen, John. *Travels into Different Parts of Europe, in the Years 1791 and 1792.* 2 Bde., London 1796; deutsche Ausgabe: *Reisen durch verschiedene Gegenden und Länder von Europa*, Leipzig 1797.

Razumovsky, Maria, *Die Razumovskys. Eine Familie am Zarenhof,* Köln 1998.

Reeve, Henry, *Journal of a Residence at Vienna and Berlin, in the Eventful Winter 1805-06.* London 1877.

Riesbeck, Johann Kaspar, *Briefe eines reisenden Franzosen über Deutschland an seinen Bruder in Paris,* Zürich 1784.

Robbins Landon, H. C., *Beethoven, His Life, Work and World*, New York 1992.

–, *Haydn: The Years of ‹The Creation›*, London 1977.

Schindler, Anton, *Beethoven As I Knew Him: A Biography*, hrsg. von Donald W. MacArdle, Chapel Hill, NC, 1966; deutsche Ausgabe: *Biographie von Ludwig van Beethoven*, Münster 1840, neu bearbeitet von Ludwig-Ferdinand Schiedermaier, Bonn 1970.

Senner, Wayne M., Robin Wallace und William Meredith (Hrsg.), *The Critical Reception of Beethoven's Compositions by his German Contemporaries,* 2 Bde., Lincoln, NE, 1999.

Smart, Sir George. *Leaves from the Journals of Sir George Smart,* Cambridge 1907/2014.

Solomon, Maynard, *Beethoven Essays,* Cambridge, MA, 1988.

Spiel, Hilde (Hrsg.), *The Congress of Vienna: An Eyewitness Account,* Philadelphia 1968.

Swafford, Jan. *Beethoven: Anguish and Triumph.* New York, 2014.

Thayer, Alexander Wheelock. *Thayer's Life of Beethoven,* überarb. und hrsg. von Elliot Forbes, 2 Bde., Princeton, NJ, 1964; deutsche Ausgabe: *Ludwig van Beethovens Leben*, 5 Bde., deutsch bearbeitet von Hermann Deiters, revidiert von Hugo Riemann. 1866 ff. Nachdruck Hildesheim / New York 1970.

Thürheim, Gräfin Lulu, *Mein Leben: Erinnerungen aus Österreichs grosser Welt 1788-1819,* 4 Bde., München 1913.

Tolstoi, Leo, *Die Kreutzer-Sonata und andere Erzählungen,* Zürich 2006.

Tyson, Alan, The Razumovsky Quartets: Some Aspects of the Sources, in: Alan Tyson (Hrsg.), *Beethoven Studies 3,* New York 1973.

Wegeler, Franz und Ferdinand Ries, *Beethoven Remembered.* Arlington, VA, 1987; deutsche Ausgabe: Franz

Wegeler / Ferdinand Ries, *Biographische Notizen über Ludwig van Beethoven*, Koblenz 1838.
Wetzstein, Margot (Hrsg.), *Familie Beethoven im kurfürstlichen Bonn: Neuauflage nach den Aufzeichnungen des Banner Bäckermeisters Gottfried Fischer*, Bonn 2006.
Winter, Robert: Quartets in Their First Century, in: Robert Winter und Roben Martin (Hrsg.), *The Beethoven Quartet Companion*, Berkeley, CA, 1994.

Zusätzlich herangezogene Werke für die deutsche Ausgabe

Cooper, Barry (Hrsg.), *Das Beethoven-Kompendium. Sein Leben – seine Musik*, München 1992.
Geck, Martin, *Ludwig van Beethoven*, Reinbek bei Hamburg [4]2000.
Geck, Martin, *Von Beethoven bis Mahler. Die Musik des deutschen Idealismus*, Stuttgart / Weimar 1993
Indorf, Gerd, *Beethovens Streichquartette. Kulturgeschichtliche Aspekte und Werkinterpretation*, Freiburg i. Br. [2]2007.
Lenz, Wilhelm von, *Beethoven: Eine Kunststudie*, 5 Bde., Kassel 1860.
Moosdorf, Matthias (Hrsg.), *Ludwig van Beethoven. Die Streichquartette*, Kassel 2007.
Ulm, Renate (Hrsg.), *Die 9 Symphonien Beethoven. Entstehung, Deutung, Wirkung*, Kassel [3]1999.
Wiese, Walter, *Beethovens Kammermusik*, Winterthur 2010.

Weiterführende Lektüre

Brion, Marcel, *Daily Life in the Vienna of Mozart and Schubert*, New York 1962.

Burnham, Scott, *Beethoven Hero*, Princeton, NJ, 1995.

Burnham, Scott, und Michael P. Steinberg (Hrsg.), *Beethoven and His World*, Princeton, NJ, 2000.

Chua, Daniel, *‹Galitzin› Quartets*, Princeton, NJ, 1995.

Cooper, Barry (Hrsg.), *The Beethoven Compendium*, London 1991; deutsche Ausgabe: *Das Beethoven-Kompendium. Beethoven – sein Leben, seine Musik*, München 1992.

Erickson, Raymond (Hrsg.), Schubert's Vienna, New Haven 1997.

Ferraguto, Marie, Russianness and Learned Style in the «Razumovsky» String Quartets, in: *Journal of the American Musicological Society*, Bd. 67, Nr. I, Berkeley, CA, 2014.

Glyde, Judith, Quarter of a Legend, in: *The Strad*, Bd. 108, Nr. 1283, London 1997.

Kinderman, William, *Beethoven*, New York 2009.

King, David, *Vienna 1814*, New York 2008.

Mathew, Nicholas, *Political Beethoven*, Cambridge 2013.

November, Nancy, *Beethoven's Theatrical Quartets: Opp. 59, 74 and 95*, Cambridge 2013.

Rumph, Stephen, *Beethoven after Napoleon: Political Romanticism in the Late Works*, Berkeley 2004.

Said, Edward W., *On Late Style: Music and Literature Against the Grain*, New York 2006.

Solomon, Maynard, *Beethoven*, New York 1998; deutsche Ausgabe: *Beethoven. Biographie*, Frankfurt/Main 1987.

–, *Late Beethoven: Music, Thought, Imagination*, Berkeley 2003.

Register

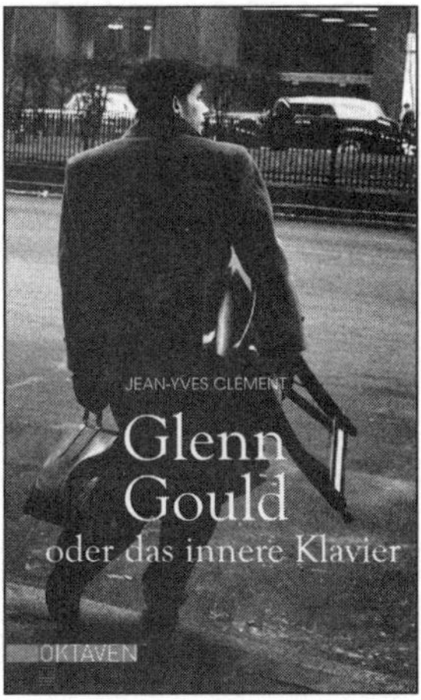

Jean-Yves Clément
Glenn Gould
oder das innere Klavier
Mit Fotos von Don Hunstein.
Mit farb. Lesebändchen.
181 Seiten, gebunden mit Schutzumschlag

Wie gut kennen wir Glenn Gould? Seine Aussage «Klavier spielt man nicht mit den Händen, sondern mit dem Kopf» ist für Jean-Yves Clément der Leitfaden, um Persönlichkeit und Werk des großen kanadischen Pianisten auszuloten. Im Nachzeichnen der Stationen eines der absoluten Musik geweihten Lebens zwischen Entsagung und Ekstase, Strenge und Humor, Konzertsaal und Tonstudio entsteht ein vielschichtiges Porträt, das eine einmalige Signatur erkennen lässt.

«Jean-Yves Clément gibt eine Interpretation des fantastischen kanadischen Pianisten, die besser ist als eine Biografie.»

Le Monde

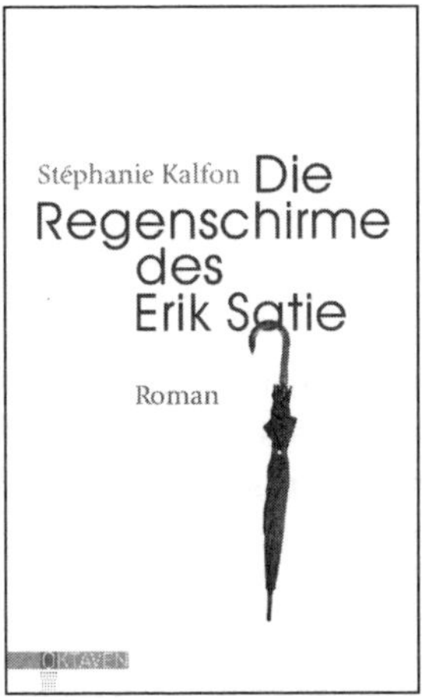

Stéphanie Kalfon
Die Regenschirme des Erik Satie
Roman. Mit farb. Lesebändchen.
193 Seiten, gebunden mit Schutzumschlag

Erik Satie war zu seiner Zeit einsam und unverstanden. Ein Jahrhundert später versteht ihn die Autorin Stéphanie Kalfon auf künstlerische Weise, frei nach seinen Spielregeln. Ihr Roman ist eine kongeniale literarische Hommage an den Komponisten Erik Satie.

«Ein so berührendes, so kluges Buch … Ich war immer Satie-Fan, wusste einiges über sein Leben, aber was und wie Stéphanie Kalfon das beschreibt – das ist selbst die schönste, sanfteste Musik und hat einen ganz großen Zauber. Was für ein wunderbares Geschenk!»

Elke Heidenreich

OKTAVEN

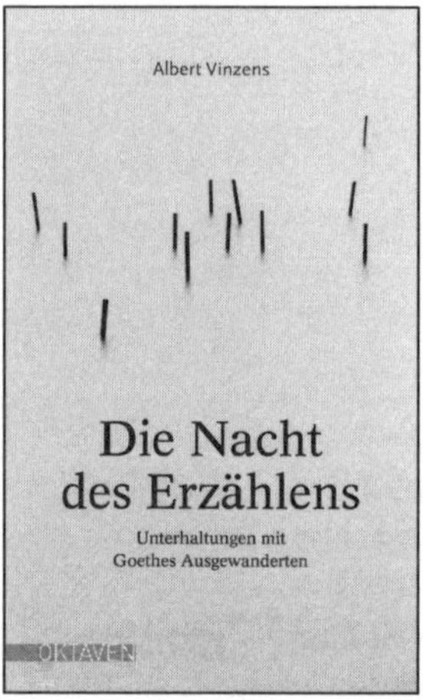
Albert Vinzens
Die Nacht
des Erzählens
Unterhaltungen mit
Goethes Ausgewanderten
OKTAVEN

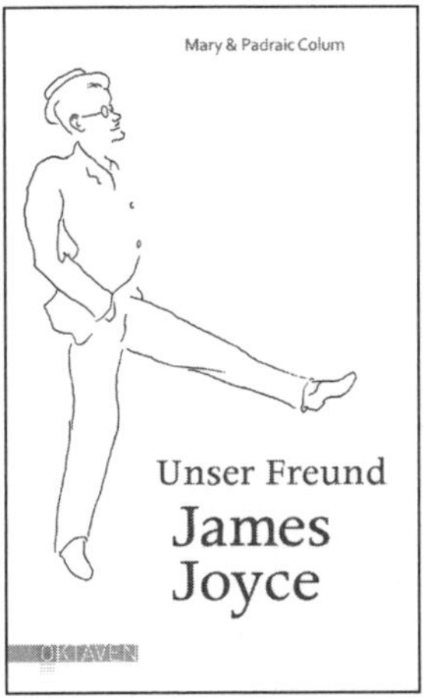

Mary Colum, Padraic Colum
Unser Freund James Joyce
Mit farb. Lesebändchen.
287 Seiten, gebunden mit
Schutzumschlag

Joyce in jungen Jahren als Dubliner «Type», auffällig legendenumrankt, Joyce als Autor, als Geschäftsmann, als Mensch: in vielen Facetten tritt James Joyce vor Augen in diesem Buch, das oft überraschend und immer lebensnah ist. Dabei entsteht ein kräftiges Bild vom damaligen Dublin und seiner literarischen Szene. – Ein köstlicher Fund für jeden Joyce-Liebhaber und alle, die es werden könnten.

«Colum gelingt es, uns das zu geben, was uns praktisch niemand anders gegeben hat – das Gefühl, dass Joyce ein menschliches Wesen war, ebenso liebenswert und fehlbar wie andere menschliche Wesen, die wir kennen.»

Frank O'Connor, New York Times

OKTAVEN